Simon Hage / Martin Hesse

AUFHOL JAGD

SIMON HAGE / MARTIN HESSE

AUFHOL JAGD

Der Kampf um Kunden, Ideen und Innovationen – wie die deutschen Autobauer zurück an die Weltspitze wollen

Deutsche Verlags-Anstalt

MIX
Papier aus verantwortungsvollen Quellen
FSC® C014496
FSC www.fsc.org

Klimaneutral*
Druckprodukt
ClimatePartner.com/14044-1912-1001

Penguin Random House Verlagsgruppe FSC® N001967

1. Auflage

Umschlaggestaltung: Büro Jorge Schmidt, München
Umschlagabbildung: © shutterstock / Paul Craft
Typografische Gestaltung: Andrea Mogwitz/DVA
Satz, Druck und Bindung: GGP Media GmbH, Pößneck
Printed in Germany
ISBN 978-3-421-04897-4

www.dva.de

Inhalt

1 Dramatis Personae

Markus Duesmann: Der Münsterländer ist keiner jener glatten Excel-Tabellen-Typen, die von Changemanagement reden, aber selbst nicht den kleinsten Bruch in ihrer Biografie haben. Seine Kindheit war hart. Schon mit 13 Jahren musste er sein eigenes Geld verdienen, als der Vater unheilbar an Krebs erkrankte. Vom Motorradschrauber entwickelte sich Duesmann dann zum Motorenexperten, Antriebsexperten und Autoboss. Bei Audi ruhen jetzt alle Hoffnungen auf ihm: Er soll die angeschlagene Premiummarke vom Schmuddelkind der Dieselaffäre zum Technologievorreiter und Tesla-Jäger umbauen. Seine Managementphilosophie lautet, man müsse wie ein Löwe auftreten – mal kuscheln, mal Zähne zeigen, mal zubeißen.

Herbert Diess: Unter den etablierten Herstellern gilt der VW-Konzernboss als Visionär, der früher als andere erkannt hat, wie radikal die deutsche Autobranche umsteuern muss. Ständig warnt er seine Kolleginnen und Kollegen vor der Gefahr, vom kalifornischen Herausforderer Tesla überrollt zu werden. Dabei hat Diess wenig Angst, unsympathisch rüberzukommen. Bisweilen scheint er Konflikte mit Vorstandskollegen oder der Belegschaft sogar regelrecht zu suchen. Mehrfach wurde sein Rauswurf, den die Arbeitnehmervertreter im Aufsichtsrat gefordert hatten, noch in letzter Minute abgewendet. Selbst enge Mitstreiter bringt Diess mit seiner forschen, undiplomatischen Art immer wieder an den Rand der Verzweiflung.

Silja Pieh: Die Diplomkauffrau und Wirtschaftsgeografin ist die strategische Vordenkerin bei Audi. Sie hat bereits eine beachtliche Laufbahn hinter und womöglich noch eine große Karriere vor sich: Pieh startete beim weltgrößten Zulieferer Bosch, ehe sie nach Ingolstadt wechselte und dort Innovationsprojekte wie das autonome Fahren leitete. Bei Audi startete sie 2020 eine Revolution von unten: Den Masterplan für die Zukunft des Premiumherstellers ließ sie erstmals nicht von oben verordnen, sondern erarbeitete ihn gemeinsam mit Vertretern aus der Belegschaft. Dabei hat Piehs Strategieteam herausgefunden: Laut röhrende Protzkarren mit dicken Auspuffrohren und großen Kühlergrills gelten bei vielen Audi-Fans nicht mehr als sexy.

Oliver Hoffmann: Der Motorenexperte musste sich noch vor wenigen Jahren für Audis Dieselbetrug rechtfertigen, denn er vertrat den Premiumhersteller vor den internationalen Justiz- und Umweltbehörden. In den Verhandlungen erreichte Hoffmann zumindest eins: dass Audi überlebt hat. Mittlerweile ist Hoffmann zum Entwicklungsvorstand aufgestiegen. Als achter Chefingenieur in neun Jahren soll er helfen, den Fortbestand der Traditionsmarke im Zeitalter von Tesla, Apple und Google zu sichern. Dabei agiert Hoffmann mit einer Mischung aus Macher- und Kumpelattitüde: Mit seiner jovialen Art und dem freundlich-rundlichen Gesicht erinnert er an eine junge, drahtige Version des Hollywood-Schauspielers John Goodman.

Elon Musk: Der Chef des Elektroauto-Pioniers Tesla hat sich in wenigen Jahren vom Gespött zur Schreckgestalt der Autobosse in Deutschland entwickelt. Sein Erzrivale, VW-Boss Diess, sagt über den US-Unternehmer, er denke im Vergleich zu seinen Wettbewerbern immer zwei bis drei Schritte voraus. Man könnte Musks Visionen – etwa den Plan, den Mars zu kolonialisieren – für komplett irre halten, wären da nicht seine bahnbrechenden technologischen und wirtschaftlichen Erfolge. Neben dem roten Planeten spielt auch ein anderer Ort eine entscheidende Rolle in Musks Zukunftsplänen: Deutschland. In der Nähe Berlins entsteht die Gigafactory für Teslas Europa-Expansion.

Li Shufu: Unauffällig hat der Gründer und Chef des chinesischen Fahrzeugkonzerns Geely 2018 knapp zehn Prozent an der deutschen Industrieikone Daimler erworben. Seither gilt Li Shufu als unheimliches Phantom der globalen Autoindustrie. Dabei wird längst deutlich, was der Selfmade-Milliardär vorhat: Mithilfe klangvoller Markennamen will er die Weltmärkte erobern. Den einst maladen Hersteller Volvo hat Li bereits zum europäischen E-Auto-Pionier aufgemotzt. Für Daimler, das mittlerweile Mercedes-Benz Group heißt, wird der zurückhaltende Unternehmer nach anfänglichen Berührungsängsten zunehmend zum wichtigen Partner.

William Li: Der chinesische Elon Musk, wie seine Fans ihn nennen, gründete 2014 das Elektroauto-Start-up Nio, eines der vielen Kinder der »New-Electric-Vehicle«-Initiative Pekings. Von seinen Konkurrenten grenzt er sich mit neuartigen Batterien und Wechselstationen ab. An der Börse kommt die Offensive gut an: Zeitweise war Nio mehr wert als BMW. Er selbst begreift sich vor allem als Vordenker der Welt von morgen. Die Geburt seines Kindes habe ihn ins Nachdenken gebracht, sagt Li, wie man die Metropolen sauberer machen könne. Seine Pläne aber sind kaum weniger ehrgeizig als die des exzentrischen Amerikaners Musk: Li, Sohn eines Milchbauern aus der Provinz Anhui, will mit Nio den Weltmarkt erobern.

Oliver Zipse: Während andere Automanager sich mittlerweile gerne in Sneakers und Jeans zeigen, bevorzugt der BMW-Chef den klassischen Dresscode – akkurat gescheitelt, klassisch in dunklen Anzug und weißes Hemd gewandet, formvollendet im Umgang. Seine konservative Strategie, neben E-Autos weiter auf Benzin- und Dieselfahrzeuge sowie

Wasserstoffantriebe zu setzen, wirkt im allgemeinen Elektrohype fast schon subversiv. »Bei uns passiert nichts einfach so aus einer Stimmung heraus«, sagt Zipse, der anders als viele seiner Kollegen nicht in die allgemeinen Tesla-Jubelarien einstimmt. Der Mann, der morgens um fünf aufsteht und sich in die Rudermaschine setzt, führt seine Mannschaft mit militärischem Drill und ist von Zweifeln unbeleckt.

Ola Källenius: Auf den ersten Blick wirkt der hoch gewachsene Schwede mit dem braven Konfirmanden-Haarschnitt, der randlosen Brille und seinen Managerfloskeln wie ein steifer Technokrat. Doch es wäre falsch, den Daimler-Chef deshalb zu unterschätzen. Innerhalb weniger Jahre hat er den angeschlagenen Traditionskonzern, dessen Gründerväter den Verbrennungsmotor erfunden haben, auf Elektromobilität getrimmt. Die besorgte Belegschaft befriedete er mit dem Versprechen, wichtige Zukunftstechnologien auch künftig in Deutschland zu produzieren. Gleichzeitig fordert er intern mit hoher Penetranz die Erfüllung seiner Ziele ein: Mercedes soll zur klimafreundlichen Luxusmarke des digitalen Zeitalters aufpoliert werden. Denn der Vater dreier Söhne ist überzeugt, dass auch die jungen Generationen noch teure Autos kaufen werden.

Laurin Hahn und Jona Christians: Wer den beiden Gründern des Münchner Elektroauto-Start-ups Sono Motors zum ersten Mal begegnet, könnte auf die Idee kommen, jemand habe sie für eine Boygroup gecastet. Der eine schwarzhaarig, der andere hellblond. Der eine, Hahn, ein Mats-Hummels-Typ, der andere, Christians, erinnert optisch eher an André Schürrle. Der eine 1,90 Meter, der andere einen knappen Kopf kleiner. Einer beredt, der andere fast schweigsam. Aber der Boygroup-Vergleich hinkt schnell. Hahn und Christians wirken unverstellt und authentisch, kein aufgesetzter Hipsterlook und auch kein gegelter Jung-Manager-Style. Die LinkedIn-Profile sind kurz, »Experience: Sono Motors«, »Interests: Sono Motors«. Ende 2021 haben sie die Firma an die Börse gebracht – und hoffen jetzt, als Solarauto-Pioniere eine Art deutsches Mini-Tesla entwickeln zu können. Dabei gilt es allerdings noch manche Risiken und Hindernisse zu umschiffen.

2 Die Revolution: Deutschlands Schlüsselindustrie in der Defensive

Stunde Null für die Autobranche

Am 1. April 2020 beginnt für Audi eine neue Ära. Markus Duesmann betritt die Firmenzentrale in Ingolstadt, ein helles, freundliches Gebäude mit großem Foyer und gemütlicher Kaffeebar. Gewöhnlich tummeln sich hier Dutzende von Mitarbeiterinnen und Mitarbeitern, die auf ihren Laptops Präsentationen vorbereiten oder einen Pausensnack einnehmen. Doch an Duesmanns erstem Arbeitstag wirkt die Zentrale wie die Kulisse für einen Katastrophenfilm. Foyer, Flure und Büros: verlassen. Die Kaffeebar: dicht gemacht.

Ganz Deutschland steckt coronabedingt im Lockdown, eine absurde Situation. Formal ist Duesmann neuer Chef von 90000 Audianerinnen und Audianern. Doch die befinden sich überwiegend im Homeoffice oder in Kurzarbeit. Duesmann herrscht über ein weitgehend menschenleeres Reich. Er soll seinen Leuten neuen Kampfgeist einhauchen – ohne die meisten von ihnen überhaupt persönlich treffen zu können.

Nur seine wichtigsten Mitstreiter, Vorstände und Führungskräfte, hat Duesmann an diesem ersten Tag in die Zentrale bestellt. Die Stimmung ist angespannt, was dadurch verstärkt wird, dass die Anwesenden notgedrungen Abstand halten müssen. Bis in den Abend hinein lässt sich der neue

Audi-Chef die Pläne für aktuelle und künftige Modelle präsentieren. Vieles missfällt ihm. Teils die mangelnde Profitabilität eines Fahrzeugs, teils das Design. »Wir leben davon,« warnt Duesmann eindringlich, »dass der Kunde unsere Autos wirklich haben möchte.«

Wie ernst er diese Botschaft meint, bekommen die Managerinnen und Manager umgehend zu spüren: Gleich am ersten Arbeitstag feuert Duesmann den Leiter einer Modellbaureihe vor versammelter Mannschaft. Dessen Präsentation erscheint ihm derart unambitioniert, dass er der verdutzten Führungskraft keine zweite Chance mehr geben will. »So was will ich nicht noch mal sehen!«, befindet Duesmann. »Ich brauche keinen, der mir einen halben Tag lang erklärt, warum es nicht besser geht.« Die übrigen anwesenden Topmanager, die trotz Lockdowns in die Zentrale gekommen sind, wirken tief beeindruckt. Genau das hat Duesmann beabsichtigt: »Als Chef muss man gelegentlich wie ein Löwe auftreten«, erklärt er später den Autoren dieses Buches. »Wenn du einmal hart zubeißt, dann haben die Leute ewig Respekt vor dir.«

Duesmann will, wenn nötig, »Zähne zeigen«. Denn sein neuer Arbeitgeber braucht dringend einen Neustart. Der Werbespruch, der schon lange in großen weißen Lettern an der Audi-Zentrale prangt, wirkt zu jener Zeit nur noch wie ein schlechter Witz: »Vorsprung durch Technik«. Schon bei seinem Ex-Arbeitgeber BMW hat Duesmann beobachtet, wie dieser Vorsprung immer weiter schrumpfte. Audis glorreiche Zeit als innovative Speerspitze der globalen Autoindustrie scheint lange vorbei. Einst erfanden Audi-Ingenieure den berühmten Vierradantrieb »Quattro«. An den Standorten Ingolstadt und Neckarsulm entwickelte man Dieselmotoren, forschte aber auch an neuen Antrieben wie Erdgas oder Brennstoffzelle. Den Wandel zur E-Mobilität haben die Audianer jedoch lange versäumt.

Statt frühzeitig neue Technologien zu entwickeln, setzte Audi auf den alten Dieselantrieb – teils mit illegalen Mitteln. Als die Politik dann aber die Abgasregeln verschärfte, programmierten Audi-Ingenieure die berüchtigte »Akustikfunktion«, jene Abgassoftware, die Dreckschleudern auf dem Prüfstand in vermeintlich saubere Ökomobile verwandelte. Duesmanns Vorvorgänger Rupert Stadler saß deshalb zeitweilig in U-Haft, nun muss er sich vor Gericht verantworten. »Vorsprung durch ... Betrug« titelte der SPIEGEL 2017.

Die fatale Folge: Der Ruf der Dieseltechnologie, erfunden vom deutschen Ingenieur Rudolf Diesel, ist komplett ruiniert. Dabei galt sie unter Autoexperten als relativ effiziente, schadstoffarme Antriebsart. Ohne den Betrug wäre sie womöglich noch heute ein Erfolgsmodell, eine Alternative zur E-Mobilität oder zumindest eine gefragte Übergangstechnologie. Doch schon kurz nach Bekanntwerden des Skandals rauschten die Verkaufszahlen der ehemaligen deutschen Bestseller-Technologie nach unten, getrieben durch Fahrverbote, die Politiker in vielen Innenstädten verhängten.

Dieselgate katapultierte nicht nur Audi, sondern die gesamte deutsche Autoindustrie in eine Vertrauenskrise. Die Regierungen in Berlin und Brüssel, die ihren Job- und Wohlstandsmotor lange vor allzu strengen Regeln verschont hatten, zwingen die Hersteller neuerdings mit strengen CO_2-Grenzen zum Umdenken. Aber auch Kunden und milliardenschwere Investoren blicken kritischer als bisher auf die Industrie. Parallel zur Abgasaffäre reifte in der Gesellschaft das Bewusstsein, den Klimawandel deutlich entschlossener bekämpfen zu müssen als bisher. Bewegungen wie die Initiative »Fridays for Future« stellen den Sinn des Autos und der individuellen Mobilität grundsätzlich infrage. Microsoft-Gründer und Multimilliardär Bill Gates warnt die hiesigen Autobauer im »Handelsblatt« vor einer »riesigen Tragödie«. Viele Arbeitsplätze stünden auf dem Spiel, wenn

Volkswagen und Co. sich bei der E-Mobilität nicht durchsetzen könnten.

In den vergangenen Jahren erlebte die Branche das, was Wissenschaftler in der angelsächsischen Welt als »perfect storm« beschreiben, einen perfekten Sturm aus Imageproblemen, technologischem Wandel, aggressiveren Wettbewerbern und einer globalen Absatzschwäche, die sich zuletzt noch einmal verschärfte: Die Pandemie führte zu einem Boom der Laptops, Fernseher und Spielekonsolen – und in dessen Folge zu einer Knappheit an Computerchips, unter der die Branche noch mindestens im Jahr 2022 zu leiden hat. Denn Halbleiter stecken heute in fast jedem wichtigen Autoteil, vom Scheibenwischer bis zum elektrischen Fensterheber. Der Engpass legt die technologische Schwäche der deutschen Autohersteller schonungslos offen, auch wenn er ihnen – rein finanziell betrachtet – kurzfristig paradoxerweise sogar hilft: Weil BMW, Audi und Daimler bevorzugt große, teure Fahrzeuge mit den knappen Chips ausstatteten, stiegen ihre Gewinne 2021 auf Spitzenniveaus.

In kurzer Zeit müssen Hersteller wie Audi, BMW oder Daimler einen epochalen Wandel nachholen, den sie jahrelang ignoriert haben. Sie haben den Verbrennungsmotor groß gemacht und mit ihm goldene Jahrzehnte mit immer neuen Rekordgewinnen erlebt.

Doch die Technologien der Zukunft – Batterietechnik, Computerchips, Software, autonomes Fahren und Mobilitätsdienste – werden plötzlich nicht mehr von den Erfindern des Automobils, sondern von Hightech-Konzernen aus den USA oder Asien dominiert. Neulinge wie Tesla haben es besser und schneller als die Platzhirsche geschafft, Megatrends wie Klimawandel und Digitalisierung zu erkennen – und daraus erfolgreiche Geschäftsmodelle zu entwickeln. Aus jahrzehntelangen Vorreitern der Branche sind heute Nachzügler geworden.

In den deutschen Autokonzernen selbst ist indes eine Art Kulturkampf entbrannt. Dass sie sich wandeln müssen, ist mittlerweile unstrittig. Doch die Frage, wie schnell der Umbruch gehen soll und wie alternativlos er tatsächlich ist, entzweit die traditionellen Hersteller – untereinander und auch intern. Während vor allem Audi und Daimler sich in kurzer Zeit zu reinen Elektroauto-Anbietern mit eigener Batterieproduktion und großer Softwareabteilung entwickeln wollen, schlägt BMW einen Sonderweg ein: Die Münchner plädieren für Technologieoffenheit – sie glauben weiterhin an Alternativen wie den Brennstoffzellenantrieb. BMW-Manager warnen die deutsche Autoindustrie davor, im Wettlauf mit neuen Rivalen wie Tesla eigene Kernkompetenzen zu vernachlässigen. Die qualitativ besten und sichersten Autos, glaubt BMW-Chef Oliver Zipse, würden immer noch in Deutschland entwickelt. Auch Zulieferer beklagen, die Autonation lege sich zu schnell und zu radikal auf die E-Mobilität fest.

Bei allem Willen zum Wandel ist die Unsicherheit zu spüren, die er auslöst – in den Chefetagen, aber auch bei einfachen Mitarbeiterinnen und Mitarbeitern, die damit zurechtkommen müssen, dass nicht mehr Motorenentwickler oder Getriebebauer die Stars der Branche sind, sondern Programmierer und IT-Entwickler.

Wir, die beiden Buchautoren, haben die deutsche Autoindustrie mehr als ein Jahr lang auf ihre Zukunftsfähigkeit hin durchleuchtet und mit vielen ihrer prominentesten Vertreter gesprochen, darunter die Bosse von Volkswagen, BMW und Daimler, aber auch mit Beschäftigten quer durch die Hierarchieebenen. Dazu zählt etwa Audi-Strategiechefin Silja Pieh, die mit den autoritären Gepflogenheiten der Industrie brach – und gemeinsam mit 500 Mitarbeiterinnen und Mitarbeitern den neuen Masterplan des Premiumherstellers entwickelt hat. Oder Denise Nepraunig, eine junge Programmiererin, die bewusst von einem Softwareunternehmen zu VW gewechselt ist, um in dem Traditionskonzern den Übergang in die digitale Zukunft zu gestalten.

In diesem Buch analysieren wir aber auch Stärken und Schwächen großer Herausforderer. Wir begeben uns auf die Spuren zweier Unternehmer und Multimilliardäre, die für Journalisten kaum zu greifen sind, die aber die Branche in den nächsten Jahren verändern dürften wie kaum jemand anderes: Elon Musk, der Chef von Tesla, sowie Li Shufu, Daimler-Großaktionär und Boss des chinesischen Autoriesen Geely. Und wir beschreiben die Versuche von Auto-Startups wie dem Münchner-Solarauto-Entwickler Sono, mit neuen Mobilitätskonzepten die etablierten Konzerne zu verdrängen.

Besondere Aufmerksamkeit widmen wir dem neuen Audi-Chef, dem in diesem epochalen Wandel eine besondere Rolle zukommt: Markus Duesmann. Ihn haben wir zwischen Frühjahr 2020 und Herbst 2021 eng begleitet. Er gewährte uns Einblicke in seine Pläne, aber auch in Kultur und Psychologie eines Unternehmens, das er aus seiner Lethargie wecken will. Denn Audi, die Keimzelle der Dieselaffäre, steht unter besonderem Druck. Der ehemals größte Premiumhersteller der Welt ist hinter Mercedes und BMW zurückgefallen. Neue Rivalen wie Tesla attackieren gezielt das Premiumsegment, in dem die Ingolstädter einst führend waren. Fast 10 000 Jobs müssen in den nächsten Jahren weichen, allein in Deutschland. Alle Hoffnungen ruhen jetzt auf Markus Duesmann, einem Manager, der selbst schon tiefe Krisen durchlebt hat.

Als Wirtschaftsredakteure des SPIEGEL haben wir die Autoindustrie bereits jahrelang intensiv beobachtet. Die schmutzigen Details der Dieselaffäre beschäftigten uns ebenso wie das Bemühen der Konzerne, die Krise als Chance zu begreifen – und einen radikalen Neuanfang zu finden. Lange waren wir skeptisch, ob Volkswagen und Co. das gelingen würde. Doch aus unserer Sicht sind die Chancen der Deutschen im Wettkampf um das Auto der Zukunft in den vergangenen

Monaten gestiegen. Erste E-Modelle kommen am Markt gut an, milliardenschwere Initiativen bei IT und Batterieentwicklung wirken vielversprechend. Dennoch bleiben Zweifel, ob es den Konzernen wirklich gelingt, ihre vollmundigen Versprechen tatsächlich in konkurrenzfähige Produkte umzusetzen, die Tesla, Nio, Google oder Apple wieder in ihre Schranken weisen. Unklar ist auch, ob die Kunden die Millionen von E-Autos, die in den kommenden Jahren in den Markt gedrückt werden sollen, tatsächlich kaufen wollen - und zwar auch dann, wenn der Staat seine hohen Kaufprämien eines Tages wieder reduziert. Selbst prominente Vertreter der deutschen Autoindustrie warnen davor, sich bereits wieder in Sicherheit zu wiegen.

Die schwierige Mission des Markus Duesmann

Wer Duesmann trifft, merkt rasch, dass er sich von anderen Autobossen stark unterscheidet. Ihm fehlt das Distanzierte, Kühle, Abgehobene. Seine Körpergröße und seine tiefe, warme Stimme verleihen ihm eine natürliche Autorität. Gäste begrüßt Duesmann kumpelhaft und coronakonform mit Ghettofaust. Oft benutzt er das Wort »geil«, beispielsweise wenn ihm ein neues Auto gut gefällt. Oder auch, wenn einfach nur eine Leberkäsesemmel an seinem Platz bereitsteht. Der Löwe kann zubeißen, er kann aber auch lässig sein.

Duesmann zählt nicht zu jenen glatten Excel-Tabellen-Typen, die von Changemanagement reden, aber selbst nicht den kleinsten Bruch in ihrer Biografie haben. Seine Kindheit im Münsterland war hart. Schon mit 13 Jahren musste er sein eigenes Geld verdienen, als der Vater unheilbar an Krebs erkrankte. Duesmann spielte Schlagzeug in einer Punkband mit dem vielsagenden Namen »Children of the industrial revolution«, Kinder der industriellen Revolution. Die Bandmitglieder begriffen sich als Revoluzzer, hatten aber keine Berührungsängste zur Industrie. Diese Haltung prägt Duesmann bis heute.

Der Vater des Gitarristen besaß eine Fabrik für Spritzgussmaschinen, in der Duesmann später jobbte – sein Einstieg in die Welt der Werkzeuge und Produktionsanlagen. Dann, um sein Maschinenbaustudium zu finanzieren, reparierte er Unfallmotorräder und arbeitete sich im Verlauf der folgenden Jahre Stück für Stück hoch, von der Motorenabteilung bei Daimler bis ins BMW-Management. Dort angekommen, bewies er Rückgrat, anders als viele Motorenentwickler bei Volkswagen oder Audi: Trotz wachsenden Drucks weigerte sich Duesmann, an der Diesel-Abgastechnik zu sparen. Damit riskierte er seinen Job, bewahrte BMW aber vor einem Betrugsskandal, wie Audi ihn erlebt hat.

Auffallend ist auch seine Lust auf Veränderung. Anders als die Chefs von Daimler oder BMW, die klassische Kaminkarrieren absolviert und nie den Arbeitgeber gewechselt haben, probierte Duesmann immer wieder Neues aus. Er zählt zum sehr kleinen Kreis deutscher Automanager, die alle drei großen Hersteller von innen erlebt haben. Seine Wechselfreude brachte ihm aber auch Probleme ein. Als Duesmann 2018 bei BMW kündigte, war sein Aufsichtsratschef derart verärgert, dass er ihn zu einer 20-monatigen Zwangspause verdonnerte. In dieser Zeit durfte Duesmann weder arbeiten noch Kontakt zu Konkurrenten pflegen. Eine außergewöhnliche Härte.

Seine kleineren und größeren Krisen haben Duesmann gelehrt, sich vor allem auf einen Menschen zu verlassen: sich selbst. Er hat sich einen Lebensmut angeeignet, den der Audi-Boss jetzt an seine Mitarbeiterinnen und Mitarbeiter weitergeben will. Er werde seine Leute »wieder aus dem Tief holen«, verspricht Duesmann, »in das sie nach Dieselgate gefallen sind«. Aber wie soll das klappen, wenn Pandemie herrscht und die meisten Arbeitskräfte gar nicht persönlich anzutreffen sind?

In den ersten Wochen legt Duesmann sich einen persönlichen Krisenplan zurecht. Zunächst besorgt er sich einen Coach. Der lehrt ihn, so in die Kamera zu sprechen, dass Mitarbeiter sich direkt angesprochen fühlen. Danach verschickt Duesmann Videobotschaften, etwa vom Dach der Entwicklungsabteilung in Ingolstadt. Darin verkündet Duesmann eine »mittelgroße Revolution« bei Audi: Die Software im Fahrzeug werde künftig wichtiger sein als das Auto selbst. Es ist eine Kampfansage an Rivalen wie Tesla, die ihre Autos nicht mehr als Blechkisten, sondern als rollende Computer begreifen.

Mit welcher Wucht der neue Herausforderer aus Kalifornien da schon den Markt erobert, wird Duesmann während seiner Zwangspause nach der Kündigung bei BMW bewusst. Die nutzt er für eine 28 000-Kilometer-Motorradtour, von Gibraltar zum Schwarzen Meer, vom Nordkap zu den Britischen Inseln. Im Herbst 2019, Duesmann sitzt gerade auf seiner Maschine, erhält er eine Nachricht aus Berlin: Tesla werde eine Autofabrik eröffnen, direkt vor den Toren der Hauptstadt. Von dort aus will der E-Auto-Pionier nach dem US-Markt auch ganz Europa erobern. Duesmann lacht laut auf, die Unerschrockenheit der Kalifornier imponiert ihm. »Am Anfang haben wir Tesla alle belächelt«, so der Audi-Chef. »Dann haben wir uns gewundert. Und dann waren wir geschockt, was die alles können.«

Tesla, Apple und die Nokia-Falle

Nicht jeder Automanager reagiert so gelassen wie Duesmann. In Audis Mutterkonzern Volkswagen kursieren zeitweise Untergangsszenarien. Anfang 2020 hält VW-Chef Herbert Diess seinen Führungskräften eine Brandrede. »Wenn wir in unserem jetzigen Tempo weitermachen«, warnt der Konzernboss, dann werde es »sehr eng«. Die deutsche Autoindustrie vergleicht er mit Nokia, dem einstigen Handy-Weltmarktführer, der von Apple verdrängt wurde, weil er die Entwicklung vom schnurlosen Telefon zum digitalen Smartphone verpasst hatte. Wenn VW das Tempo nicht deutlich erhöhe, so Diess, werde der Nachfolger des Käfers und des Golfs kein E-Auto von Volkswagen mehr sein, »sondern der Tesla Model 3 mit einer Million Einheiten pro Jahr«.

Unter den etablierten Herstellern gilt Diess zu jener Zeit als Visionär, der früher als andere erkannt hat, wie radikal die deutsche Autobranche umdenken muss. Diesen Eindruck teilt er mit Duesmann, den Diess zu Audi geholt hat. Mit ihm will er den ganzen VW-Konzern von einem Blechkarossen-Produzenten in einen Mobilitäts- und Softwareanbieter verwandeln. Der Hersteller steht damit vor einer historischen Aufgabe. Denn kaum ein etablierter Industriekonzern hat es bislang geschafft, sich aus eigener Kraft zu erneuern und so einen disruptiven Wandel zu überleben. Die Beispiele des Scheiterns – von AEG und Grundig über Agfa bis hin zu Nokia – sind hingegen vielfältig.

Genau wie diese untergegangenen oder dahinsiechenden Weltmarken sind die Autokonzerne im »Innovator's Dilemma« gefangen, das der US-Wirtschaftswissenschaftler Clayton Christensen bereits in den Neunzigerjahren beschrieben hat. Sie werden attackiert von hoch innovativen Neulingen, die kein Risiko scheuen und bereit sind, im Verdrängungswettbewerb um neue Technologien zunächst jahrelang Verluste hinzunehmen. Die Platzhirsche hingegen müssen auch ihr Altgeschäft verteidigen, das immer noch Milliardengewinne abwirft und an dem Zigtausende Arbeitsplätze hängen. Nokia verdiente prächtig an seinen Tastenhandys – der Weltmarktführer glaubte nicht an einen schnellen Erfolg der Apple-Smartphones mit ihren geringen Akkulaufzeiten. Die Parallelen zur Autoindustrie, die jahrelang über die schwachen Reichweiten der E-Fahrzeuge spottete, sind frappierend. Und die Gefahr der Nokia-Falle scheint umso größer, wenn man bedenkt, dass Apple nach der Mobilfunkbranche künftig angeblich auch die Autoindustrie revolutionieren will – womöglich sogar mit einem eigenen elektrischen und volldigitalen iCar. Ende November 2021 berichtete die US-Nachrichtenagentur Bloomberg, Apple plane bereits für 2025 ein eigenes autonom fahrendes Fahrzeug. Mit dem Plan, den menschlichen Fahrer zu ersetzen, jage Apple »den heiligen Gral der Industrie«. Wie groß die Herausforderung ist, erkennen mittlerweile auch die Vordenker der alten Autowelt, Manager wie Wolfgang Reitzle, einst BMW-Vorstand, heute Aufsichtsratschef des Zulieferers Continental. Die gesamte Auto- und Zulieferbranche, sagt der 73-Jährige, werde »auf Jahre hinaus unter Druck stehen«. Viel zu lange hätten die hiesigen Hersteller den US-Rivalen Tesla unterschätzt – vor allem das, was dessen Überlegenheit ausmache: die Software. Die Deutschen hätten den Fehler gemacht, so Reitzle, »Spaltmaße und Haptik zu vergleichen, anstatt Teslas Autos als das zu begreifen, was sie wirklich sind: rollende Datenplattformen«.

Zwar haben Continental, VW, BMW und Daimler die Gefahr erkannt. Sie investieren Milliarden in neue IT-Projekte, heuern Tausende Entwickler und Programmierer an. Doch die Autokonzerne haben es mit Gegnern zu tun, die ihnen auf dem Gebiet der Bits und Bytes weit überlegen sind. Es sind mächtige IT-Player aus China und den USA, wie der Google-Mutterkonzern Alphabet, wie Apple, Alibaba oder Baidu, die den Autobauern das Geschäft mit der Mobilität streitig machen.

Sie wollen nicht nur das Internet ins Auto bringen, sondern auch dessen Kernfunktionen mit ihren Betriebssystemen steuern. Die Indizien, dass Apple bald Fahrzeuge mit überlegener IT entwickeln könnte, häufen sich und werden in weiten Teilen der Branche äußerst ernst genommen.

Die Google-Mutter Alphabet wiederum hat längst damit begonnen, ihre Softwaredominanz vom Smartphone aufs Auto zu übertragen: Das Betriebssystem Android Automotive steuert neben dem Infotainment im Wagen auch Klimaanlage und Sitze. Googles Angebot ist für die Hersteller verlockend, denn der Konzern bietet ihnen die Software kostenlos an. PSA, General Motors, Renault, Nissan und Volvo haben bereits angekündigt, Googles Betriebssystem einsetzen zu wollen. So sparen sie Milliarden, riskieren aber, beim lukrativen Geschäft mit Apps und Updates leer auszugehen.

Die Horrorvision in vielen Konzernzentralen: Ähnlich wie heute schon beim Smartphone oder beim Fernseher, könnten künftig auch im Auto ein paar wenige IT-Riesen wie Apple oder Amazon die Schnittstelle zum Kunden beherrschen. Klangvolle Marken wie Audi oder Mercedes verkämen dann zu Lieferanten schnöder Blechkarossen. Von einem »Kampf der Welten« spricht Stefan Bratzel, Direktor des Center of Automotive Management (CAM). Die Deutschen seien spät dran, sie hätten die Softwarerevolution »bis vor wenigen Jahren völlig unterschätzt«.

Die Autoindustrie zwischen den politischen Fronten

Längst hat der Kampf um die Zukunft der Mobilität eine geopolitische Dimension erreicht. Die Autobranche war für Deutschland Jahrzehnte lang die Schlüsselindustrie schlechthin und damit auch wichtigster Motor für das Wirtschaftswachstum in Europa. Ob der alte Kontinent wirtschaftlich weiter hinter die Vereinigten Staaten und China zurückfällt oder ob der Green Deal der Europäischen Union eines Tages auch als Geburtsstunde einer technologischen Erneuerung gelten wird, hängt maßgeblich vom Erfolg der deutschen Autohersteller ab. Anders als früher, reicht hohe Ingenieurskunst dafür heute jedoch nicht aus.

Denn es geht inzwischen nicht mehr nur um hochwertige Hardware und optimierte Produktionsketten, sondern zudem um das hehre Ziel des Klimaschutzes, um den Zugriff auf Halbleiter, Rohstoffe und menschliche Ressourcen sowie um Infrastruktur und die Hoheit über Daten. Um diese Rohstoffe der Zukunft ringt der Standort Europa mit den deutlich größeren Weltmächten USA und China, die ihre Zukunftstechnologien auch als Waffen im Handelskrieg einsetzen. Der ehemalige US-Präsident Donald Trump etwa kappte den chinesischen Techgiganten Huawei 2019 per Dekret praktisch vom Chipnachschub aus Amerika ab – und verschärfte damit ungewollt die globale Knappheit noch zusätzlich. Denn Huawei nutzte eine Übergangsfrist, um seine Vorräte massiv aufzustocken. Solche Vorfälle zeigen: Die große Politik mischt mit wie selten zuvor – mit erheblichen Auswirkungen auf das weltwirtschaftliche Geschehen.

Audi-Chef Duesmann jedoch hat einen eigenen Weg eingeschlagen, mit der heiklen Gemengelage umzugehen. Er kommt der Politik entgegen und sieht sich als gemäßigter Radikaler, als Versöhner von Ökonomie und Ökologie; als »Schwarz-Grüner«, der strengere CO_2-Ziele befürwortet. Politische Verbote, etwa für SUVs, Motorräder oder Inlandsflüge, lehnt er hingegen ab. Duesmann betreibt eine Doppelstrategie des großen »Zwar-aber«: Zwar will er Audi radikal auf E-Mobilität umstellen – aber in den Jahren zuvor noch viele Millionen Diesel und Benziner verkaufen, auch um diese Wende zu finanzieren. In Märkten wie China, wo Verbrenner weiter eine große Rolle spielen, will Audi auch weiterhin Benziner bauen und verkaufen.

Denn der Technologiewandel, so viel ist sicher, wird teuer: Duesmann braucht die Einnahmen aus dem Altgeschäft auch, um sich gegen die Dominanz der Hightech-Riesen aus Amerika und Asien zu wappnen. Allein 2,5 Milliarden Euro steckt der VW-Konzern jährlich in seine Softwareeinheit Cariad, die auf 10 000 Mitarbeiter anwachsen und sich zum größten europäischen IT-Konzern hinter SAP entwickeln will. Mit dieser beispiellosen Initiative hoffen Duesmann und VW-Boss Diess, die Abhängigkeit von Konzernen aus anderen Weltregionen zumindest im Zukunftsgeschäft mit Software und Daten reduzieren zu können.

Kritiker werfen Duesmann Opportunismus vor, weil er Klimaschutz propagiert, aber weiter dicke, hoch profitable Limousinen produzieren lässt. Die Umweltschützer von Greenpeace oder Fridays for Future beschuldigen die ganze Industrie der Doppelmoral. Sie zweifeln daran, dass Elektroautos dem Klima wirklich nützen, wenn mit ihnen nicht auch eine radikale Verkehrswende einhergeht – weg von der individuellen Mobilität, hin zu mehr Bus, Bahn und Fahrrad.

Duesmanns Kompromisshaltung hat zumindest das Potenzial, solche Konflikte zu schlichten. Sie ist fast überall anschlussfähig, bei Politikern verschiedener Parteien, bei den Reformern im Unternehmen, aber auch bei den Zweiflern aus der Motorenabteilung, die Audis jahrzehntelange Erfolge mit Verbrennungsmotoren miterlebt haben. »Nur wirtschaftlicher Wohlstand«, sagt Duesmann, »ermöglicht es uns, mit dem Planeten gut umzugehen.« Es ist ein Spagat und zugleich eines der derzeit spannendsten Experimente in der globalen Autoindustrie.

Audi, das Schmuddel- und Sorgenkind des VW-Konzerns, zwischenzeitlich tief in die Verlustzone gerutscht, soll Volkswagens Technikvorreiter und größter Gewinnbringer werden. Den Rivalen Tesla will Duesmann »nicht nur einholen, sondern auch überholen«, ohne dabei die eigenen Wurzeln zu kappen. Die Überzeugung des Audi-Chefs: Nur wer es schafft, die Stärken der neuen Hightech-Player mit den Kernkompetenzen der etablierten Autohersteller zu vereinen, hat das Potenzial zum Weltmarktführer. Es ist ein Wettlauf mit offenem Ausgang. VW-Chef Diess bezifferte die Chancen der deutschen Autoindustrie, weiter zur technologischen Weltspitze zu gehören, einst auf 50 Prozent.

Geht Duesmanns ambitionierter Plan auf, wäre das der Beweis dafür, dass die deutsche Autoindustrie nicht dem Untergang geweiht ist, wie mancher Techguru bereits glaubte, sondern dass sie auch im Zeitalter von E-Mobilität und Digitalisierung eine globale Führungsrolle spielen kann. Es wäre ein Beleg für die Reformfähigkeit der gesamten deutschen Wirtschaft, der oft vorgeworfen wird, bei Zukunftstechnologien wie Software, IT, Halbleitern oder Batterietechnik den Anschluss an Weltmächte wie die USA und China zu verlieren.

Scheitert Duesmann jedoch, wäre wohl nicht nur Audis Ruf endgültig ruiniert. Es wäre auch ein Indiz dafür, dass die gesamte Autobranche nicht reformfähig ist – ein fatales Signal für den Standort Deutschland: Rund 1,7 Millionen Jobs sind direkt oder indirekt von der Autoindustrie abhängig[1]. Sie steht für 38 Prozent der kompletten Ausgaben für Forschung und Entwicklung in der deutschen Wirtschaft[2]. Deutschland ist abhängig vom Erfolg seiner Autobauer, und ob der Bestand haben wird, ist noch ungewiss.

»Der Wandel wird so gewaltig sein«, sagt Duesmann, »dass nicht jeder ihn schaffen wird.« Der Umstieg auf E-Mobilität und digitale Vernetzung ist aus seiner Sicht nur ein allererster Schritt eines viel größeren Umbruchs: »Die wahre Revolution steht der Branche erst noch bevor«, so der Audi-Boss. Denn ab Mitte des Jahrzehnts werde der Fahrer zunehmend durch den Computer ersetzt werden – und das ist bisher die

Domäne der Amerikaner und Asiaten. Der deutschen Autoindustrie, die bislang alle Ressourcen auf die »Freude am Fahren« (BMW-Slogan) ausgerichtet hat, stellen sich dadurch völlig neue Herausforderungen. Duesmann ist überzeugt: Das Rennen um die Vorherrschaft in der Mobilität der Zukunft hat gerade erst begonnen.

3 Die Rivalen: Attacke aus Kalifornien und China

Tesla-Schock – Wie Elon Musk die Autobranche wachrüttelt

Elon Musk – Genie oder Scharlatan?

Wer Elon Musk nahekommen will, wird zunächst einer höflichen, aber sorgfältigen Befragung unterzogen. Im Oktober 2017 empfangen wir eine Tesla-Sprecherin in unserer Redaktionszentrale an der Hamburger Ericusspitze. In der Kaffeebar im 5. Stock, mit Blick auf die Hamburger Deichtorhallen, diskutieren wir über Möglichkeiten, den schillernden Tesla-Chef zu treffen. Drei Jahre zuvor hatten die SPIEGEL-Kollegen Philip Bethge und Alexander Jung ihn schon einmal interviewt, doch dieses Gespräch war nicht ganz im Sinne der Sprecherin verlaufen. Auf kritische Fragen, ob Elektroautos denn wirklich umweltfreundlich seien, hatte Musk unwirsch reagiert. Wissenschaftliche Studien, nach denen der Dieselmotor damals eine bessere Ökobilanz aufwies als die Stromer, ergaben aus seiner Sicht schlicht keinen Sinn: »Das stimmt nicht.«

Diesmal klopft Teslas PR-Verantwortliche genau ab, welche Art von Story wir planen und welche Haltung wir überhaupt zur E-Mobilität vertreten. Wir halten uns bedeckt. Erstens ist es nicht üblich, Gesprächspartnern vorab zu verraten, in welche Richtung die Berichterstattung geht, zweitens ist das Ergebnis unserer Recherche zu jenem Zeitpunkt noch völlig offen. Elon Musk ist im Herbst 2017 höchst umstritten. Entgegen seinen vollmundigen Versprechen stockt die Produktion des Massenfahrzeugs Model 3, mit dem er die Weltmärkte erobern will.

Entsprechend prekär scheint Teslas Finanzlage. Der E-Auto-Pionier schreibt horrende Verluste, er scheint immer wieder von der Pleite bedroht. Musk erklärt später, er habe in einer besonders heiklen Situation sogar versucht, seine Firma an Apple zu verkaufen. Doch der IT-Riese habe abgelehnt.

Gleichzeitig häufen sich Berichte über Unfälle von Fahrern, die Teslas Fahrassistenzsystem mit dem irreführenden Namen »Autopilot« nutzten. Im Internet kursieren Videos von Musk-Anhängern, die stolz die Hände vom Lenkrad nehmen, den Blick vom Verkehr abwenden und ihr Fahrzeug – verbotenerweise – eigenständig fahren lassen. Manche setzen sich sogar vor laufender Kamera auf den Beifahrersitz, um die Illusion vom Roboterauto perfekt zu machen. Musk hat trotzdem wenig Verständnis für die Kritik an seinem Fahrsystem: Der »Autopilot«, verspricht er, werde die Straßen sicherer machen und die Zahl der Verkehrstoten minimieren.

Für die Autobosse in Deutschland ist Musk zu jener Zeit wenig mehr als ein Gernegroß und »Ankündigungs-Weltmeister«, der jedes Quartal einen dreistelligen Millionenbetrag verbrenne.

Andererseits jedoch ist Musk der Einzige, der die etablierten Hersteller damals ernsthaft herausfordert – mit einem radikalen, alternativen Konzept. Er begreift Tesla nicht als Autohersteller, sondern als breit aufgestellten Energiekonzern, der seinen Kunden nicht nur E-Fahrzeuge, sondern auch die passenden Lademöglichkeiten samt Wallboxen – Ladestationen für die heimische Garage – anbiete. Sogar die dazu gehörenden Solarpanels liefert Musk auf Wunsch gleich mit, schließlich sollen die E-Autos mit möglichst sauberem Strom betankt werden.

Von derartigen Visionen sind die deutschen Autokonzerne damals noch weit entfernt. Vor allem Volkswagen und seine Töchter Audi und Porsche stecken in einer tiefen Vertrauenskrise. Die Affäre um Millionen manipulierter Dieselfahrzeuge zeigt, dass sie noch keine seriösen Antworten auf den Klimawandel und die zunehmend strengeren Abgasgesetze haben.

Die E-Mobilität, predigen die Autobosse, werde auf Jahre, wenn nicht Jahrzehnte benötigen, um sich flächendeckend durchzusetzen. Es fehle an bezahlbarer Batterietechnik und an Lademöglichkeiten. Die Bereitschaft, ihre Fahrzeuge und Geschäftsmodelle ernsthaft infrage zu stellen, tendiert gegen null. Über diese Behäbigkeit in den Chefetagen, die im Dieselbetrug gipfelte, hat der SPIEGEL jahrelang sehr kritisch berichtet. Diese Grundhaltung unseres Hauses dürfte uns aus Teslas Sicht dazu qualifiziert haben, noch einmal zum mächtigen E-Auto-Boss vorgelassen zu werden. Diesmal müssen wir uns allerdings damit begnügen, Musk live bei einem Auftritt zu begleiten – immerhin als einziges deutsches Medium. Ein persönliches Interview wird uns hingegen nicht gestattet. Das gewähre der Tesla-Chef nur äußert selten, heißt es. Diese und spätere Reisen nach Kalifornien nutzen wir dennoch, um uns ein Bild von diesem umstrittenen Unternehmer und seiner Elektroautofirma zu machen. Neben dem offiziellen, von Tesla vermittelten Termin begeben wir uns eigenmächtig auf Spurensuche, sprechen mit Managern, Weggefährten und ehemaligen Mitarbeitern. Sie beschreiben einen völlig unerschrockenen Menschen, einen Getriebenen, der ganze Industriebranchen umkrempeln will. Bei unseren Recherchen stellen wir schnell fest: Dieser Mann denkt in anderen Dimensionen als die deutschen Autobosse, auch anders als die meisten anderen Investoren aus dem Silicon Valley. Er ist offen für scheinbar irrwitzige Ideen.

Einen seiner engsten und langjährigen Mitstreiter, Jeffrey Brian (»JB«) Straubel, sprechen wir im Februar 2021 per Videocall. Straubel verfolgte schon mit Ende zwanzig das Ziel, die Welt zu elektrifizieren: Der Ingenieur und Stanford-Absolvent wollte Rennautos und Flugzeuge bauen, die nicht mit Benzin oder Kerosin angetrieben werden, sondern mit Strom. Sein einziges Problem: Selbst im fortschrittsgläubigen Kalifornien gab es damals, 2003, noch kaum jemanden, der sich eine derart verrückte Idee überhaupt anhören wollte. Bis auf einen: Elon Musk.

Zukunftsfabrik an der Rocket Road

Beim Mittagessen in einem Fischrestaurant in El Segundo, einem Küstenort nahe Los Angeles, erläuterte Straubel dem Jungunternehmer seine Ideen – in der Hoffnung, Musk als Mitstreiter zu gewinnen. Der interessierte sich nicht für Flugzeuge, wohl aber für Straubels Idee, Autos mit handelsüblichen Laptop-Batterien anzutreiben, indem man etwa 10000 von ihnen zusammenstecke.

Wenige Monate darauf stiegen die beiden bei einem damals unbekannten Start-up ein. Sein Name: Tesla Motors. Musk wurde Aufsichtsratschef und später Boss, Straubel Chefingenieur des Elektroautoherstellers. Rückblickend erklärte Musk öffentlich, ohne das Treffen mit Straubel hätte es Tesla in seiner jetzigen Form nicht gegeben. Und Straubel sagt uns: Damals hätte niemand gedacht, auch er und Musk nicht, wie erfolgreich Tesla später die gesamte Industrie aufmischen würde.

Seitdem ist viel geschehen. In Hawthorne, einer Vorstadt von Los Angeles, hat Musk sich eine eigene Zukunftsfabrik erschaffen. Von hier aus will er nicht nur die Mobilität auf der Erde revolutionieren, sondern auch das Weltall erobern. Sein Ziel ist es nach eigenem Bekunden, die Menschheit vor dem Untergang zu bewahren.

An der Straße mit dem Namen Rocket Road ragt eine Rakete des Typs »Falcon 9« wie ein Kirchturm in den Himmel. In einer Fabrikhalle daneben basteln Menschen auf einer Fläche von etwa fünf Fußballfeldern an Weltraumfahrzeugen. Männer und Frauen, schätzungsweise zwischen 30 und 40 Jahren, schieben Rollwagen vor sich her, auf denen sich Laptops stapeln. Einige tragen dunkle T-Shirts mit der Aufschrift »Occupy Mars« und trinken Kaffee aus Bechern, die alle der gleiche Buchstabe ziert: X. Er steht für SpaceX, ein Unternehmen, das Privatpersonen künftig Reisen zu entfernten Planeten ermöglichen soll. Das sei »ein Haufen Nerds«, sagt ein Mitarbeiter uns später, motiviert von einer gemeinsamen großen Idee: Marsflüge zu starten, idealerweise noch in diesem Jahrzehnt.

Mit etwa der Hälfte seines Geldes, hat Musk einmal auf Twitter erklärt, wolle er Probleme auf der Erde lösen, mit der anderen Hälfte eine sich selbst versorgende Stadt auf dem Mars aufbauen[3]. Dadurch solle das Überleben der Menschheit und aller anderen Spezies gesichert werden, wie auf einer Art modernen Arche Noah – nur für den Fall, dass die Erde von einem Meteor getroffen wird oder der Dritte Weltkrieg ausbricht »und wir uns selbst zerstören«. Kein Wunder, dass manche Musk als Prototypen des »Homo Deus«, des Gottesmenschen, sehen, den der Historiker Yuval Noah Harari in seinem gleichnamigen Bestseller skizziert. Ein Ingenieur, der selbst die größten Menschheitsprobleme technisch lösen will – auch auf die Gefahr hin, dass sich der Mensch so zunehmend von der Technik abhängig macht.

Musks Visionen mögen komplett verrückt klingen. Man könnte sie als die Spinnereien eines Größenwahnsinnigen abtun, der in seiner Kindheit zu viele Science-Fiction-Romane verschlungen hat. Wären da nicht die Erfolge, mit denen SpaceX mittlerweile große Teile der Raumfahrtindustrie in den Schatten stellt. 2008 war die Firma das erste Privatunternehmen, das eine Rakete erfolgreich in die Erdumlaufbahn brachte. Wenige Jahre später schon gelang es Musk, Falcon-9-Raketen wieder präzise auf der Erde landen zu lassen. Erstmals war es damit möglich, solche Weltraumfahrzeuge wiederzuverwenden und zu recyclen – und so erheblich Kosten einzusparen. Das ist das Kerngeschäft, mit dem SpaceX sein Geld verdient. Mitarbeiter und Investoren begeistert Musk jedoch viel mehr mit seinen scheinbar irren Ideen – und mit seiner Attitüde, nichts sei unmöglich, solange es physikalisch nur irgendwie machbar sei. Doch was davon ist echter Fortschritt, was davon nur Show?

Ein ehemaliger Kollege sieht Musk als Illusionskünstler, der sich immer etwas größer macht, als er tatsächlich ist, um so Mitstreiter und Investoren zu gewinnen und den Aktienkurs hochzuhalten. Früher als andere setze er auf – bereits bestehende – Megatrends wie die Raumfahrt, den Kampf gegen den Klimawandel oder die künstliche Intelligenz, heure die klügsten Köpfe an und befeure seine Ideen so lange mit schwindelerregenden Milliardensummen, bis sie irgendwann Erfolg hätten. Musk, so viel steht fest, scheut kein Risiko – und vor allem seine Geldgeber nicht. Für ihn, wie auch für die meisten seiner Investoren, hat sich das bereits mehr als ausgezahlt.

Wenige Hundert Meter von der SpaceX-Zentrale entfernt, an einem kleinen Flughafen, befindet sich ein Stützpunkt von Musks zweitem wichtigem Großprojekt: das Design Center des Elektroauto-Herstellers Tesla. Ein Flugzeughangar dient ihm als Bühne für die Präsentation neuer Stromfahrzeuge, so auch an jenem lauen Winterabend im November 2017. Nur eine ausgewählte Gruppe von Familienmitgliedern, Kollegen, Kunden und Geschäftspartnern dürfen der feierlichen Zeremonie beiwohnen, die Presseplätze sind begrenzt. Bei seinem Auftritt wird deutlich, dass Musk aus Tesla längst mehr gemacht hat als eine reine Automarke.

Vor kreischenden Fans steigt der Tesla-Boss aus einem silberfarbenen Elektrotruck herab, der lautlos in den Hangar gleitet. Erwachsene Männer strecken ihre Hände aus, um ihr Idol für einen Sekundenbruchteil berühren zu können. Ein Zuschauer in der ersten Reihe hält ihm einen Teddybären entgegen. »Elon for President«, brüllt ein anderer. Musk ist für sie kein gewöhnlicher Vorstandschef, sondern ein Guru wie einst Apple-Gründer Steve Jobs.

Zum erlesenen Besucherkreis zählen Vertreter sogenannter Owner-Clubs, Fanclubs von E-Autos rund um die Welt, die sich als Teil der Tesla-Mission begreifen. Ihr gemeinsames Ziel: »Die Beschleunigung des Übergangs zu nachhaltiger Energie«. Es sind keine Kunden, es sind Jünger, die ihre Marke teils wie eine Religion und deren Boss fast gottgleich verehren. Einige Mitglieder solcher Fanclubs machten sogar Schlagzeilen, weil sie kurz vor Quartalsabschluss wie eine Freiwilligenarmee in firmeneigene Tesla-Shops ausrückten, um dort den Verkäufern zur Hand zu gehen und die Absatzzahlen zu steigern.

So skurril das alles erscheinen mag: Die fast schon bedingungslose Loyalität seiner Kunden ist die Basis für Musks Erfolg. Sie standen weltweit Schlange, um sich gegen 1000 Dollar Anzahlung ein neues Model 3 zu reservieren – dessen Auslieferungsdatum zu diesem Zeitpunkt noch mehr als unsicher war. Das Ausmaß dieser Verehrung war für etablierte Premiumhersteller befremdlich. Topmarken wie Porsche oder Mercedes können von einer derartigen, fast schon fanatischen Kundentreue nur träumen.

Für Außenstehende ist die Musk-Manie generell zunächst schwer zu begreifen. Der Tesla-Chef hat zwar eine beeindruckende Statur, breite Schultern, reichlich Körpermasse. Doch er ist nicht unbedingt ein guter Redner. Musk spricht hastig und undeutlich, verhaspelt sich bereits bei dem Wort »willkommen«. Auffallend ist seine Vorliebe für Superlative und große, fast irrwitzige Versprechen. Er garantiere, dass sein neuer Elektrotruck mindestens eine Million Meilen nicht ausfallen werde, sagt er. Die Glasscheibe sei in der Lage, eine nukleare Explosion zu überstehen. Und falls nicht? Dann bekämen die geschädigten Kunden »eine volle Rückerstattung«. Das soll vermutlich ein Witz sein, doch da kann man sich bei Musk nie so ganz sicher sein.

Die große Überraschung hebt Musk sich für das Ende seiner Präsentation auf. Der Elektrotruck rollt davon und dreht dem Publikum die Rückseite zu. Das Licht geht aus, nur die Heckklappe des Fahrzeugs wird noch angestrahlt – und öffnet sich plötzlich. Zum Hardcore-Rock-Hit »Sabotage« von den Beastie Boys rollt ein knallroter Elektro-Sportwagen aus dem Anhänger, eine Neuauflage des Tesla-Urprodukts Roadster. Das Publikum johlt, als der E-Flitzer vor dem Hangar die Start- und Landebahn des Sportflughafens entlang saust. Nicht wenige fühlen sich an Steve Jobs erinnert, der spektakuläre Apple-Neuheiten erst am Ende seiner Präsentationen anzukündigen pflegte, mit den legendären Worten »Da wäre noch eine Sache« (»There's one more thing«).

Als perfekte Pointe der hollywoodreifen Show schießt der Kalifornier sein eigenes rotes Roadstermodell ein paar Monate später ins Weltall, samt einer Astronauten-Puppe hinterm Steuer. Die Botschaft, die Musk damit wohl senden will: Ihm ist alles zuzutrauen. Das haben mittlerweile auch die deutschen Autobosse erkannt.

Musk und die Deutschen – Ein Spannungsverhältnis

Zunächst waren es eher harmlose Streiche, mit denen Musk die etablierten Hersteller foppte. Nach Ausbruch des Dieselskandals schickte er dem angeschlagenen VW-Konzern laut dort beschäftigten Ingenieuren eine subtile Botschaft: Als die Techniker in Wolfsburg einen Tesla testen wollten, leuchtete auf dem Display plötzlich das Wort »Dieselgate« auf. Musks Leute hatten das Auto offenbar geortet und rasch bemerkt, wer da an ihrem Gefährt herumschraubte. Die digitale Vernetzung erlaubte es den Amerikanern dann, quasi per Fernsteuerung auf die Anzeige zuzugreifen.

Dennoch gelang es mehreren deutschen Rivalen, Tesla-Fahrzeuge zu zerlegen. Was sie dabei erlebten, war ein echter Schock. Denn unter der relativ konventionellen Karosserie verbarg sich ein völlig neuartiges Innenleben. Musk hatte seine Gehäuse um einen Hochleistungscomputer herumgebaut. In einem Tesla, schätzt ein ehemaliger Ingenieur, stecke die Rechenleistung von 150 bis 200 Apple-Computern. Die Folge: Das Auto wird im Lauf seines Lebenszyklus immer besser, es lässt sich über das Internet (»Over the air«) updaten, ähnlich wie ein Smartphone. So können Kunden beispielsweise eine Sitzheizung freischalten, die Batterieleistung verbessern und ein neues Assistenzsystem herunterladen. Es ist ein Service, den die deutschen Hersteller erst mühsam erlernen müssen, nach und nach bieten sie ihn bei ihren neuesten Modellen an. Tesla kann das bereits seit 2012. Die japanische Zeitung *Nikkei Asian Review*, die 2020 ein Model 3 auseinandernehmen ließ, kam zu dem Ergebnis: Tesla hat sechs Jahre Vorsprung vor Volkswagen und Toyota[4].

Solche Technologiesprünge sind möglich, weil Musk sein Unternehmen wie eine Softwarefirma führt, nicht wie einen traditionellen Industriekonzern. Tesla entstand im Silicon Valley, es beschäftigte zunächst mehr Computerwissenschaftler und IT-Programmierer als klassische technische Ingenieure. Wie stark sich die Tesla-Kultur von der Arbeitsweise traditioneller Autobauer abgrenzt, zeigt sich in Teslas Mitarbeiter-Regelwerk mit dem – typisch Musk – ironischen Titel »Das Anti-Handbuch-Handbuch«. Die kompakte, vierseitige Schrift ist nicht öffentlich, sie wurde uns jedoch zugespielt. »Wir sind Tesla«, heißt es darin, »wir verändern die

Welt.« Der Anspruch, anders zu sein als jeder andere Autokonzern, »erlaubt uns, das zu tun, was niemand anderes tut«. Die Tesla-Führung ruft ihre Mitarbeiterinnen und Mitarbeiter offen dazu auf, bestehende Hierarchien zu missachten, um Probleme schnellstmöglich zu lösen. »Du kannst mit deinem Vorgesetzten reden, mit dem Vorgesetzten deines Vorgesetzten, mit dem Vice President einer anderen Abteilung, du kannst mit Elon reden, du kannst mit jedem reden ohne die Erlaubnis von irgendjemandem sonst.«

In der Realität läuft freilich nicht alles so glatt, wie Teslas PR-Botschaften es vermitteln. Mitarbeiter schwärmen einerseits von den flachen Hierarchien bei Tesla, der schnellen, unbürokratischen Zusammenarbeit verschiedener Fachbereiche. Andererseits achten sie darauf, möglichst kein Problem zu erzeugen, das die Aufmerksamkeit des Chefs erregen könnte. Was es bedeuten kann, bei Musk in Ungnade zu fallen, zeigen die häufigen Personalwechsel. Mit mehreren Kollegen und Geschäftspartnern, die Tesla verließen, hat Musk sich später vor Gericht gezofft. Die PR-Abteilung, sie seinen Ansprüchen selten genügte, hat der Tesla-Boss mittlerweile abgeschafft.

Auch Musks Anspruch, neue Produkte schneller als andere auf den Markt zu bringen, ist umstritten. Er hat die Silicon-Valley-Kultur des Trial and Error, des Versuchs und Irrtums, auf die Autobranche übertragen. Für Volkswagen und Co. ist das ein Kulturschock. Sie sind es gewohnt, neue Technologien über Jahre zu testen und zu perfektionieren, ehe sie den Kunden angeboten werden. Am autonomen Fahren forscht Daimler zum Beispiel schon seit den Achtzigerjahren, fast zwei Jahrzehnte länger, als es die Firma Tesla überhaupt gibt. Tests und Qualitätssicherung verschlingen kostbare Zeit in der Entwicklung, haben den deutschen Herstellern aber auch ihren heutigen Weltruf eingebracht.

Konzernmanager von Firmen wie BMW oder Audi sagen den Kaliforniern eine gewisse Schlampigkeit bei der Sicherheit nach. Während sie selbst neue Batterietechniken oder Assistenzsysteme erst jahrelang prüften, teste Tesla seine Neuheiten quasi am Kunden. Was in der IT-Branche durchaus üblich ist, könne in der Autobranche sehr gefährlich sein: »Ein Systemabsturz beim Smartphone ist ziemlich unproblematisch«, sagt Audi-Chef Duesmann, »bei einem Fahrzeug, das gerade über die Autobahn rast, sollte das besser nicht passieren.«

Investoren hingegen schätzen Musks Tempo und Risikobereitschaft. An der Börse war Tesla zwischenzeitlich wertvoller als BMW, Daimler, Volkswagen, Toyota, General Motors, Ford und Fiat-Chrysler zusammen. Dem Pionier ist es inzwischen auch gelungen, über mehrere Quartale hinweg Gewinne zu schreiben. 2021 erreichte Tesla, trotz Pandemie und Chipkrise, einen Rekordprofit. Dabei half ein erkleckliches Nebengeschäft: Weil der Konzern nur reine E-Autos im Sortiment hat, darf er Verschmutzungszertifikate an Wettbewerber verkaufen, die auch noch Verbrenner im Angebot haben. Ein geschickter Kniff, der es Tesla erlaubt, am Klimaschutz gleich doppelt zu verdienen.

Jagd auf den Pionier

Schon wenige Jahre nach Musks denkwürdigem Auftritt in Hawthorne steht Tesla deutlich stabiler da. Das Massenfahrzeug Model 3, an dessen Produktion Tesla beinahe gescheitert wäre, gehört heute zu den meistverkauften E-Autos Deutschlands und sogar Chinas. In Shanghai hat Tesla in nur 168 Tagen eine Großfabrik hochgezogen. Und nicht nur das ist rekordverdächtig. Es ist die erste Autofabrik in China, an der kein chinesischer Partner beteiligt ist. Bis zu 500 000 Autos sollen dort jährlich von den Bändern rollen und Tesla auf dem größten E-Auto-Markt der Welt nach vorn bringen.

Das System Musk ist lernfähig, genau wie seine Autos. Immer wieder ist es dem Tesla-Chef gelungen, technische Schwierigkeiten gerade noch rechtzeitig zu beheben, ehe sie eskalierten. Die anfänglichen Produktionsprobleme des Model 3 zum Beispiel sind längst behoben. Entgegen den düsteren Prognosen der Konkurrenz ist es Musk also gelungen, innerhalb weniger Jahre eine Massenfertigung aufzubauen. Damit hat er bewiesen: Die Eintrittshürden in die Autoindustrie sind weit geringer, als Platzhirsche wie Volkswagen lange glaubten. Sie dachten, ihre Großfabriken in aller Welt, die Milliarden an Investitionen gekostet hatten, würden Neueinsteiger abschrecken. Musk belehrte sie eines Besseren. VW-Chef Diess hat Teslas geplante Großfabrik in Grünheide bei Berlin intern zum Vorbild erhoben. Er befürchtet, die Kalifornier könnten die Deutschen künftig nicht nur bei der Software, sondern auch bei der Produktionstechnik überholen.

Längst machen die deutschen Autobosse keinen Hehl mehr aus ihrer Bewunderung für den US-Rivalen. Tesla sammle die Gewinnmargen »über die gesamte Wertschöpfungskette ein«, sagt VW-Chef Diess Anfang 2020 seinen Topmanagern. Der US-Konkurrent sei nicht nur Autobauer, sondern auch Batteriehersteller, Händler und Dienstleister. Dadurch könne Tesla »unvergleichlich gut« Kundenwünsche erkennen und Profit aus ihnen schlagen, und zwar »weit außerhalb dessen, was wir mit unserem konventionellen Autogeschäft können«.

Nun zahlt sich aus, dass Musk schon vor Jahren den Plan fasste, ein geschlossenes System aus Tesla-E-Tankstellen und den passenden E-Fahrzeugen aufzubauen. »Wenn die Reichweite eines Elektroautos groß genug ist und es ein Netz von Schnellladestationen gibt«, sagte er schon 2014 im SPIEGEL, »besteht absolut kein Grund mehr für einen zusätzlichen Antrieb.«

Können die Traditionskonzerne da überhaupt noch mithalten? Bei unseren früheren Tesla-Recherchen nahmen wir Ende 2017 Kontakt zu Tesla-Mitgründer Martin Eberhard auf. Musks ehemaliger Mitstreiter hatte nach seinem Ausscheiden bei Tesla mehrere Jahre für VW in den USA gearbeitet. Per E-Mail stellt er damals den klassischen Herstellern ein verheerendes Zeugnis aus: Sie hätten »ein kulturelles Problem« und fast ein Jahrzehnt gebraucht, »um überhaupt zu bemerken, dass Tesla ihnen ihr Geschäft streitig macht, weil sie sich einfach weigerten, die Revolution zu erkennen, die wir mit dem Tesla-Konzept erschaffen haben«. Eberhards klare Botschaft: Die Autokonzerne bräuchten »frisches Blut in Entscheidungsträger-Positionen«.

Mittlerweile ist aber auch den Tesla-Oberen nicht entgangen, welch große Aufholjagd die deutsche Autoindustrie gestartet hat. VW-Chef Diess tue sein Bestes, um das Unternehmen in die richtige Richtung zu führen, twittert Musk ungewohnt harmonisch. Und sein jahrelang engster Mitarbeiter, Tesla-Mitgründer und Ex-Entwicklungschef Straubel, äußert sich uns gegenüber immerhin vorsichtig optimistisch, was die Zukunftschancen der Deutschen angeht: Zwar seien sie im Lauf der Jahre zu selbstgefällig geworden, hätten sich mit ihren Verbrennern auf einer technologischen Einbahnstraße bewegt. Doch Tesla habe »die ganze Autoindustrie wachgerüttelt und sie zu einem höheren Maß an Risikobereitschaft und Innovation gezwungen«, weshalb er es nun zumindest für möglich halte, dass die Deutschen aufholen, auch wenn sie noch einen schwierigen Weg vor sich hätten. Straubel will ihnen dabei helfen: Er hat Tesla mittlerweile verlassen und eine Firma namens Redwood Materials gegründet, die Elektroakkus recycelt und Batteriekomponenten nachhaltig produziert. Die Kosten für E-Autos sollen dadurch gewaltig sinken – und diese dadurch endgültig den Massenmarkt erobern. Mit Tesla arbeitet Straubel inzwischen nicht mehr zusammen, dafür kann er sich Partnerschaften mit den deutschen Herstellern vorstellen. Für die Platzhirsche wäre es eine Chance, zum kalifornischen Vorreiter aufzuschließen.

Aber auch Tesla kommt nicht komplett ohne die Old Economy, ohne die alte Ingenieurskunst, aus. Um seine Ziele zu erreichen, braucht Musk qualifizierte Mechaniker und Maschinenbauer, die ihm dabei helfen, seine futuristischen Ideen in massenmarktfähige Produkte zu verwandeln.

»Deutschland hat verdammt gute Ingenieure«, sagt Musk schon 2014 im SPIEGEL-Gespräch. Und er verkündet einen Plan, den damals noch niemand so richtig ernst nimmt: »Ich gehe davon aus, dass Tesla auf lange Sicht eine Batteriefabrik in Deutschland errichten wird.« Nach seiner Schätzung bereits »in fünf, sechs Jahren«. Eine ziemlich exakte Prognose, wie sich herausstellt.

Das Ziel, in der Autonation Fuß zu fassen und sich ihre Kompetenzen zu sichern, hat Musk seither systematisch umgesetzt. 2016 kauft Tesla den Mittelständler Grohmann Engineering aus Prüm in der Eifel, ein weltweit führendes Unternehmen für hoch spezialisierte Automatisierungstechnik, das zu diesem Zeitpunkt Konzerne wie Bosch, BMW und Daimler zu seinen Kunden zählt. Musk sorgt dafür, dass Tesla Grohmann Automation, wie die Firma heute heißt, mittlerweile vorrangig ein Unternehmen beliefert: Tesla.

Auch für die Massenproduktion seiner Modelle holt sich Musk zwischenzeitlich personelle Hilfe aus Deutschland. Als die Herstellung des Model 3 zu scheitern droht, soll Peter Hochholdinger, ein Ex-Audi-Manager, Abhilfe schaffen. Drei Jahre lang wirkt er als Produktionschef, vereinfacht die Abläufe und steigert die Model-3-Produktion im US-Werk in Fremont auf täglich etwa tausend Autos. Mittlerweile ist Hochholdinger zum aufstrebenden E-Auto-Start-up Lucid Motors gewechselt, das Tesla Konkurrenz macht.

Der E-Pionier ist noch immer mächtig. Aber er ist nicht mehr allein - und bedient sich der Hilfe aus der alten Autowelt. Die Frage ist, wem es nun schneller gelingt, den Zukunftsmarkt der digitalen, elektrifizierten Mobilität zu erobern. Volkswagen und Co. mit ihrem Qualitätsanspruch und globalen Produktionsnetz. Oder Tesla mit seiner Software-Intelligenz - und einem Chef, der zum Größenwahn neigt.

China und seine Selfmade-Milliardäre

Stuttgart unter Schock

Den Moment, in dem Li Shufu für alle sichtbar die internationale Autobühne betrat, werden sie bei Daimler nicht vergessen. Am Freitag, dem 23. Februar 2018, es läuft gerade der Autosalon in Genf, geht nach Börsenschluss eine dürre Nachricht über die Ticker. Der chinesische Investor habe über eine Firma namens »Tenaciou3 Prospect Investment Limited« für 7,5 Milliarden Euro 9,7 Prozent der Anteile an der Daimler AG erworben. Auf einen Schlag steigt der Chinese Li Shufu zum seinerzeit größten Aktionär bei der deutschen Industrie-Ikone auf, und in Stuttgart reagieren sie, als sei ihnen der Leibhaftige begegnet.

Li habe sich angeschlichen, habe den Vorstand um Dieter Zetsche hinterrücks überfallen, wolle den Konzern womöglich gegen den Willen des Managements früher oder später ganz schlucken, wird kolportiert. Die Kommentatoren bekommen Schnappatmung, die Politik beginnt eine Diskussion um eine Verschärfung des Außenwirtschaftsgesetzes, und die Finanzaufsicht Bafin untersucht, ob Li Shufu bei seinem Einstieg die geltenden Börsengesetze eingehalten hat. Hat er, stellen sie ein Dreivierteljahr später fest. Li hatte zunächst so viele

Anteile erworben, dass er knapp unter der Meldeschwelle von drei Prozent blieb. Dann sicherte er sich über Derivate Zugriff auf knapp unter fünf Prozent und stockte schließlich an dem besagten Freitag auf knapp zehn Prozent auf.

Li Shufu selbst tat zunächst wenig, um die Nerven der Deutschen zu beruhigen. Im Gegenteil schickten seine Kommunikatoren Schaubilder herum, auf denen der Mercedes-Stern in ein weltweites Automobilreich der Geely-Gruppe eingruppiert war. Das erinnerte an das Großmachtstreben eines Ferdinand Piëch, der einst ein Multi-Marken-Reich zusammenkaufte, um mit VW zum größten Autokonzern der Welt aufzusteigen. Eiferte Li ihm nach? Man würde gerne mit Daimler zusammenarbeiten, ließ der starke Mann aus China wissen, man müsse aber nicht.

Für die Deutschen klang das wie eine Drohung. Ob Li Shufu tatsächlich damit kokettierte, Daimler zu übernehmen, ist bis heute nicht sicher geklärt, er selbst hat das stets dementiert. Glaubt man seinem Umfeld, so hat er Dieter Zetsche und Daimler eher aus einem Gefühl der verschmähten Liebe heraus überrumpelt.

Lis erstes nicht chinesisches Auto war ein Mercedes. Früh faszinierte ihn die deutsche Luxusmarke, und er bewunderte Dieter Zetsche dafür, wie er nach dem Chrysler-Debakel seines Vorgängers Jürgen Schrempp dem Mercedes-Stern neuen Glanz verlieh. »Li wusste alles über Zetsche, ohne ihn persönlich zu kennen, aber Zetsche wusste nichts über Li Shufu, und er interessierte ihn auch nicht«, sagt einer, der beide kennt. Als Daimler 2007 Chrysler an den Finanzinvestor Cerberus verscherbelte, verkaufte Geely gerade einmal 200000 Autos, Daimler hingegen 1,3 Millionen. Und auch in den Jahren danach, als Geely den Absatz auf eine halbe Million Fahrzeuge steigerte und sich mit der Übernahme von Volvo nach Europa vortastete, nahm man das bei Daimler in Untertürkheim eher am Rande zur Kenntnis.

Im Herbst 2017 meldete Li Shufu bei den Deutschen Interesse an einer Zusammenarbeit an. Sie zeigten ihm die kalte Schulter. »Was will der denn von uns?«, fragten die bornierten Daimler-Manager. Da, so erzählen Leute aus seinem Umfeld, habe Li sich überlegt, sein Interesse mit Kapital zu unterlegen. Dann könne man ihn nicht mehr ignorieren. »Dann müssen sie mich respektieren.«

Autos made in China – Von Null auf 100 in 20 Jahren

Respekt ist ihm wichtig, da ist Li Shufu ganz Teil der chinesischen Kultur. Den Respekt der Daimler-Führung hat er mit seinem Einstieg gewonnen. Die Bedeutung des Deals reicht jedoch weit über die beiden Unternehmen hinaus. Es war das Signal, dass Elon Musks Tesla zwar der prominenteste Herausforderer für die deutsche Autobranche sein mag, aber bei Weitem nicht der einzige. Eine mindestens ebenso große und für viele bedrohliche Konkurrenz erwuchs den erfolgsverwöhnten Deutschen in China.

Im Dezember 2021 wird bekannt, dass auch der neben Geely zweite Daimler-Partner aus China, die staatliche Beijing Automotive Group Co. (BAIC), mittlerweile rund zehn Prozent am Stuttgarter Autobauer hält. Damit steht nun ein Fünftel des Autokonzerns unter chinesischer Kontrolle. Wird Daimler nun zunehmend chinesisch? Schreckensszenarien von einer Machtübernahme durch aufstrebende Hersteller aus dem Reich der Mitte weisen Daimler-Manager weit von sich, offiziell begrüßt der Konzern BAICs Engagement. Klar ist aber auch: Der Einfluss des Partners dürfte künftig deutlich zunehmen.

Als denkbar gilt, dass ein BAIC-Vertreter in den Daimler-Aufsichtsrat einzieht. Außerdem könnte der Großaktionär gemeinsam mit Geely zentrale strategische Entscheidungen auf der Hauptversammlung blockieren – sofern beide gemeinsam stimmen. Ein solches Vorgehen haben beide Seiten bislang aber stets bestritten, zumal sie Konkurrenten sind.

BAIC und Geely, die beiden Daimler-Investoren, repräsentieren prototypisch die beiden verschiedenen Unternehmensarten, die auf dem chinesischen Markt vorzufinden sind. Während Geely eine Privatfirma ist, steht hinter BAIC die Stadt Peking. Beide zählen zu den Top 10 der größten chinesischen Hersteller mit rund 1,3 Millionen (Geely) und 800000 abgesetzten Fahrzeugen (BAIC)[5]. Neben privaten und staatlichen Autokonzernen sind in der jüngeren Vergangenheit aber auch zahlreiche reine Elektroauto-Start-ups wie Aiways, Xpeng und Nio entstanden – gepusht von dem jungen Milliardär William Li. Sie wollen mit neuen Geschäftsmodellen, aggressivem Marketing und unkonventionellen Vertriebsideen genauso wie Geely international angreifen.

Damit verschärft sich der Wettbewerb, international wie auf dem Heimatmarkt. China insgesamt ist seit Jahren der größte Absatzmarkt für Autohersteller. Im Jahr 2021 wurden dort gut 21 Millionen neue Fahrzeuge zugelassen, in den USA hingegen knapp 15 Millionen, in Europa nur rund 12 Millionen und in Deutschland gerade einmal 2,6 Millionen. Die Führung in Peking begreift die E-Wende als Chance, diesen Markt zunehmend über lokale Hersteller zu dominieren – und den jahrzehntelangen Rückstand auf die internationale Konkurrenz endlich wettzumachen.

Abgezeichnet hatte sich das schon lange. Den Grundstein legte Ende der Siebzigerjahre bereits Deng Xiao Ping mit seiner »Politik der Reform und Öffnung«. China ließ private Unternehmen zu, schuf Sonderwirtschaftszonen und öffnete sich Schritt für Schritt dem Weltmarkt. Auch Li Shufu nutzte die neue Freiheit. 1986 gründete er Geely und gab dem Unternehmen den chinesischen Namen für »vielversprechend, Glück verheißend«. Erst baute er Kühlschränke, später Motorräder, beides mit erstaunlichem Erfolg. Mitte der Neunzigerjahre dann kaufte Li sich eine E-Klasse von Mercedes und ließ sie auseinandernehmen. Daraus wurde der Prototyp des ersten Geely. Seit 2001 hat das Unternehmen eine Lizenz für den Autoverkauf.

Der Weg zum Massenhersteller war da noch weit, und an Export war für chinesische Produzenten zu der Zeit noch nicht zu denken. In den Neunzigerjahren und mit dem Eintritt in die WTO 1995 positionierte sich China zunächst als Werkbank der Welt, auch internationale Autohersteller produzierten zunehmend an dem Billigstandort. Mit wachsenden Einkommen jedoch wurden auch die Chinesen selbst in den Nullerjahren zu Autokäufern. Chinesische Anbieter bedienten diesen Bedarf überwiegend mit günstigen Kleinwagen, den Premiummarkt überließen sie den Ausländern.

Auch Li Shufu gelang es, der wachsenden chinesischen Mittelschicht seine Geelys zu verkaufen, mit hohen Gewinnen. Zwischen 2000 und 2005 wuchs der chinesische Automarkt um 229 Prozent und in den nächsten fünf Jahren noch einmal genauso stark. Li Shufu wurde so zum Milliardär, heute gilt er mit einem Vermögen von fast 20 Milliarden Dollar als einer der reichsten Chinesen.

Europäische oder amerikanische Käufer aber überzeugten lange Zeit weder Geely noch die chinesischen Staatskonzerne mit der Qualität ihrer Verbrennerfahrzeuge. Um dieses schlechte Image zu ändern, stellte die chinesische Regierung 2010, ganz im Sinne Li Shufus, für die gesamte Branche die Weichen auf E-Mobilität.

Mit dem zwölften Fünfjahresplan für die Jahre 2011 bis 2015 schuf Peking die Grundlagen für die heimische Autoindustrie, auch technologisch eine führende Rolle einzunehmen und so international mitspielen zu können. Geostrategische und wirtschaftliche Interessen mischten sich dabei mit klima- und sozialpolitischen Erfordernissen, die vom chinesischen Regime frühzeitig identifiziert wurden. Die Regierung hatte erkannt, dass die bisherige, auf Turbowachstum ausgerichtete Politik soziale Ungleichheit förderte und die Umwelt massiv belastete. 2010 war die Autobranche laut einer Studie der China Green Tech Initiative für ein Drittel des Rohölverbrauchs zuständig – würden die Chinesen weiter so fleißig Autos mit Verbrennungsmotor kaufen, drohten die Städte im Smog zu ersticken. Der neue Fünfjahresplan sollte das ändern. Eine von sieben strategischen Industrien, die massiv gefördert werden sollten, waren die »New Energy Vehicles« (NEV). Es ist die Geburtsstunde der chinesischen E-Mobilität.

Bis 2020, so hieß es in dem Plan, wolle Peking 100 Milliarden Renminbi (etwa 10,9 Milliarden Euro) in die Elektromobilität pumpen, in die technologische Entwicklung, die Vermarktung und den Aufbau von Testregionen, etwa in Shanghai, Shenzhen oder Wuhan. Auch Kaufanreize für private Käufer gab es. Die gesamte Wertschöpfungskette der Batteriefertigung wurde gefördert, ein Jahrzehnt, bevor die deutschen Hersteller begriffen hatten, dass hierin neben der Software der eigentliche Wert und damit die Gewinnchancen von Elektroautos steckten.

Bis 2020 sollten in China fünf Millionen Elektroautos fahren. Anders als in Deutschland, wo selbst das bescheidene Ziel von einer Million Fahrzeuge für 2020 verfehlt wurde, übertrafen die Chinesen ihre eigenen Vorgaben sogar. Mit dem Masterplan für die E-Mobilität wuchs auch der Erfolg der chinesischen Hersteller.

Allen voran marschiert Li Shufu, der erste private Autounternehmer. Natürlich profitiert auch er von der staatlichen Großoffensive für die Elektromobilität. Aber er geht seinen eigenen Weg. Sein Verhältnis zum Staat ist ambivalent, immer schwingt die Frage mit, wie viel privates Unternehmertum möglich ist und wie viel Nähe zum Regime in Peking nötig. Wohl kaum ein chinesischer Unternehmer hat diese Balance bisher so gut gefunden wie Li Shufu.

Wer ist der Mann, der sich mit Tesla und VW messen will, mit Toyota und vielleicht eines Tages mit Apple?

Li Shufu – Atomkraftwerk auf zwei Beinen

Im Juni 1963 wurde Li Shufu in Taizhou in der Provinz Zhejiang im Osten Chinas geboren. Er wuchs in ärmlichen Verhältnissen auf, seine Familie lebte von ein paar Quadratmetern Reisplantage. Daher sei er tief verwurzelt in der chinesischen Kultur, erdverbunden, sagen Menschen, die ihn kennen. Li studierte Wirtschaftsingenieurswesen am Harbin Institute of Technology und Maschinenbau an der Universität Yan Shan.

Gerade volljährig, leiht Li sich von seinem Vater ein bisschen Geld, um sich einen Fotoapparat zu kaufen. Damit fotografiert er Touristen und verkauft ihnen die Bilder, später eröffnet er ein Fotostudio und geht so die ersten Schritte als Unternehmer. Vorbilder hat er nicht, schließlich war er von Anfang an dabei, als China sich der Marktwirtschaft öffnete, er sieht sich als Pionier. Wie fast alle chinesischen Unternehmer hat er sich von ganz unten hochgearbeitet. Als er Geely gründete, war er gerade einmal 23. Es folgten Rückschläge, Umwege, Enttäuschungen, aber nichts brachte Li von dem Ziel ab, ein weltumspannendes Firmenimperium aufzubauen. Das, so sagen Wegbegleiter, sei früh seine Vision gewesen. Den Mut zum Größenwahn hat er mit Musk und vielen Selfmade-Milliardären gemein. Vor dem Tesla-Gründer habe er großen Respekt, er teile sein Interesse an der Erforschung des Weltraums, ansonsten aber verbinde ihn wenig mit ihm.

Obwohl Li Shufu mittlerweile ein rund 30 Milliarden Euro schweres und Dutzende Firmen umfassendes Konglomerat führt, mischt er bis heute im Tagesgeschäft mit. Am liebsten trifft er alle wesentlichen Entscheidungen selbst – weil er es eben immer getan hat. Da ähnelt seine Mentalität dem Charakter deutscher Familienunternehmer, er gilt als beharrlich, stolz, risikobereit; als »ein Atomkraftwerk auf zwei Beinen« sieht ihn einer seiner Berater.

Wenn das stimmt, ist es vielleicht ganz gut, ihm nicht zu nahe zu kommen. Andererseits gilt er als angenehm zurückhaltend, einer, der in seiner knapp bemessenen Freizeit Gedichte schreibt und gut zuhören kann. Sein Haus in Hangzhou, Hauptstadt seiner Heimatprovinz Zhejiang, soll relativ bescheiden sein, kein Vergleich mit den Palästen, die sich viele chinesische Neumillionäre gebaut haben. Dort lebt er mit seiner zweiten Frau und zwei Kindern, zwei weitere aus erster Ehe sind schon erwachsen, ein Sohn arbeitet bei Geely. Li hat kein Feriendomizil, keine Jacht, keinen Privatjet. Wozu auch? Er fliegt nicht gern.

Die große Show eines Elon Musk liegt Li fern, vor allem außerhalb Chinas scheut er die Öffentlichkeit. So sehr, dass ihm in Deutschland nach seinem Einschlag bei Daimler schnell das »Phantom«-Etikett anhaftete.

Als er sich eineinhalb Jahre nach dem Einstieg bei Daimler bei der Internationalen Automobilausstellung in Frankfurt ankündigt, wird Li Shufu schon Wochen vor dem Start der Messe belauert. Zwar stellte Geely bereits 2005 als erstes chinesisches Unternehmen aus, wurde damals jedoch noch mitleidig belächelt. Doch nun, 2019, ist alles anders, Geely hat sich den Respekt der Branche erkämpft. Aber der große Unbekannte, Chairman Li? Kommt er wirklich? Wird er sich den Medien stellen? Kann man ihn als Journalist womöglich persönlich treffen? Ja, nein, nein. Einen öffentlichen Auftritt sagt der Geely-Boss kurzfristig ab, er trifft nur ein paar handverlesene Manager, für Journalisten ist er nicht zu sprechen.

Die Zurückhaltung dürfte jedoch nur zum Teil seinem Charakter geschuldet sein, mindestens ebenso viel ist sie seinem Verstand und politischem Kalkül geschuldet. Li weiß, dass man sich als Unternehmer in China nicht zu stark selbst inszenieren darf, um nicht in Konflikt mit dem Regime zu geraten. Er hat gesehen, wie es anderen Gründern erging, als sie zu erfolgreich wurden und ihren Ehrgeiz ungehemmt und international auslebten. Er hat verfolgt, wie Guo Guangchang vorübergehend aus dem Verkehr gezogen und auf Linie gebracht wurde, als er mit dem Finanz- und Freizeitkonglomerat Fosun allzu forsch expandierte. Ihm ist auch nicht entgangen, wie der vorübergehende Deutsche-Bank-Großaktionär HNA sich finanziell übernahm und von Peking auf Normalmaß zurückgestutzt wurde. Selbst der große Jack Ma, Gründer des mächtigen Internet-Konzerns Alibaba, soll sich auch deshalb zwangsweise zurückgezogen haben, weil er sich zuvor zu kritisch über das Regime in Peking geäußert hatte.

Die Gründe für den Zorn der Regierung um Xi Jinping mögen stets andere gewesen sein, all diese Fälle zeigen jedoch, dass chinesische Unternehmer nur mit der Gunst Pekings Erfolg haben können. Li Shufu hat das von Anfang an beherzigt. Xi Jinping kannte er schon lange, bevor dieser Partei- und Regierungschef wurde. Der Politiker war Parteisekretär in der Provinz, in der Li mit Geely seine ersten Schritte als Unternehmer machte. Sicher ist das für Li kein Nachteil, beide sollen großen Respekt voreinander haben. Parteimitglied ist Li Shufu zwar nicht, aber seit 2018 Abgeordneter im Nationalen Volkskongress. Im Grunde sei Li ein radikaler Marktwirtschaftler, aber ihm sei klar, dass man die Partei nicht reizen dürfe, sagt ein Wegbegleiter.

Wie der Milliardär Unternehmertum mit der chinesischen Variante der »political correctness« verbindet, zeigt ein interner Brief an alle Geely-Mitarbeiter aus dem März 2021. »Einsichten von Chairman Li« überschreibt er ein Manifest, das sich liest wie sechs Gebote für seine Jünger. Vom Weltfrieden bis zum Team-Building schlägt Li Shufu den Bogen, politisches Pathos mischt sich mit westlicher Managementrhetorik.

Chinas exportorientierte Wirtschaft stehe vor nie dagewesenen Herausforderungen, schreibt Li. »Chinas gegenwärtiges Wirtschaftsmodell kann nicht aufrechterhalten werden.« Das klingt erst mal kritisch, entspricht aber genau der aktuellen Doktrin Xi Jinpings – jedenfalls der Version, die er nach außen verkauft. Damit China weiterwachsen könne, müsse die Binnenwirtschaft expandieren, wie auch die Wirtschaft anderer Länder, schreibt Li. Beides werde verhindern, dass Handelskonflikte eskalieren und den Industriestaaten helfen, sich wirtschaftlich zu erholen. »Am Ende werden China und die Welt gegenseitig stärker voneinander abhängig sein – was Frieden und Stabilität in der Welt förderlich sein wird.« Ähnliches hört man immer wieder auch von Xi Jinping.

Direkt an das Regime dürfte sich eine andere Passage des Manifests richten. Die rasche wirtschaftliche Entwicklung Chinas habe dazu geführt, dass »Effizienz oft vor Fairness ging«. Manche Unternehmen seien dadurch sehr schnell gewachsen, wobei »einige sogar Gesetze gebrochen und grundlegendes Compliance-Management ignoriert haben«. Bestimmte Firmen verstünden die Bedeutung guter Unternehmensführung nicht mal und »ihre schlechten Gewohnheiten durchdrangen ihre internationalen Geschäfte«. Hier scheint Li direkt auf die von Xi Jinping gemaßregelten Konzerne Bezug zu nehmen. Geely dagegen verstehe die Bedeutung internationaler Compliance. »Unternehmen müssen nicht nur die Gesetze jedes Landes einhalten, sondern auch die Kultur jedes Landes respektieren. Unternehmen müssen nicht nur im Einklang mit Regulierung und Politik handeln, sondern auch die Regeln des Marktes respektieren, fair, transparent, ehrlich und vertrauenswürdig sein.«

Xi Jinping wird es gern gelesen haben. Hier versucht jemand, sich keine Fehltritte zu erlauben. Vielleicht scheute Li Shufu auch deswegen das direkte Gespräch mit uns SPIEGEL-Redakteuren, zu sehr möchte er sich öffentlich nicht inszenieren. Selbst einer seiner wichtigsten Manager, der damalige Volvo-Chef Håkan Samuelson, machte einen Rückzieher, als sich die Gangart des Regimes gegenüber mächtigen Unternehmen in China im Sommer 2021 verschärfte. Erst zeigte er sich offen für ein Gespräch, dann ließ er es aus fadenscheinigen Gründen wieder absagen.

Li Shufus schriftliches Manifest erzählt jedoch auch einiges über den Manager Li selbst, es erklärt, wie er seinen Konzern führt und wie er strategisch vorgeht. Er spricht darin davon, dass eine neue technologische Ära die Grenzen zwischen den Branchen niedergerissen habe. Eindimensionales Denken sei nicht mehr angesagt. Die Autoriesen alter Schule könnten versuchen, das zu ignorieren, sich dagegen zu stemmen, einfach auszuharren – oder sie könnten sich wandeln, die Welt überraschen und Schwächen in Stärken verwandeln. »Du kannst Zeuge einer Revolution sein oder Teilnehmer, Du kannst eine Revolution initiieren oder ihr beitreten, Du kannst Pionier sein oder bei dem bleiben, was Du kennst.« Jeder habe die Wahl. Li lässt keine Zweifel daran, dass er lieber bei den Pionieren ist oder doch zumindest bei denen, die schnell aufspringen. Es sei ein Marathon, der gerade erst beginne, es gebe daher keine richtige Methode, nur eine Richtung, in die man gehen müsse.

Li Shufu hat sich stets vorgetastet. Ein klares Zielbild habe er nicht – abgesehen von der Vision, einen multinationalen Konzern zu bauen –, das bestätigen Leute, die ihn kennen. Aber wo auch immer Neues entsteht, ist er dabei.

Obwohl Geely als Autohersteller erst zwei Jahrzehnte alt ist, zählt Li sein Unternehmen zu den etablierten Herstellern. »Wir müssen nicht nur unsere traditionellen Kernkompetenzen bewahren, wie den Fahrzeugbau, die Qualitäts- und Kostenkontrolle – wir müssen auch vorwärtskommen in Bereichen wie der Interaktion zwischen Mensch und Computer, dem autonomen Fahren, Cloud Computing, Elektromobilität, Energiemanagement und intelligenter Mobilität.« Der Feind, den es zu schlagen gilt, sind die Techkonzerne von Apple über Google bis hin zu Alibaba und Tencent. Nach seinem Einstieg bei Daimler bezeichnete Li sie als »Barbaren vor den Toren«, die es abzuwehren gelte. Die klassischen Autohersteller müssten sich zusammentun, um wehrhaft zu sein, wenn die Technologieriesen im Autogeschäft ernst machten. So schreibt er es auch seinen Kollegen in die Mitarbeiter-Bibel: Um in Zukunft erfolgreich zu sein, werde es nicht reichen, alleine zu kämpfen. Es gehe darum, alle Kräfte zu bündeln, die sich bündeln lassen, innerhalb der Branche, aber auch darüber hinaus.

Der Geely-Weg

Das ist der Geely-Weg, Li Shufu beschreitet ihn mit Übernahmen, Kooperationen und Experimenten. So gelingt ihm nach etlichen Rückschlägen 2010 der internationale Durchbruch. Für 1,8 Milliarden Dollar übernimmt er von Ford die Volvo Car Corporation.

Die schwedische Stilikone, in Deutschland als unkaputtbares Akademikerauto beliebt, war in der Finanzkrise in finanzielle Schwierigkeiten geraten. Der amerikanische Eigentümer Ford wusste mit der angestaubten Marke wenig anzufangen. Als Li Shufu sich 2007 auf der Automesse in Detroit bei Ford vorstellte und erklärte, er habe Interesse an Volvo, wiesen ihm die Amerikaner noch höflich die Tür, drei Jahre später schlugen sie ein.

Aber auch Li Shufu kommt bei Volvo zunächst nicht voran. Der damalige Vorstandschef Stefan Jakobi will die Chinesen auf Distanz halten, er sorgt sich, Geely könne mit seinen Billigautos die Marke Volvo beschädigen. Zwar gilt Li als jemand, der selbst nicht viel von Marken versteht, aber er weiß, wie wichtig es ist, sie zu pflegen. Er fragt den früheren General-

Motors-Chef Rick Wagoner, wer ihm helfen könne, Volvo zu sanieren, der empfiehlt ihm den Deutschen Carl-Peter Forster, von 2001 bis 2004 Opel-Chef und danach fünf Jahre lang Europa-Statthalter für GM. Forster sagt zu, zieht bei Volvo und Geely in den Aufsichtsrat ein und hilft Li Shufu, die beiden Kulturen miteinander zu versöhnen. Als neuen CEO setzt Li Shufu den international erfahrenen Schweden Håkan Samuelsson ein, der das Unternehmen bis März 2022 führt.

»Entscheidend für den Erfolg von Geely ist die unternehmerische Einstellung und Managementqualität«, erzählt Forster uns in einer Videoschalte. »Anders als die Amerikaner, versteht Li Shufu es, europäische Marken zu führen.« Bevor Geely nach Volvo griff, hatte Ford vier Jahre lang kein Geld mehr in die Marke gesteckt. Geely hingegen investierte massiv in das Unternehmen und ließ eine komplett neue Plattform entwickeln. Li Shufu unterstützte die Entscheidung des Volvo-Managements, nur noch Zwei-Liter-vier-Zylinder-Motoren zu bauen, sie mit einem Elektroantrieb zu einem Hybrid zu kombinieren und diese Kombination bereits 2013 als Motorisierung anzubieten. Früher als viele andere bot Volvo seinen Kundinnen und Kunden einen Hybridantrieb an, um sie an die Elektromobilität heranzuführen.

Li Shufu verpasst Volvo eine radikale Verjüngungskur. Bereits 2017 ließ er ankündigen, dass Volvo ab 2019 nur noch teil- oder vollelektrisch angetriebene neue Modelle auf den Markt bringen werde. Zu der Zeit kämpften die deutschen Anbieter noch mit der Dieselaffäre. Die digitale Ausstattung von Volvo wie auch von Geely hingegen gilt als hochmodern. Mitte 2019 vereinbart Geely eine strategische Partnerschaft mit dem chinesischen Internetkonzern Baidu, um den Einsatz künstlicher Intelligenz und das autonome Fahren weiterzuentwickeln. Den Absatz erhöht Volvo zwischen 2010 und 2019 von 374000 auf 705000 Einheiten. Ende Oktober 2021 schließlich bringt Geely Volvo erfolgreich zurück an die

Börse, für 15 Prozent der Anteile erhalten die Chinesen rund zwei Milliarden Euro, Volvo ist an der Börse fast zehnmal so viel wert wie beim Einstieg Geelys elf Jahre zuvor.

Nach dem gleichen Prinzip wie bei Volvo ging Geely auch bei der London Taxi Company und bei dem britischen Rennwagenhersteller Lotus vor. Auch sie sollen helfen, die Marke Geely positiv aufzuladen und ihre internationale Akzeptanz zu erhöhen. Sein Vorgehen hat System: Weil es für Chinesen kaum möglich ist, selbst eine globale Marke aufzubauen, kauft Li sich starke, aber angeschlagene Marken am internationalen Markt zu günstigen Preisen. Diese rüstet er dann auf, denn technologisch agieren die Chinesen längst auf Augenhöhe und können in ihrem Heimatland zugleich sehr viel günstiger produzieren als in Europa oder den USA. Ex-Volvo-Aufsichtsrat Forster sagt, die Autos des schwedischen Herstellers würden heute in den chinesischen Fabriken mit ähnlich geringer Fehlerquote produziert wie in Schweden. Auch andere internationale Geely-Marken werden daher in Europa entwickelt und in China produziert.

Neben den Zukäufen etablierter Marken experimentiert Li Shufu mit Neugründungen, so wie Polestar. Das Joint Venture ist aus der Rennsportmarke Polestar Racing hervorgegangen, Geely und Volvo haben daraus unter der Führung des früheren Volvo-Chefentwicklers Thomas Ingenlath jedoch eine reine Elektroauto-Marke gemacht, die im Direktvertrieb und über das Volvo-Netzwerk beachtliche Verkaufserfolge erzielt. Um den kostspieligen Aufbau einer internationalen Elektromarke zu finanzieren, soll Polestar noch 2022 an die Börse gehen, der Wert wird auf 20 Milliarden Dollar taxiert. Dafür will Li, wie viele Elektro-Start-ups, ein sogenanntes SPAC nutzen, eine leere, aber börsennotierte Zweckgesellschaft, in die Polestar einfach hineinschlüpfen kann. Li weiß die Klaviatur der Kapitalmärkte für seine Welteroberungspläne zu nutzen. Und mit der jüngsten Elektro-Neugründung Zeekr will Li nun auch im Premiumsegment angreifen und Tesla, Mercedes und BMW Konkurrenz machen. Im Herbst 2021 rollte der Zeekr 001 in der ostchinesischen Küstenstadt Ningbo vom Band, mit 700 Kilometern Reichweite und einer Ladezeit von angeblich einer halben Stunde für 80 Prozent der Batterie. Produziert wird der Flitzer in einer hypermodernen, mit 5G-Internet ausgestatteten und weitgehend durchautomatisierten Fabrik.

Immer wieder heuert Li Shufu erfahrene Automanager an, um seine Ideen umzusetzen. Gestandene Profis wie Alain Visser. 16 Jahre lang hat der gebürtige Belgier bei Ford gearbeitet, fünf Jahre bei General Motors, drei Jahre lang vertrieb er Autos für Opel und noch einmal so lange für Volvo. Vor sechs Jahren reifte bei dem Branchenveteranen allerdings eine Erkenntnis: Visser, 57, entschied auszusteigen, bevor die Branche aussterbe. Denn die Hersteller seinen wie Dinosaurier: behäbig, unfähig, sich anzupassen.

Als der Volvo-Eigentümer Li Shufu ihn 2016 damit beauftragte, eine neue Automarke zu schaffen, sagte Visser deshalb erst einmal Nein. »Noch eine Automarke brauchte die Welt nicht.« Er hatte eine andere, radikale Idee: Wie wäre es mit einem Anbieter, bei dem die Kunden ein Fahrzeug abonnieren könnten wie Filme bei Netflix oder Songs bei Spotify? Die »Subscription Economy«, in der man Filme, Musik, Fahrräder und andere Produkte jederzeit nutzen kann, ohne sie zu besitzen, werde auch die Autobranche verändern. Wenn die klassischen Hersteller nicht aufpassten, könnten sie zum Hardware-Lieferanten für die Plattformen neuer Anbieter degradiert werden.

Li Shufu gefiel der Vorschlag. Visser tüftelte fortan also an einem Geschäftsmodell, an der IT-Plattform und am passenden Wagen. In Frühjahr 2021 lieferte Lynk & Co. schließlich in Europa den ersten »01« aus, einen Kompakt-SUV, der optisch einem Volvo XC 40 ähnelt. Kunden können ihn für

35 000 Euro kaufen oder für 500 Euro im Monat im Abo nutzen. Außer Sprit ist in der Flatrate alles drin, von der Versicherung über die Steuer bis zur Wartung. Außerdem versprechen die Lynk-Verkäufer den Abonnenten, ihr Fahrzeug alle neun Monate zu erneuern.

Ob Lynk & Co. zu einem Erfolg wird, sei dahingestellt. Schließlich tummeln sich schon jetzt Dutzende Anbieter auch im Abogeschäft. Klassische Autohersteller, wie die eigene Schwester Volvo oder aber der Konkurrent BMW, Autovermieter wie Sixt und Start-ups wie like2drive. Doch Li Shufu will diese neuen Technologien und Geschäftsmodelle testen, um keine Chance zu verpassen. Auch an Volocopter hält er Anteile, dem Flugtaxi-Start-up aus Bruchsal, an dem auch Daimler beteiligt ist. Li hält das für eine unschlagbare Kombination: Daimlers Aerospace-Erfahrung und Geelys Kenntnisse und Zugänge in die chinesischen Metropolen, die als Einsatzort für die futuristischen Transportmittel so viel wahrscheinlicher sind als München oder Berlin.

Volvo, Volocopter, Daimler – Li Shufu sieht sich als Brückenbauer zwischen China und Europa. Aber es ist kompliziert.

Bei Daimler öffnen sie sich nur sehr langsam für die Avancen Li Shufus. Die ungeliebte Tochter Smart haben die Stuttgarter ihm mittlerweile anvertraut, Geely modelt den Kleinstwagen zur reinen Elektromarke um und verlegt den Schwerpunkt nach China. Aber Li würde gerne weitergehen, vielleicht sogar beim Betriebssystem für das Auto kooperieren, dem Herzstück jeder Zukunftsstrategie. Ein solcher Schritt berührt die Frage, wie weit man überhaupt gehen kann in der Zusammenarbeit mit chinesischen Unternehmen. Spätestens wenn es um Daten geht, den wichtigsten Rohstoff auch in der Autobranche, sind die Vorbehalte groß. Sie werden genährt von der immer deutlicher erkennbaren Absicht Pekings, die Kontrolle über die Daten zu behalten oder zu bekommen, auch über solche, die in der privaten Wirtschaft entstehen und genutzt werden.

Geely orientiert sich daher mit Blick auf Software und Digitalisierung zunehmend nach China. 2021 ging der Konzern Kooperationen mit dem Apple-Zulieferer Foxconn, dem chinesischen Google-Pendant Baidu und dem Facebook-Widersacher Tencent ein. Lieber paktiert Li Shufu mit den »Barbaren vor den Toren«, als sich von ihnen einfach verdrängen zu lassen. Zugleich will er Geely selbst nach und nach in einen Techkonzern verwandeln – und ändert dafür sogar seinen Namen.

»Warum wähle ich einen englischen Namen«, fragt er seine Leser in dem Brief, den er im Frühjahr 2021 an seine Mitarbeiter schreibt, und liefert die Antwort selbst. »Wir müssen die Kultur umarmen, die von den globalen Techfirmen kreiert wurde und in der die Nutzer bei allem, was wir tun, an erster Stelle stehen. Wir sollten uns nicht in Ehrenbezeichnungen oder Strukturen ergehen, deshalb habe ich entschieden, dass ich innerhalb von Geely nicht länger als ›Chairman Li‹ bezeichnet werde, sondern mit meinem englischen Namen – Eric Li.«

Der andere Li – Wie Nio die Autowelt aufmischen will

Li Bin alias William Li hat diesen Schritt schon früher gemacht. Wenn Li Shufu der Ferdinand Piëch unter den chinesischen Auto-Unternehmern ist, dann ist William Li wohl am ehesten mit Elon Musk zu vergleichen. 2014 gründete er Nio, eines der vielen Kinder der »New-Electric-Vehicle«-Initiative Pekings. Und doch ist es ganz anders als die anderen.

Wir treffen William Li, der sich nur zu gern auch persönlich vorgestellt hätte, coronabedingt via Zoom Anfang Mai 2021, kurz nach dem Autosalon in Shanghai. Er steht noch ganz unter dem Eindruck der Messe, die mehr als 800 000 Besucher anlockte und auf der Li einer der Stars war und den ET7 vorgestellt hat. ET7, das klingt außerirdisch, wäre aber ein Schritt an die Spitze der technologischen Entwicklung, wenn es denn klappt: Die Limousine soll schon 2022 mit einer neuartigen Feststoffbatterie an den Markt kommen und so Reichweiten von 1000 Kilometern erzielen – ohne Ladestopp.

Entsprechend selbstbewusst kommt Li im Videocall mit uns daher. Nach etlichen Höflichkeitsfloskeln kommt Li zur Sache. Er habe ja durchaus Respekt vor Tesla und Elon Musk, sagt der Selfmade-Milliardär. Der Elektroauto-Vorreiter und sein Chef seien aber nicht der Grund, warum er 2014 das E-Auto-Start-up Nio gegründet habe. »Tesla war damals noch klein und wenig erfolgreich – das war nicht meine Inspiration.« Li zählt sich zur ersten Gründergeneration im chinesischen Internet-Business, Mitte der 1990er Jahre baute er diverse Web-Unternehmen mit auf. 2000 gründete er die Auto-Vertriebsplattform Bitauto. 2012, als China besonders große Smogprobleme hatte, habe er begonnen, darüber nachzudenken, was er dagegen unternehmen könnte. »Die Überlegungen wurden stärker, als meine Frau und ich 2014 ein Kind erwarteten.« Allein deshalb, und nicht etwa inspiriert von Tesla, habe er Nio gegründet, um einen Beitrag zu CO_2-Reduzierung und Luftreinhaltung zu leisten.

Ein chinesischer Elon Musk will Li also nicht sein. Seine Pläne aber sind kaum weniger ehrgeizig als die des exzentrischen Amerikaners. Li, 47, Sohn eines Milchbauern aus der Provinz Anhui, will mit Nio ebenfalls den Weltmarkt erobern.

Den ersten Schritt macht Nio kurz nach unserem Telefonat. In Norwegen bringt das Start-up seine Elektro-SUVs erstmals an den europäischen Markt. 2022 soll es auch in Deutschland, dem Mutterland des Verbrennungsmotors, soweit sein. Präsent ist Nio hier schon länger. Im Münchner Nobel-Stadtteil Bogenhausen unterhalten die Chinesen ein Designcenter, Tür an Tür mit Wolfgang Reitzle, der grauen

Eminenz der deutschen Autobranche. Reitzle, der als Aufsichtsratschef von Conti gerade versucht, den Autozulieferer zur Softwareschmiede umzudefinieren, findet, die Deutschen könnten sich von den jungen chinesischen Firmen durchaus etwas abschauen.

Li zählt zu einer neuen chinesischen Unternehmergeneration, sein Vermögen wird auf acht Milliarden Dollar geschätzt. Das hat viel mit dem Hype zu tun, den Nio und andere junge E-Mobilitätsanbieter in den vergangenen Jahren an den Finanzmärkten entfacht haben. An der New Yorker Börse wurde Nio zum Zeitpunkt unseres Gesprächs bereits mit rund 66 Milliarden Dollar bewertet – mehr als BMW. Zur Riege der jungen E-Auto-Börsenstars gehören neben Nio aber mit Aiways und Xpeng noch zwei weitere chinesische Startups. Schon allein die Tatsache, dass Autofirmen aus China mit großer Selbstverständlichkeit Milliarden an den US-Börsen einsammeln, obwohl sie noch kaum ein Fahrzeug verkauft haben, dürfte den Deutschen zu denken geben.

»Die hohe Börsenbewertung zeigt, dass die Investoren an Nios Zukunft als reinem Elektroauto-Hersteller glauben«, sagt William Li, und veranschaulicht, woran das liegen könnte. »Von Auto Nummer eins bis Nummer 50 000 haben wir noch 26 Monate gebraucht, von 50 001 bis 100 000 nur noch neun Monate.« Gleichzeitig sei es Nio gelungen, eine respektable Position im Premiumsegment zu erobern. Der durchschnittliche Verkaufspreis von 65 000 Dollar liegt allerdings deutlich unter dem eines EQS, Daimlers elektrischer S-Klasse. Dennoch – behauptet Li – liege die Produktmarge bei mehr als 21 Prozent. So etwas gefällt den Investoren.

Wichtiger ist aus ihrer Sicht aber etwas anderes, wenn man Li glauben darf. Die Aktionäre sähen die Chancen, »die sich aus Innovationen in Bereichen wie Energie oder IT-Technologie ergeben. Diese Innovationen werden die Mobilität grundlegend verändern, und Nio will ein Treiber dieser Veränderung sein.« In Sachen Batterie etwa scheint Nio den Deutschen bereits um einiges voraus zu sein. BMW, Daimler und Co. sind heute noch ein ganzes Stück davon entfernt, selbst eine marktreife Feststoffbatterie auf den Markt zu bringen,, für die aktuelle Generation an Elektroautos sind sie bei den Akkus voll auf chinesische und koreanische Lieferanten angewiesen.

Und noch einen Clou haben Li und seine Leute sich ausgedacht: Sie haben ein Netz von Batterie-Wechselstationen aufgebaut. Während hiesige Hersteller mit langen Ladezeiten und einem Mangel an Ladestationen hadern, wirbt Nio damit, binnen drei Minuten leere gegen volle Batterien auszutauschen. Allerdings gibt es bislang noch nicht allzu viele dieser Wechselstationen. Ein eigenes Ladenetz baut Nio ebenfalls auf, es soll auch Fahrern anderer Marken das Laden ermöglichen, selbstverständlich seien alle Stationen an die Cloud angebunden.

Mit den Buzzwörtern des digitalen Zeitalters wirft William Li nur so um sich. Ob Nio bei der Anwendung künstlicher Intelligenz oder beim autonomen Fahren so weit ist, wie Li suggeriert, wird sich zeigen. Immerhin haben Start-ups wie seines die Softwarekompetenz von Tag Eins an mit aufgebaut, während die europäischen Auto-Dinos erst ganze Belegschaften von Blechbiegern zu Codern umerziehen müssen.

Das fehlende Vertriebsnetz versucht Nio wie andere Elektro-Start-ups in einen Vorteil umzumünzen. »User«, wie Li seine Kunden nennt, können ihr künftiges Auto online konfigurieren und sollen es binnen drei Wochen geliefert bekommen. Außerdem hat die Firma in chinesischen Metropolen und mittlerweile auch in Norwegen Clubs eröffnet, wo sich Mitglieder der Nio-Community treffen, Partys feiern oder Reisen planen können. Man sieht sich als Lifestyle-Marke. »Es geht also nicht nur um das Auto«, sagt Li.

Ob das alles sich am Ende rechnet und finanzierbar ist, ist allerdings noch offen. »Die hohen Erwartungen des Kapitalmarkts ehren uns, sind aber auch eine Herausforderung: Sollten wir sie nicht erfüllen und Fehler machen, könnten wir abgestraft werden«, weiß Li.

Kann sich Nio international also wirklich durchsetzen? Gibt es nicht schon auf dem chinesischen Markt viel zu viele junge Elektroauto-Hersteller, die mehr oder weniger große Verluste produzieren?

Immer wieder hatte die chinesische Zentralregierung angedeutet, dass es zu einer Konsolidierung kommen müsse, das auf Dauer erfolglose Anbieter ausscheiden müssten. Aber so einfach ist das in einer von politischen Interessen durchdrungenen Wirtschaft wie der chinesischen nicht. Jede Lokal- und Provinzregierung hat ihre eigenen Interessen, und Möglichkeiten sie durchzusetzen.

Als Nio 2019 selbst in finanzielle Schwierigkeiten geriet, wurde die aufstrebende Firma von der Stadt Heifei und der Provinz Anhui unterstützt. »Wir erhielten umgerechnet insgesamt rund 700 Millionen US-Dollar von der Regierung«, sagt Nio-Gründer Li. Er spielt die Bedeutung der staatlichen Stütze herunter. »Aus meiner Sicht hat niemand durch die staatliche Unterstützung einen Wettbewerbsvorteil, alle profitieren.« Die chinesische Regierung unterstütze Nio ja nicht exklusiv, sondern auch viele andere Unternehmen. Auch VW, Daimler und andere internationale Marken arbeiteten in China mit Staatsunternehmen zusammen. Selbst Tesla habe üppige Unterstützung von der chinesischen Regierung erhalten.

Das China-Dilemma von VW und Co.

Dennoch dürfte der starke staatliche Rückhalt ein Wettbewerbsvorteil für die aufstrebenden chinesischen Autohersteller sein, von Geely bis zu Nio und Xpeng. Außerdem wird China auf Jahre hinaus einer der größten Absatzmärkte bleiben. Und während die chinesischen Hersteller im Verbrenner-Zeitalter kaum mehr tun konnten, als westliche Erfolgsmodelle billig zu kopieren, sind sie in der beginnenden Ära der elektrischen Antriebe und der unbegrenzten digitalen Möglichkeiten technologisch ganz vorne mit dabei. Die Unternehmensberatung Roland Berger sieht Chinas E-Autoindustrie gemessen an der Zahl der produzierten Elektrofahrzeuge und Batteriezellen sowie beim Preis-Leistungsverhältnis weltweit vorne, aber auch technologisch – also gemessen an Faktoren wie Reichweite, Effizienz und Sicherheit – zumindest auf Augenhöhe mit Südkorea und Deutschland. Vorbei sind die Zeiten, in denen die chinesischen Fabrikate als Klapperkisten galten, ohne jede Chance auf Zulassung in Europa. Er habe mehrere Fahrzeuge aus dem Reich der Mitte getestet, sagte VW-Chef Diess im November 2021 vor der Belegschaft. »Wir müssen gestehen: Sie sind richtig gut.«

Das hängt auch mit der guten Infrastruktur vor Ort zusammen. Heimische Batteriehersteller wie CATL und BYD sichern die Lieferkette ab und Digitalkonzerne wie Tencent und Baidu stehen als Kooperationspartner für das autonome Fahren und die Vernetzung der Fahrzeuge bereit. Es sieht so aus, als hätten Li und Li, William und Shufu, ein paar Sorgen weniger als ihre deutschen Konkurrenten. »Wenn sie es verpassen, die Technologie und ihre Firmenkultur grundlegend zu wandeln, werden sie von neuen Wettbewerbern überholt«, fasst William Li die Lage der Deutschen selbstbewusst zusammen. Tatsächlich ist die Gefahr, die bisher sehr starke und zu den Hochzeiten der Verbrenner-Technologie erworbene Rolle im chinesischen Markt zu verlieren, nicht zu unterschätzen – und womöglich eine größere Bedrohung als der Angriff der Chinesen auf den europäischen Markt. Mehr als ein Drittel ihrer Fahrzeuge verkauften die deutschen Hersteller im Schnitt zuletzt im Reich der Mitte.

Daimler, VW und BMW scheinen sich der Lage bewusst zu sein. Sie alle kooperieren in der ein oder anderen Weise mit chinesischen Anbietern und pflegen ihre Beziehungen in die dortige Politik, um sich einen Platz in ihrem wichtigsten Absatzmarkt zu sichern. Daimler-Chef Källenius ist auffallend offener für gemeinsame Geschäfte mit Geely als noch sein Vorgänger Zetsche. BMW-Boss Zipse betont in Hintergrundgesprächen immer wieder, wie wichtig es wäre, dass die europäische Politik nicht auf Konfrontation mit dem Regime in Peking geht. Und VW versucht verzweifelt, eine Positionierung zu den Menschenrechtsverletzungen gegen die Uiguren zu vermeiden, um – wie von der chinesischen Regierung gewünscht – in der strukturschwachen Region Xinjiang weiterhin produzieren zu können.

Doch der Kuschelkurs mit China birgt Gefahren für die Deutschen. Was sie im Osten gewinnen, könnten sie in den USA verlieren. Je enger sie sich an chinesische Kooperationspartner binden, desto schwieriger könnten amerikanische Regierungen ihnen den Zugang zum US-Markt machen. Das war unter Donald Trump so, hat sich unter Joe Biden aber nicht grundsätzlich geändert. Die Deutschen, sie stecken in der Zwickmühle.

Wie Apple und Sony die Autoindustrie attackieren

Der iPhone-Moment für die Autoindustrie

Zu den Besonderheiten des technologischen Wandels in der Autoindustrie gehört, dass gleich mehrere ehemalige BMW-Manager darin eine tragende Rolle spielen. Herbert Diess und Markus Duesmann, die Chefs von VW und Audi, setzen auf reine Elektrostrategien. Wolfgang Reitzle, der Aufsichtsratschef von Continental, will den Autozulieferer zu einem Softwareanbieter hochrüsten. Und, last but not least, Ulrich Kranz. Der ehemalige BMW-Entwicklungschef wechselte im Sommer 2021 zum Hightech-Riesen Apple.

Die Personalie passt ins Bild. Seit Ende 2020 mehren sich die Hinweise, dass der iPhone-Gigant ein eigenes Auto entwickelt. Apple habe sein zwischenzeitlich zurückgefahrenes Projekt »Titan« wieder aufgenommen und könnte schon ab 2024 eigene Fahrzeuge auf den Markt bringen, meldet die Nachrichtenagentur Reuters. Ein Jahr später berichtet Bloomberg, Apple konzentriere sich jetzt ganz auf die Entwicklung eines Roboterautos, das 2025 auf den Markt kommen solle. Hinter der Offensive soll der neue hausinterne Autochef Kevin Lynch stehen, ein Softwareprofi, der früher für die Apple Watch mit verantwortlich war.

Außerdem machen Entwürfe des iCar in der Branche die Runde: Die britische Leasingfirma Vanarama hat sie auf Basis verfügbarer Informationen über Apple-Patente erstellt[6]. Demnach könnte das Apple-Auto über drehbare Sitze verfügen, der Innenraum ließe sich dadurch in einen Miniatur-Meeting-Raum oder in ein Wohnzimmer verwandeln. Das Cockpit zeichnet sich dem Entwurf zufolge durch ein großflächiges Display aus, wie es heute beispielsweise schon in Daimlers elektrischer S-Klasse zu finden ist.

In der Branche zweifelt kaum noch jemand daran, dass sich der IT-Konzern nach Computer-, Musik- und Mobilfunkbranche als Nächstes die Autoindustrie vorknöpfen will.

Wie sonst soll man Apples jüngste Personalpolitik bewerten? Anfang 2021 verpflichtete der Konzern bereits Manfred Harrer, einen Porsche-Manager, der zuvor allenfalls Kennern der Autoszene ein Begriff war. Harrer ist Experte für Fahrwerke, einem ebenso klassischen wie komplizierten Bereich. Fahrwerke steuern das Zusammenspiel von Lenkung, Federn, Dämpfern, Rädern und Reifen. Innerhalb des VW-Konzerns sei er einer der Besten und Erfahrensten auf seinem Gebiet gewesen, berichten ehemalige Weggefährten. Apple habe offenbar gezielt einen Mann aus der alten Autowelt verpflichtet, um sich in diesem Bereich Expertise anzueignen, heißt es bei Porsche.

Apple gibt sich wie üblich verschlossen. »Ich kann Gerüchte nicht kommentieren«, sagte Vorstandschef Tim Cook Anfang 2021 in einem TV-Interview – und beschränkte sich auf ein vielsagendes Lachen. Cook ist ein mächtiger Gegner. Allein der schiere Börsenwert Apples von seinerzeit mehr als zwei Billionen Dollar flößt Respekt ein. Damit habe Apple »praktisch unbegrenzten Zugang zu Ressourcen«, sagt Volkswagen-Chef Diess. Zum Vergleich: VW kommt zeitgleich auf eine Bewertung von umgerechnet 110 Milliarden Dollar, knapp ein Zwanzigstel.

Will Apple tatsächlich eine Art iPhone auf Rädern bauen, ein digital voll vernetztes Elektroauto, vollgestopft mit Softwareprogrammen und autonomen Fahrsystemen, wäre der Ex-BMW-Manager Kranz als Chefentwickler die perfekte Besetzung. Bei BMW leitete er ab 2007 das »Project i«, eine Denkfabrik, die das erste Elektroauto für die Münchner entwickelte. Sowohl der E-Kleinwagen i3 als auch das Hybridfahrzeug i8 entstanden unter seiner Ägide. BMW war damit schneller als die deutsche Konkurrenz, und fast so schnell wie der US-Rivale Tesla, der seine E-Limousine Model S nur wenige Monate vor dem i3 auf den Markt brachte. Das »i« im Modellnamen steht laut BMW für Idee, Inkubator und Innovation. Doch gleichzeitig imitierte der Autohersteller damit wohl auch das ikonische »i« im iPhone, das ebenfalls 2007 an den Start ging. Apple war das große Vorbild der BMW-Manager.

Norbert Reithofer, Ex-Vorstandsboss und BMW-Aufsichtsratschef, warnte bereits 2015, Apple sei eine »sehr, sehr starke Marke«, die in der Lage sei, die Autoindustrie umzukrempeln[7]. Die eigene Industrie verglich er mit der weitgehend ausgestorbenen Schreibmaschinenbranche, die auch durch Neulinge zunehmend verdrängt worden sei.

BMW sondierte sogar eine Kooperation mit Apple, als der IT-Konzern schon einmal ein iCar bauen wollte und dafür einen Partner suchte. Dreimal reiste eine Delegation nach Cupertino ins Hauptquartier des Rivalen, um dort hochrangige Manager zu treffen. Ex-BMW-Chef Harald Krüger pflegte mit Tim Cook einen regelmäßigen Austausch. Stolz nahmen die Münchner zur Kenntnis, dass der Apple-Boss einen 5er BMW mit Hybridantrieb fuhr. Doch der kalifornisch-bayerische Schulterschluss blieb aus: Zu groß war die Sorge der Münchner, in einer solchen Liaison der deutlich schwächere Partner zu sein. Das Apfelsymbol hätte das charakteristische weißblaue BMW-Logo womöglich überstrahlt.

Ausgerechnet Ulrich Kranz, der BMW mit einem futuristischen Auto vor neuen Rivalen wie Apple retten sollte, arbeitet nun für den Hightech-Riesen. Spätestens jetzt zeigt sich, dass der ursprüngliche Abwehrplan der Münchner gegen Neulinge wie Apple fehlgeschlagen ist: Er verpasste die ursprünglichen Verkaufsziele, kostete den Konzern Milliarden – und führte dazu, dass die Münchner über Jahre kein neues E-Modell herausbrachten. Technisch jedoch galt der i3 als hochwertig – und seiner Zeit voraus.

Nicht wenige in München glauben, dass Kranz für Apple nun eine Art Neuauflage des i3 entwickelt, ein »Megacity Vehicle«, geeignet für Städte wie San Francisco, New York oder Chicago, nur eben digitaler als bisherige Stadtflitzer. Außerdem würde Apple beim iCar vermutlich Wert auf Ressourcenschonung legen. Beim iPhone setzt der Konzern bereits zunehmend auf Recycling der Rohstoffe – das senkt die Produktionskosten und taugt obendrein als Verkaufsargument. Wie ernst die Branche die Aktivitäten der Kalifornier nimmt, beweisen ihre neuesten Showcars, die 2021 auf der Automesse IAA in München gezeigt wurden: BMW präsentierte dort den »iVision Circular«, das Konzept eines voll recycelten Autos. Das, raunt manche BMW-Führungskraft, sei auch als »Statement in Richtung Cupertino« zu verstehen.

Kampf um die Datenhoheit

Die Deutschen wollen Apple beweisen, dass sie noch lange nicht abgehängt sind. Doch es ist ein Wettlauf mit ungleichen Startbedingungen. Apple verfügt über Bargeldreserven von fast 200 Milliarden Dollar[8]. Bei IT und Software gilt der Konzern als weltweit führend. Gleichzeitig ist er kein blutiger Anfänger in der Autobranche. Schon seit Jahren entwickelt Apple Technologien für das autonome Fahren und testet sie in SUVs der Toyota-Tochter Lexus auf öffentlichen Straßen.

Der Auto- und Mobilitätssektor werde für Player aus der Software- und IT-Welt zunehmend attraktiv, erklärt uns VW-Chef Diess. »Die Menschheit«, sagt er, »gibt für Mobilität erheblich mehr Geld aus als für Kommunikation.« Und die Autobranche sei »ein Wachstumsfeld, das im Umbruch ist«. Das locke insbesondere Konzerne, die sich als Disruptoren ganzer Industriezweige begriffen. Denn das Erfolgspotenzial sei gewaltig: Schon bei einem Marktanteil von zwei Prozent, rechnet Diess vor, könne Apple seinen aktuellen Umsatz von 275 Milliarden Dollar glatt verdoppeln.

Für die Techriesen ist das Auto vor allem als mobiles Endgerät interessant, als eine der letzten Bastionen, die vom Internet noch kaum erschlossen sind. Das große Geschäft entsteht für Apple und Co. vor allem dann, wenn das Fahrzeug zunehmend autonom fährt – und die Fahrerin oder der Fahrer plötzlich Zeit hat, auf der Autobahn ins Internet zu gehen.

Der Wettbewerb um die Mobilität der Zukunft wird damit auch ein Kampf um das Innenleben im Auto, also um die Frage, wer den Fahrerinnen und Fahrern die besten digitalen

Inhalte bieten kann. Die Autohersteller werden starke Partnerschaften brauchen, auch mit Content-Anbietern wie Disney oder Netflix. Was noch vor wenigen Jahren als unbedeutendes Nebengeschäft galt, könnte die Stärke einer Automarke – und damit die Kaufentscheidung des Kunden – in der Ära des autonomen Digitalautos entscheidend prägen.

Durchschnittlich verbringe jeder Fahrer eine Stunde pro Tag im Auto, rechnet VW-Chef Diess vor. Sobald das Fahrzeug autonom fahre, so Diess, könne diese wertvolle Zeit auch für digitalen Medienkonsum oder Geschäftsabschlüsse genutzt werden. »Die Informationsverarbeitung im Auto«, ist Diess überzeugt, »wird alles übertreffen, was wir bisher vom Smartphone kennen.«

Immer wieder warnt der VW-Boss davor, dieses Geschäft allein den IT-Konzernen zu überlassen: »Das voll vernetzte Auto ist die letzte Chance der europäischen Wirtschaft, in der Digitalökonomie Fuß zu fassen.« Er sieht die große Gefahr, »dass die Datenhoheit im Auto an Google, Apple und Tesla geht«. Verliere die deutsche Autoindustrie diese Kontrolle, warnt Diess, »dann wird Europa dauerhaft von Hightech-Riesen in Asien und den USA abhängig sein«.

Die deutschen Autobosse und die Apple-Manager beschnuppern sich gegenseitig interessiert, aber mit Vorsicht. Im Dezember 2017 bereisten Porsche-Vorstände das Silicon Valley. Bei einem Besuch des Apple-Hauptsitzes in Cupertino nahm sich Firmenchef Cook rund eine Stunde Zeit für die Delegation aus Stuttgart. Teilnehmer erinnern sich an Cooks höfliches, dezentes Auftreten und an seine leise Stimme, die alle Zuhörer im Raum dazu zwang, ihm still und konzentriert zu lauschen. Mittlerweile kooperiert Porsche mit Apple beim Entertainment, eine vertiefte Zusammenarbeit wird sondiert. Am Rande der LA Auto Show im November 2021 soll sich Porsche-Chef Oliver Blume erneut mit Apple-Boss Cook getroffen haben.

Porsche-Kunden, so der Hintergedanke, sollen die digitale Apple-Welt vom Smartphone möglichst einfach in ihren Sportwagen nutzen können. Was die Fahrzeug-IT anbelangt, will der VW-Konzern seine Autos hingegen lieber selbst digital hochrüsten, um im Wettbewerb mit den IT-Riesen bestehen zu können. Denn längst ist Apple nicht mehr der einzige Angreifer.

Auch andere Digitalkonzerne aus den Vereinigten Staaten oder China dringen mittlerweile ins Autogeschäft vor. Sony, Tencent, Alibaba, Baidu oder die Google-Mutter Alphabet haben ausgeklügelte Software und Systeme fürs autonome Fahren entwickelt und wollen diese Investitionen nun zu Profiten machen.

Die Google-Mutter Alphabet überträgt seine Softwarekompetenz längst vom Smartphone aufs Auto: Der Kartendienst Google Maps ist vielen integrierten Navigationssystemen der Autohersteller deutlich überlegen, auch der Tech-Vorreiter Tesla setzt auf das Angebot des Softwareriesen.

Auch beim Kundenkontakt gelten Apple, Google und Co. als unschlagbar. Seit mehr als zwei Jahrzehnten sammeln und analysieren sie Daten – und kennen die Vorlieben der Konsumenten besser als jeder Industriekonzern. Die Techmultis wissen, wann ihr Kunde aufsteht, welche Musik er hört, wo er sich aufhält – und sie prognostizieren, welches Produkt oder welchen Service sie ihm als Nächstes verkaufen können.

Wenn sie künftig auch die Daten verwerten können, die ihre Kunden auf Autofahrten generieren, ergeben sich für die Softwareriesen gigantische neue Erlösmöglichkeiten. Die Unternehmensberatung McKinsey beziffert dieses Wertpotenzial, das sich aus der Vernetzung der Autos ergibt, auf bis zu 400 Milliarden Dollar[9]. Geld verdienen lasse sich beispielsweise mit Over-the-Air-Updates, wie Tesla sie längst ermöglicht.

Die große Chance für die Hightech-Konzerne besteht in der Verbindung des technisch Machbaren mit der Personalisierung des Angebots. Wenn ein Kunde etwa dadurch auffällt, dass er häufig auf der Autobahn fährt, könnte er ein passgenaues Angebot für ein Fahrassistenzsystem erhalten – womöglich kombiniert mit einem Videostreaming-Abo für die Zeit, in der ein Roboter das Steuer übernimmt. Bislang tun sich die klassischen Autobauer jedoch schwer mit solchen Geschäftsmodellen. Das Potenzial, mit Daten Geld zu verdienen, bleibe noch zu oft ungenutzt, kritisiert McKinsey, »dabei wird die Monetarisierung von Daten angesichts sinkender Profite aus dem klassischen Autogeschäft immer wichtiger«.

Eine große Gefahr besteht für die traditionellen Hersteller außerdem darin, dass sie auch Kernkompetenzen an ihre neuen Rivalen verlieren: Mit Hilfe ihrer überlegenen Software könnte es den Techkonzernen langfristig auch gelingen, die bessere Hardware zu bauen. Denn auf Basis von Fahrzeugdaten, analysiert McKinsey, lassen sich neue Fahrzeugmodelle viel passgenauer entwickeln. Komponenten, die kaum genutzt werden, könnten verbessert oder einfach weggelassen werden.

Die klassischen Autohersteller hingegen laufen Gefahr, im Wettbewerb mit den neuen Rivalen weiter zurückzufallen, ergab eine Analyse der Unternehmensberatung Boston Consulting Group (BCG). Mehr als 90 Prozent der Innovationen in der Branche basierten bereits heute allein auf Software. Doch die klassischen Autokonzerne verfügten »nicht über die erforderlichen Fähigkeiten«.

Zwar investieren 97 Prozent der Hersteller und 86 Prozent der Zulieferer trotz Abschwungs massiv in Software, wie die weltweite BCG-Befragung unter 100 Automanagerinnen und -managern ergab[10]. Doch die Konzerne seien »derzeit nicht in der Lage, softwaredefinierte Traumautos zu entwickeln und zu bauen«. 64 Prozent der befragten Autobauer sehen eine große Herausforderung darin, die dafür nötigen IT-Talente einzustellen und zu halten. 62 Prozent halten es für schwierig, Softwareprodukte bepreisen und verkaufen zu können. Stattdessen werden die Autokonzerne laut Analyse von neuen Anbietern »mit überlegener Technologie und neuen Differenzierungsmerkmalen« herausgefordert.

Lange wiegten sich die Autokonzerne in falscher Sicherheit. Sie hielten Softwareriesen wie Google für harmlos, weil sie scheinbar keine Pläne verfolgten, eigene Autos zu bauen. Hightech-Konzerne wie Apple wiederum, die durchaus immer wieder mit solchen Gedanken spielten, seien in Sachen Autobau hoffnungslos im Rückstand. Der Computer- und Smartphonehersteller würde Jahrzehnte brauchen und viele Milliarden investieren müssen, um eine Massenproduktion aufzubauen, so die Annahme. Selbst der E-Pionier Tesla, gegründet 2003, habe sich lange schwergetan.

Der Denkfehler dabei: Im Zeitalter der E-Mobilität ist es leichter denn je, ein Auto zu bauen. Es enthält deutlich weniger Teile, Getriebe oder Abgasanlage fallen komplett weg. Auftragsfertiger wie Magna Steyr bieten die nötigen Fertigungsanlagen und bei Bedarf auch simple Baukastensysteme an. Schon heute produziert Magna in Graz unter anderem den BMW Z4, die Mercedes G-Klasse, den Toyota Supra und den elektrischen Jaguar I-Pace. Die Qualität, bestätigen Kenner der Autobranche, sei tadellos.

Mit Hilfe eines solchen Auftragsfertigers könnte Apple relativ kurzfristig Hunderttausende Fahrzeuge produzieren, ohne überhaupt eine einzige Fabrik zu besitzen. Der Apple-Rivale Sony demonstriert bereits, wie das funktionieren könnte.

Sony – Vom Walkman- zum Autobauer

Der japanische Konzern, der einst den Walkman erfand und später die Playstation, präsentierte 2020 einen ersten Prototyp für eine eigene E-Limousine. Ein Jahr später stellte Sony eine überarbeitete Version vor, die in Zusammenarbeit mit Magna Steyr entstand und seither auf Österreichs Straßen getestet wird.

Eine Machtdemonstration des Hightech-Riesen. Der zuständige Topmanager Izumi Kawanishi gewährte uns gemeinsam mit dem SPIEGEL-Kollegen Emil Nefzger Einblicke in das ungewöhnliche Projekt. Er wird uns aus Japan per Videocall zugeschaltet.

»Für Elektronikfirmen ist jetzt der perfekte Zeitpunkt, ins Autogeschäft einzusteigen«, sagt Kawanishi, Leiter des Bereichs künstliche Intelligenz bei Sony. Er sieht einen »Megatrend von den Mobilgeräten zur Mobilität«, das Auto ähnele immer mehr einem Smartphone mit Apps und regelmäßigen Updates.

Der Manager redet mit bedächtiger, sonorer Stimme. Und doch dringt aus jedem seiner Sätze großes Selbstbewusstsein. Kawanishi sieht einen entscheidenden Vorteil für die Techkonzerne. Sie seien »sehr schnell und wendig«, so der Topmanager, Autofirmen hingegen »eher konstant wie ein Wasserfall«.

Sony hat Erfahrung in Technologien, die im vernetzten Auto immer wichtiger werden – Benutzeroberflächen, Soundsysteme und Sensoren. Beim Hardware-Design gilt Sony – neben Apple – als führend. »Wir haben Ambitionen in diesem Bereich und wollen unser Geschäft ausweiten«, kündigt uns Kawanishi an. »Unsere Elektrofahrzeug-Plattform ist flexibel, sie kann auch für SUVs und andere Fahrzeugtypen verwendet werden.«

Tatsächlich hat Sony Anfang dieses Jahres bei der Consumer Electronic Show in Las Vegas den Prototyp eines zweiten

Elektro-Modells vorgestellt – ein SUV. Außerdem kündigte Konzernchef Kenichiro Yoshida an, eine Mobilitätstochter zu gründen, die eine großflächige Markteinführung der Sony-Autos prüfen soll. Der Konzern macht also ernst.

Während Sony sich immer neue Kompetenzen aneignet, die bislang als Schlüsselfertigkeiten der klassischen Autobauer galten, tun diese sich schwer, in der neuen Welt der digitalen Ökosysteme Fuß zu fassen. Die Autokonzerne mit ihren klassischen Ingenieurstugenden, so scheint es, brauchen das Know-how der IT-Riesen dringender als umgekehrt.

Für die deutsche Industrie ist das Chance und Bedrohung zugleich. Profitieren könnten Zulieferer wie Bosch, Continental und ZF Friedrichshafen, die in der Covid-19-Krise allesamt stark gebeutelt wurden. Ihre Produkte – vom Zentralcomputer bis zum intelligenten Kugelgelenk – werden auch in den Autos von Apple und Sony benötigt. »Sie brauchen die Zulieferer, um die Autotechnologie zu beherrschen«, sagt Gahl Berkooz, bei ZF für Daten-Monetarisierung zuständig. Für Hersteller wie Volkswagen oder BMW birgt jegliche Zusammenarbeit mit den Hightech-Giganten jedoch unkalkulierbare Risiken.

In China lässt sich bereits beobachten, wozu solche Kooperationen führen können. BYD, einer der führenden Hersteller, produziert massenhaft Autos für den Mobilitätsanbieter Didi Chuxing, das chinesische Pendant zu Uber und Lyft – und begibt sich damit in eine gefährliche Abhängigkeit. Didi bestimmt nicht nur Design und Ausstattung der Fahrzeuge, sondern hält auch den Kontakt zu den Kunden. Für die deutschen Premiumhersteller käme das einem Abstieg in die zweite Liga gleich.

Wenn künftig Hightech-Konzerne das neue, digitale Lebensgefühl im Auto verkörpern, ginge auch die Strahlkraft klassischer Marken wie BMW oder Mercedes verloren. Entwickelt sich das Auto tatsächlich in Richtung Smartphone, scheint diese Entwicklung fast zwangsläufig: Die Hardware wird zunehmend austauschbar. Stattdessen bestimmen Software und digitale Dienste zunehmend das Image und die Kaufentscheidungen der Kundinnen und Kunden. Wer Apple kauft, erwirbt zwar gute Hardware, vor allem aber die Eintrittskarte in ein digitales Ökosystem. Der tatsächliche iPhone-Hersteller, Foxconn aus Taiwan, ist nur ein Massenlieferant. Ein Schicksal, das auch der deutschen Autoindustrie droht, wenn sie nicht erfolgreich umsteuert.

Nokia ist das mahnende und abschreckende Beispiel. Auch der Handyriese, einst Lehrbeispiel für Innovationskraft, unterschätzte die neue Herausforderung aus dem Silicon Valley zunächst kolossal. »Ich habe nicht das Gefühl, dass wir in irgendeinem Punkt hintendran sind«, sagte uns Nokia-Vorstand Anssi Vanjoki in einem Interview im September 2007, als das iPhone bereits auf dem Markt war. »Lange vor Apple« habe Nokia bereits ein »Touchscreen-Gerät« auf den Markt gebracht. Was der Weltmarktführer in seiner Arroganz und Erfolgsverwöhntheit übersah: Längst ging es nicht mehr nur darum, die beste Hardware zu bauen. Apples Erfolg basierte vor allem auf dem ergänzenden Softwareangebot, den Apps. Das iPhone war kein Mobiltelefon, sondern ein äußerst leistungsfähiger Taschencomputer.

Mangels eigener wettbewerbsfähiger Software schlossen die Finnen im Jahr 2011 einen Pakt mit Microsoft; 2014 wurde Nokias Kerngeschäft vom US-Konzern übernommen. Doch der Rettungsversuch kam zu spät. Knapp drei Jahre später war Nokia als Handyhersteller Geschichte.

Die Lehren aus dem Nokia-Desaster

Was kann die Autoindustrie aus dem Nokia-Desaster lernen? Genau wie heute Volkswagen, BMW oder Daimler, hatte der finnische Handybauer Mitte der 2000er Jahre eigentlich beste Chancen, die technologische Wende zu schaffen. Nokia galt als Innovationswunder wie aus dem Lehrbuch, denn das Unternehmen hatte sich schon einmal komplett neu erfunden: In den Neunzigerjahren hatte sich der einstige Hersteller so vielfältiger Produkte wie Gummistiefel, Toilettenpapier und Gasmasken zum Weltmarktführer der Handybranche gewandelt. Nokias Mobiltelefone mit polyphonen Klingeltönen, die 2002 auf den Markt kamen, eroberten den ganzen Globus. Vor zwei Jahrzehnten galt Finnland, nicht Kalifornien, Korea oder China als Nabel der Handywelt.

Als Steve Jobs dann im Januar 2007 das iPhone vorstellte, zuckten die Nokia-Bosse mit den Schultern. Die Finnen erwirtschafteten im selben Jahr einen Rekordumsatz von fast 52 Milliarden Euro und mehr als sieben Milliarden Euro Gewinn. »Eine Milliarde Kunden – kann noch irgendjemand den Mobiltelefon-König einholen?«, schrieb das angesehene US-Wirtschaftsmagazin Forbes[11]. Eine beeindruckende Historie, eine populäre Marke und starke Geschäftszahlen – die Finnen schienen unaufhaltsam.

In der Firmenzentrale im finnischen Espoo zeigte eine digitale Weltkarte den aktuellen Stand der weltweit abgeschlossenen Handyverträge. 2009 waren es bereits vier Milliarden, das entsprach zu diesem Zeitpunkt mehr als der Hälfte der Weltbevölkerung.

Doch der märchenhafte Erfolg fand ein jähes Ende. Mit dem Erfolg des iPhone verlor Nokia massiv Marktanteile, verfehlte Gewinnziele, enttäuschte Kunden und Anteilseigner gleichermaßen. Das Absurde an diesem Absturz: An guten Ideen hat es Nokia nie gemangelt. Zu Beginn des 21. Jahrhunderts hätte das Unternehmen sogar mehrfach die Chance gehabt, nicht nur den Mobilfunkmarkt zu revolutionieren, sondern auch mächtige Konkurrenten wie Apple oder Samsung frühzeitig auszubremsen.

Wir haben den Abstieg Nokias damals jahrelang eng verfolgt, sprachen mit aktiven Vorständen und ehemaligen Managern. Dadurch gewannen wir ein detailliertes Bild, was im Konzern alles schiefging. Selbst Jahre nach dem Marktstart des iPhone legte die Nokia-Führung ein erstaunliches Selbstbewusstsein an den Tag. Nokia sei ein großer, stabiler Tanker, versicherte uns ein Firmenvertreter, der zwar nicht ganz so wendig sei, sich aber – erst einmal in Fahrt – kaum noch aufhalten lasse.

Wir trafen Ari Hakkarainen, ein ehemaliger Marketingexperte des Handyriesen, in einem Lokal in Helsinki. Er erzählte uns, wie er bereits 2003 mit seinem Team an einer neuartigen Software gearbeitet hatte: Der »Application Manager« sollte Nokia-Kunden den Download kleiner Zusatzprogramme ermöglichen. Mobiltelefone sollten sich dadurch zu bunten Unterhaltungsgeräten entwickeln. Es war nichts Geringeres als eine frühe Version eines App-Stores, wie ihn später Apple und Google auf den Markt brachten.

Die Nokia-Spitze schien zunächst nicht abgeneigt: Man gewährte dem Projekt ein großzügiges Budget. Doch Mittelmanager aus der Entwicklungsabteilung, frustriert von einer internen Reorganisation, befanden die Software für nutzlos – und stoppten das Projekt. »Der wahre Grund lag darin«, vermutet Hakkarainen, »dass diese Manager nicht selbst auf die Idee gekommen waren.«

Etwa zur gleichen Zeit entwickelten Techniker in den Nokia-Labors neue Multimediahandys. Große, berührungsempfindliche Farbbildschirme erlaubten das komfortable Internetsurfen ohne Tastatur. Während einer Produktshow in Australien präsentierte der Konzern ein schwarzes Smartphone namens Nokia 7700, das ein halbes Jahr später ausgeliefert werden sollte. Doch die Kunden warteten vergebens: Das vermeintliche Wundergerät blieb in der Nokia-Pipeline stecken. Die Angst vor einem finanziellen Flop war offenbar größer, als der Glaube an den Erfolg der Touchscreen-Technologie. Das Nachfolgemodell 7710 kam zwar auf den Markt, verschwand jedoch schon bald wieder von den Ladentheken.

Wenige Jahre später musste Nokia seine Fehler teuer bezahlen: Apple erstürmte die digitale Welt mit seinem iPhone und dem dazugehörigen App-Store. Hätte Nokia seine vergleichbaren Ideen nicht vorzeitig beerdigt, wäre der heute übermächtige US-Konkurrent womöglich ein überdurchschnittlich erfolgreicher Computerbauer geblieben.

Unsere damaligen Recherchen ergaben: Reformen scheiterten bei Nokia oft an Bürokraten und Besitzstandswahrern. Als Reaktion auf das jahrelange Turbowachstum wurde das Organisationsmodell des Konzerns immer komplexer. Wer ein Projekt vorantreiben wollte, benötigte die Zustimmung verschiedener Abteilungen und Hierarchieebenen, die untereinander zum Teil heftig konkurrierten. Das Veto eines einzelnen Mittelmanagers reichte nicht selten aus, um eine gute Idee zu kippen.

Viele Führungskräfte verdienten glänzend und sicherten lieber die eigenen Pfründen, als neue Ideen zu unterstützen. Warum auch? Nach ein paar Jahren stieg man fast automatisch auf. Die Zahl der Vice Presidents und Senior Vice Presidents schwoll auf mehrere Hundert an. Wer versagte, wurde oft nur versetzt. Ein Ex-Manager sprach von einer internen »Reise nach Jerusalem«. Selbst das Topmanagement litt unter der Lethargie im Nokia-Mittelbauch.

»Viele Entscheidungen wurden von der Organisation nur träge umgesetzt«, sagte uns Razvan Olosu, ehemaliger Deutschland-Chef bei Nokia. Produkte seien nicht schnell genug auf den Markt gekommen.

Hinzu kommt: Nokia wurde immer vorsichtiger, verteidigte Marktanteile – und wurde damit »zum Gefangenen des eigenen Erfolgs«, wie uns ein weiterer Ex-Manager sagte. Statt konkurrenzfähiger Smartphones mit intelligenter Software, produzierte man lieber Standardhandys in Serie: Bis zu 50 neue Modelle brachte Nokia jährlich auf den Markt, die sich millionenfach in den Schwellenländern verkaufen ließen. Der einstige Innovationsführer verkam mehr und mehr zum Anbieter von Massenware. Er optimierte sein bestehendes Geschäftsmodell, scheiterte jedoch daran, konsequent in die neue Welt der Apps und des mobilen Internets vorzudringen. Der Konzern tat sich schwer, genügend unabhängige Entwickler zu finden, die ihm attraktive Inhalte lieferten. Hinzu kommt: Lange glaubten die Finnen, für Tastentelefone gebe es auch im Zeitalter der Touchscreens noch eine Nachfrage. Gerne verwiesen sie auf den schwachen Akku des iPhones.

Die Parallelen zur Autoindustrie und ihrer heutigen Lage sind frappierend. Oft wird Volkswagen und Co. vorgeworfen, sie hätten die Wende zur Elektromobilität verschlafen. Doch das stimmt nur zum Teil. Denn die Technologie beherrschten sie schon lange, brachten sie nur nicht auf die Straße, oft mit dem Verweis auf zu geringe Reichweiten.

Autopionier Ferdinand Porsche hatte bereits 1898 ein Fahrzeug mit Elektromotor konstruiert. In den Siebzigerjahren, als die Ölkrise der Welt die Knappheit ihrer Energieressourcen vor Augen führte, konstruierte VW seinen ersten Elektro-Golf. Doch die Manager in Wolfsburg brachten das frühe Batteriefahrzeug nie in Serie. Der wohl größte Prestigeerfolg: Anfang der Achtziger Jahre wurde der »Elektro-Golf« von Peter Lustig in der Kindersendung »Löwenzahn« präsentiert: »Eines Tages, wenn wir weiter erfinden und nachdenken«, prognostizierte Lustig damals, »dann kriegen wir vielleicht all diese Benzinstinker von der Straße.«[12]

Doch jahrzehntelang wurde nicht weiter erfunden und nachgedacht. Die Deutschen perfektionierten lieber ihre Verbrennungsmotoren, so wie Nokia seine Tastenhandys. Immer wieder gab es mutige Mitarbeiter, die einen Wandel forderten. Doch sie scheitern meist an der Behäbigkeit der Konzernhierarchien, oder schlicht am mangelnden Reformwillen ihrer Chefs.

Jahrelang setzten die Car-Guys aus Wolfsburg auf Dieselautos als vermeintlich umweltfreundliche Motorisierung. Der »Clean Diesel« sollte in Europa und Amerika Milliardenerlöse einspielen. Elektroautos hielten die Konzernstrategen dagegen für Nischenprodukte. Erst um das Jahr 2010 herum begannen sie, sich intensiver mit E-Mobilität zu beschäftigen. Sie holten unter anderem einen jungen Daimler-Manager aus Italien, der dort den Elektro-Smart auf den Markt gebracht hatte: Giovanni Palazzo sollte für VW Ideen entwickeln, wie man mit E-Mobilität Geld verdienen konnte. Doch in Wolfsburg hatte er anfangs einen schweren Stand.

Sein Vorschlag, ein eigenes Ladenetz aufzuziehen, um der E-Mobilität zum Durchbruch zu verhelfen, stieß damals im Management auf Skepsis. In der Konzernspitze hielt man das für ein unsicheres Geschäftsmodell, darum sollten sich lieber die Energieversorger kümmern. Doch schon bald beurteilte VW das anders.

Als im Herbst 2015 der Abgasbetrug aufflog, änderte sich Palazzos internes Standing schlagartig. Der Italiener saß mit am Tisch, als VW-Juristen den Milliardenvergleich in den USA aushandelten, der den Konzern auch verpflichtete, zwei Milliarden Dollar in ein landesweites Ladenetz zu investieren. Mindestens bis Ende 2026 muss VW das Netz aufbauen, betreiben und instandhalten.

Im Sommer 2018 wurde Palazzo in die USA versetzt, als Chef von Electrify America, einer hundertprozentigen VW-Tochter. Nahe der US-Hauptstadt Washington, D.C., rund 6600 Kilometer von Wolfsburg entfernt, hat er sich ein kleines E-Reich geschaffen. In den Büros in Reston, Virginia, arbeiten rund 80 Leute daran, in den Vereinigten Staaten ein weitverzweigtes Ladenetz aufzubauen, um der E-Mobilität mit deutscher Hilfe in ganz Amerika zum Durchbruch zu verhelfen. Electrify America gilt mittlerweile als Vorbild für den ganzen VW-Konzern.

Es bedurfte also erst eines Betrugsskandals, um die Industrie zum Umdenken zu bewegen. Und um Peter Lustigs jahrzehntelang weitgehend unbeachtete E-Auto-Präsentation berühmt zu machen. Der Clip ist mittlerweile ein viraler Hit in den sozialen Medien.

4 Die Reaktion: Wie das Autoimperium zurückschlagen will

Audis geplante Rückkehr zum Hightech-Player

Wie Audi den »Vorsprung durch Technik« verlor

Rupert Stadler ist früh da an diesem besonderen Morgen. Es ist der 12. Januar 2021. Schon um viertel vor Acht bahnt sich der ehemalige Audi-Chef den Weg durch die bei Minusgraden wartenden Journalisten ins Gerichtsgebäude am Hochsicherheitsgefängnis München Stadelheim. Seit knapp vier Monaten läuft hier das erste Strafverfahren zum Dieselskandal, Stadler ist der erste Autoboss, der auf der Anklagebank eines deutschen Gerichts sitzt. Er trägt einen schwarzen Rollkragenpullover unter dem sportlichen blauen Anzug. Aufgeräumt plaudert er vor Eröffnung der Verhandlung mit seinen Verteidigern, die Digitalkameras klicken.

Dann ergreift der eloquente Manager erstmals seit seiner vorübergehenden Verhaftung im Juni 2018 öffentlich das Wort. »Mein Name ist Rupert Stadler. Ich bin geboren am 17.3.1963 in Titting in Bayern. Ich bin seit über 30 Jahren verheiratet und habe drei Kinder.« Das klingt nach Normalität, Bodenständigkeit, Spießbürgerlichkeit. Kann ein solcher Mann mitverantwortlich für den weltweiten Dieselbetrug an Millionen von Kunden sein?

Stadler war kein Mann mit eigenen Visionen. Lieber gewährte er seinen Technikern große Freiräume und üppige finanzielle Budgets. Die technologischen Vorgaben setzten seine ebenfalls angeklagten Gefolgsleute in die Tat um. Stadler war der Mann des Geldes, vor allem an guten Zahlen interessiert.

Die gemeinsame Erfolgsformel »Vorsprung durch Technik« ging lange Zeit auf. Audi war für den VW-Konzern eine Gewinnmaschine und galt als technischer Vorreiter der deutschen Autoindustrie. Tatsächlich schienen Audis Dieselmodelle allen Gesetzen der Physik zu trotzen, Autos wie der Nobel-SUV Q7 wogen mehr als zwei Tonnen, waren mit Allradantrieb ausgestattet, brachten bis zu 435 PS auf die Straße und waren mehr als 250 Stundenkilometer schnell. Trotzdem waren sie angeblich sparsam, stießen wenig Stickoxide aus und hielten alle Abgastests ein.

In Wahrheit aber wurden Verbraucher und Behörden über die tatsächlich ausgestoßenen Abgasmengen getäuscht. Sobald sich ein Fahrzeug auf dem Prüfstand befand, sorgte eine Software für tadellose Schadstoffwerte. Auf der Straße hingegen fuhr sie die Abgasreinigung systematisch zurück, der »Clean Diesel« wurde zur Dreckschleuder.

Stadler will von alledem nichts gewusst haben, was er vor Gericht mit dem prallvollen Kalender eines CEO zu plausibilisieren versucht. Audi-Vorstandssitzungen und Konzern-Meetings, Ausschüsse, Arbeitskreise und Jour-Fixe, Werksbesuche und Betriebsversammlungen, Kundentermine, Verbandstreffen, Vorträge und schließlich ein bis zwei Koffer voller Wochenendpost, die am Samstag und Sonntag gelesen werden mussten. Das alles und noch viel mehr dröselt der gefallene Audi-Chef in Stadelheim auf.

Fehlte Stadler etwa die Zeit, zu kontrollieren oder wenigstens zu hinterfragen, ob seine Entwickler und Ingenieure ihre phänomenalen Ergebnisse mit lauteren Mitteln erreichten? Oder war der blasse Finanzer – technisch vergleichsweise unbeleckt – nur Erfüllungsgehilfe für den Spaltmaß-Fetischisten und VW-Konzernboss Martin Winterkorn und dessen Top-Ingenieure?

Die Ziele zumindest gab bei Audi sehr wohl Stadler vor, nicht zuletzt mit der Strategie »Road 2015«, die unter anderem vorsah, die Premium-Konkurrenten Daimler und BMW bis 2015 beim Absatz zu überholen. Dabei setzte Stadler voll auf den »saubersten Diesel der Welt«, während Tesla an serienreifen Elektro-Limousinen baute und BMW immerhin den Elektro-Kleinwagen i3 auf den Markt brachte. Jahrelang beschäftigten sich die Audi-Entwickler jedoch vor allem damit, eine Technologie zu retten, die kaum zu retten war, die Zukunft wurde verschlafen.

Einen Prototyp für den vollelektrischen e-tron stellten die Ingolstädter zwar bereits 2010 vor, verschleppten die Einführung aber immer wieder – erst 2019 kam das Modell tatsächlich auf den Markt. Selbst nachdem im Herbst 2015 der Abgasbetrug bei VW aufgeflogen war, hielten Stadler und das Audi-Management lieber am Dieselantrieb fest.

Der Ex-Chef hat vor Gericht viele Erklärungen dazu vorgebracht, warum er nicht gleich die Produktion von Modellen stoppte, die sich später – wie bei VW – als manipuliert herausstellten. Wie der Münchner Richter Stefan Weickert das strafrechtlich beurteilt, wird sich erst im Lauf der noch andauernden Verhandlung herausstellen. Schon heute aber muss man festhalten, dass Stadlers Umgang mit dem Skandal Audi strategisch um Jahre zurückgeworfen hat. Zwar baute man irgendwann legal operierende Dieselmodelle, doch die wollte bald kaum noch jemand haben. Der Absatz brach zeitweise ein, Kunden liefen zur Konkurrenz über, auch weil das Image des einstigen Vorzeige-Unternehmens schwer beschädigt war.

Als die Staatsanwaltschaft von 2017 an massiv gegen Audi vorging, zu Razzien anrückte, Manager verhaftete und die

Liste der Beschuldigten Monat für Monat länger wurde, kam für den Konzern ein weiteres Problem dazu: Die Mitarbeiter verfielen in Schockstarre. Statt die Zukunft zu gestalten, mussten sie die Vergangenheit aufarbeiten. Es fehlte an Entwicklern und Ingenieuren, weil etliche in den Skandal verwickelt waren oder zumindest in dem Verdacht standen, sich die Hände schmutzig gemacht zu haben. Sieben Entwicklungsvorstände verschliss das Unternehmen binnen acht Jahren. Audi war wie gelähmt.

Auch die finanziellen Folgen des Skandals hemmten die nötige Transformation. 800 Millionen Euro Bußgeld musste der Konzern später zahlen. Mittel, die fehlten, um in Elektromobilität und Digitalisierung zu investieren. Und doch glauben heute einige Manager, dass Audi mittlerweile von der Betrugsaffäre profitiert.

Der mühsame Weg aus dem Diesel-Schlamassel

Oliver Hoffmann kommt Stadler näher als die meisten seiner Kollegen. Von 2013 bis 2014, als junger, aufstrebender Ingenieur, dient er dem Audi-Chef als persönlicher Assistent. Hoffmann bereitet Termine für Stadler vor, begleitet ihn auch auf Reisen im Firmenflieger. Manches kommt ihm dabei merkwürdig vor.

Die Sitzplätze werden nach Position vergeben. Die Mitglieder des Topmanagementkreises (TMK) sitzen vor den oberen Managern (OMK), die wiederum vor den einfachen Managern (MK). Ein Männerclub, strikt hierarchisch sortiert. Die Wahrscheinlichkeit, dass Stadler mit einem Ingenieur niedrigeren Ranges ins Gespräch kommt, sinkt dadurch auf ein Minimum. Er behandelt zwar alle Mitarbeiter gleichermaßen höflich, unterhält sich aber kaum mit Menschen auf den hinteren Sitzreihen. Überhaupt zeigt er wenig Interesse für die Meinungen oder Einschätzungen anderer, berichten

Weggefährten von damals. Ein Boss im VW-Konzern braucht keinen Rat – das ist das Führungsverständnis, das Alphatiere wie Winterkorn oder Aufsichtsratschef Ferdinand Piëch zu jener Zeit vorleben. Das Wort der Vorstandschefs ist Gesetz. Dass ein Untergebener Kritik äußert? Nahezu undenkbar. Und nach Meinung vieler Mitarbeiter auch unnötig. »Den Leuten hier ging es damals sehr gut«, sagt Hoffmann heute, »wir waren arrogant und glaubten, unser Erfolg würde einfach immer weitergehen.«

Stadler ist kein Chef zum Anfassen. Nur wer eng mit ihm zusammen arbeitet, erfährt, dass der Autoboss gerne Oldtimer fährt, darunter einen Karmann Ghia, aber auch Hobbys außerhalb der Autobranche nachgeht. Seine drei Kinder soll er regelmäßig bekochen, am liebsten mit Fleischgerichten. Und anders als der hüftkranke Winterkorn, hält er sich immer fit, ob mit Joggen, Skifahren oder einem eigenen kleinen Fitnessstudio in seinem Wohnhaus. Nur wenigen offenbart Stadler außerdem, dass er unter seiner Sonderrolle im Konzern leidet: Als Betriebswirt ist der Bauernsohn aus Oberbayern unter den technikverliebten VW-Ingenieuren ein Außenseiter. Dass ausgerechnet er, der Nicht-Techniker, am Ende den Kopf für die hochkomplexe Abschalteinrichtung hinhalten muss, wurmt ihn ganz besonders, sagen Vertraute.

Ex-Assistent Hoffmann, Jahrgang 1977, ist ein Antityp zu Stadler, fachlich wie menschlich. Mit seiner jovialen Art und dem freundlich-rundlichen Gesicht erinnert er an eine junge, drahtige Version des Hollywood-Schauspielers John Goodman. Hoffman kommt aus Hannover, was für Audi-Verhältnisse fast schon exotisch ist, hat dort Maschinenbau studiert und anschließend verschiedene internationale Stationen durchlaufen, er war bei Lamborghini in Italien, bei Audi in Ungarn und später bei Stadler in Ingolstadt. Doch nach Dieselgate trennen sich die Wege: Stadler verliert zunehmend an Macht. Sein ehemaliger Assistent hingegen macht

Karriere – und wird später noch eine zentrale Rolle für Audis Neubeginn spielen.

Im Konzern genießt er Ansehen als Motorenexperte, zugleich gilt er im Dieselbetrug als unbelastet. Das bringt Hoffmann den Job ein, den er heute als den schwersten seines Lebens bezeichnet: 2016 wird er an die Front geschickt. Hoffmann verhandelt mit den Umwelt-, Verkehrs- und Justizbehörden in den USA, in Südkorea und in Japan. Es geht um drohende langwierige Prozesse und mögliche Milliardenstrafen, die auf den VW-Konzern und seine Premiumtochter zurollen. Hoffmann erreicht in diesen Verhandlungen zumindest eines: Dass Audi den Skandal überlebt. Insbesondere die frühzeitige Einigung mit den US-Behörden lässt den ganzen Konzern aufatmen.

Für Hoffmann bedeutet das eine spannende, wenngleich sehr spaßbefreite Zeit. Mitten im Familienurlaub in den Smoky Mountains in den USA erhält er den Auftrag, mit den örtlichen Behörden zu verhandeln. Also zieht er sich im Campingwagen rasch einen Anzug über und reist in die US-Hauptstadt Washington, D.C. Im späteren Herbsturlaub in Österreich ereilt ihn nochmal das gleiche Schicksal: Diesmal schickt ihm der Konzern einen Flieger, der ihn zu Geheimverhandlungen mit den Verkehrsbehörden bringt.

Auf seinen USA-Reisen wird es um Hoffmann mit der Zeit immer einsamer, oft ist er allein unterwegs, allenfalls begleitet von seinem Assistenten oder ein paar Anwälten. Der Grund: Immer mehr Audi-Manager meiden Flüge in die Vereinigten Staaten. Denn sie müssen damit rechnen, dort als Verdächtige zu gelten – und bei einer Einreise womöglich verhaftet zu werden.

Abschreckendes Beispiel ist der Volkswagen-Manager Oliver Schmidt. Er muss den US-Behörden im Sommer 2015 erklären, warum VW-Dieselautos auf der Straße viel mehr Stickoxide ausstoßen als auf dem Prüfstand. Weil Schmidt der Umweltbehörde die Betrugssoftware verschweigt, wird er später öffentlichkeitswirksam verhaftet. Fünf FBI-Beamte und drei Flughafenpolizisten überraschen und überwältigen ihn auf der Flughafentoilette in Miami. Schmidts Verhaftungsfoto geht um die Welt. Knapp vier Jahre verbringt er anschließend im US-Knast, ehe er nach Deutschland überstellt wird. Mittlerweile ist der Ex-Manager wieder entlassen. Sein Schicksal aber lässt eine ganze Riege aktiver und ehemaliger VW- und Audi-Manager erschaudern.

Auch Hoffmann fühlt sich in der Hochphase der Dieselaffäre unwohl bei den Sicherheitschecks an den amerikanischen Airports, obwohl er weiß, dass er sich nichts vorzuwerfen hat. Seine Schlüsselrolle bei der Aufklärung bietet ihm die Chance auf eine große Karriere bei Audi. Doch ein falsches Wort gegenüber den Behörden, und er könnte genauso schnell im Gefängnis landen wie sein VW-Kollege Schmidt.

Umso positiver bewertet Hoffmann die Folgen des Skandals heute. »Ohne die Dieselkrise«, sagt er, »würden wir die Transformation womöglich gar nicht schaffen.« Denn erst im Moment der größten Demütigung war für viele Audianer der Punkt erreicht, an dem sie sagten: So kann es nicht mehr weitergehen.

Duesmanns Diagnose: Angstkultur

Der neue Audi-Chef hat seine eigene Version des größten Wirtschaftskrimis in der Geschichte der deutschen Autoindustrie. Er erzählt sie uns im September 2021 auf der Automesse IAA in München. Dort will sich die Branche in diesem Jahr besonders fortschrittlich darstellen. Neben den üblichen PS-Protzen dürfen erstmals auch Zweiradhersteller E-Bikes oder Lastenräder präsentieren. Dieselmodelle mit dicken Auspuffrohren sind hingegen kaum noch zu finden.

Audi präsentiert sich als moderner Hersteller, der sich stärker über IT definieren will. Ausgerechnet der Autobauer, der früher Schummelsoftware konstruierte, will nun den ganzen VW-Konzern in eine digitale Zukunft führen. Das entbehrt nicht einer gewissen Ironie, bestätigt aber unseren Eindruck: Je tiefer die Krise, desto größer die Wandlungsbereitschaft.

Wir treffen uns am Stand der VW-Softwareeinheit Cariad (»Car I am digital«) auf den Münchner Messehallen. Duesmann sitzt an diesem heißen Spätsommertag etwas erschöpft da und bestellt eine Cola. Die enge Taktung des ersten Messetages strengt ihn sichtlich an. Wie konnte es Audi passieren, in einen derartigen Skandal zu schlittern? Duesmann stützt seine Ellbogen auf den Konferenztisch, beugt sich in unsere Richtung und kneift die Augen leicht zusammen. »Hier herrschte früher eine Angstkultur«, sagt er. »Niemand hatte in dem Laden die Eier, den Chefs offen zu sagen, was technisch machbar war und was nicht.«

Duesmann weiß schon bei seinem Amtsantritt ziemlich genau, was ihn bei Audi erwartet. Schon Anfang der 2010er Jahre, noch zu seiner Zeit bei BMW, schöpft er Verdacht, dass beim Erzrivalen aus Ingolstadt nicht alles mit rechten Dingen zugeht.

Als damaliger Chef der Motorenabteilung nimmt Duesmann gemeinsam mit Kollegen regelmäßig die Autos der schärfsten Rivalen unter die Lupe. Mit der Präzision von Gerichtsmedizinern nehmen die Ingenieure Konkurrenzfahrzeuge auseinander. Sie erforschen ihre Anatomien, identifizieren technologische Unterschiede, legen Stärken und Schwächen offen. Normalerweise stoßen die Techniker dabei auf Unterschiede in Fahrweise oder Leistung, nicht jedoch auf unerklärliche Phänomene. Im Fall von Audi stehen die BMW-Experten jedoch vor einem Rätsel. »Wenn wir Fahrzeuge von Audi bei uns auf den Prüfstand gestellt haben«, erinnert sich Duesmann, »dann machten die komische Dinge.«

Die Autoindustrie entwickelt zu jener Zeit ein Verfahren, das den Ausstoß giftiger Stickoxide reduzieren soll. Das, so hoffen die Ingenieure, werde dem Diesel ein umweltfreundlicheres Image verschaffen. Harnstoff, sogenanntes AdBlue, spaltet die Stickoxide in die harmlosen Bestandteile Stickstoff und Wasser auf. Merkwürdig ist nur, dass Audi-Modelle wesentlich geringere Mengen des dickflüssigen Mittels zu benötigen scheinen, um ihre Abgase zu reinigen. Die verbauten AdBlue-Tanks sind teilweise deutlich kleiner als die der Konkurrenz. Trotzdem müssen Audi-Kunden den unappetitlichen Harnstoff seltener nachtanken, die sogenannten Nachfüllintervalle sind länger. Der angenehme Effekt für die Audi-Ingenieure: Die kleineren Tanks lassen genügend Platz, um stattdessen hochpreisige Bose-Musikboxen einzubauen. Das treibt den Verkaufspreis nach oben.

Duesmann beschleicht ein mulmiges Gefühl, er kann sich Audis scheinbaren technischen Vorsprung nicht erklären. Seine Experten sagen ihm: »Da stimmt etwas nicht.« Tatsächlich beruht Audis vermeintlicher Vorsprung auf Betrug. Die perfide Methodik: Sobald die Fahrzeuge auf dem Prüfstand starten, wird automatisch mehr Harnstoff eingespritzt. So erzielen die Audi-Diesel einwandfreie Testergebnisse. Auf der Straße hingegen reduziert die Software die AdBlue-Dosierung so stark, dass die ausgestoßenen Stickstoffe die erlaubten Grenzwerte teils um ein Vielfaches überschreiten.

Audis illegale Abschalteinrichtung bringt scheinbar Unvereinbares in Einklang: den Wunsch der Vertriebler nach einer kostengünstigen, vermeintlich kundenfreundlichen Lösung mit dem Zwang, zunehmend strenge Abgasgesetze einzuhalten – zumindest auf dem Papier. Aus Duesmanns heutiger Sicht ist Audis Abschalteinrichtung die logische Folge der Angstkultur, die er diagnostiziert hat: Kleinere AdBlue-Tanks und zugleich längere Nachfüllintervalle, das war physikalisch schlicht unmöglich. »Doch das wollte damals keiner der beteiligten Ingenieure offen zugeben.«

Duesmann selbst steckt zu seiner BMW-Zeit in einem ähnlichen Dilemma. BMW legt großen Wert auf Premiumtechnik. Allerdings sind die Vorstände auch äußerst kostenbewusst. Dass Audi bei der Abgastechnik deutlich sparsamer wirtschaftet, wurmt die Bosse. Entsprechend kritisch sind die Fragen, die der Antriebsleiter Duesmann sich im Vorstand gefallen lassen muss. Die Manager wollen wissen, warum BMW viel mehr Geld in die Abgasnachbehandlung steckt als der Konkurrent. Ob es keine billigeren Lösungen gibt. »Immer wieder gab es den Vorwurf«, erinnert sich Duesmann, »wir seien schlicht zu doof.«

Als einer der aufstrebenden Topingenieure bei BMW steht Duesmann nun vor der Wahl: Soll er klein beigeben, um seine Karriere nicht zu gefährden? Eine Billigvariante der Abgasreinigung einbauen? Oder soll er lieber zu seinen Überzeugungen stehen und dem Vorstand offen widersprechen?

Duesmann entscheidet sich für letzteres. Ohne die von ihm verbaute Technik, erklärt er dem BMW-Management, sei die Sauberkeit der Dieselfahrzeuge nicht zu gewährleisten. Er werde auf jeden Fall weiterhin die kostspielige Technologie einsetzen lassen. Wenn der Vorstand anderer Meinung sei, dann solle er eben jemand anderes berufen.

Die Standhaftigkeit ihres Motorenexperten überzeugt die Vorstände. BMW hält an ihm und seiner teuren Technik fest. Später stellt sich heraus: Duesmanns Entscheidung bewahrt den Premiumhersteller vor einem mit VW vergleichbaren Skandal. Und damit vor einem milliardenschweren Schaden.

Auch Duesmann selbst profitiert von seiner Konsequenz. Fortan gilt er als Saubermann und Führungskraft mit Rückgrat. 2016 steigt er in den Vorstand auf. Etwa zwei Jahre später meldet sich ein ehemaliger Kollege bei ihm: Ex-BMW-Entwicklungschef Herbert Diess, mittlerweile VW-Boss, will Duesmann zu Audi holen. Er hatte bei BMW einst zur Fraktion der Skeptiker gezählt, war einer derjenigen, die Duesmanns hohe Diesel-Investitionen kritisch hinterfragten. Nun dankt ihm Diess für die damalige Weitsicht, Duesmann habe ihm und BMW viel Ärger erspart. Die beiden Automanager treffen sich im Itxaso, einer spanischen In-Kneipe im Münchner Glockenbachviertel, die Diess' Familie gehört. Sie diskutieren die Zukunft der Autoindustrie, trinken erlesenen Wein und stoßen auf das Du an. Seinem Gast macht Diess später ein verlockendes Angebot: Duesmann soll Audi-Chef werden und die angeschlagene Ikone aus dem Dieselchaos befreien.

Duesmann ist interessiert. Zwar sitzt er bei BMW in einem gemachten Nest. Doch trotz steiler Karriere ist nicht absehbar, ob und wann er dort an die Spitze rücken kann. Die schwere Krise, in der Audi steckt, schreckt ihn jedenfalls nicht ab. Duesmann selbst hat genügend davon erlebt. Nach dem Tod seines Vaters schraubte er Unfallmotorräder zusammen, um sich sein Studium zu finanzieren. Bei BMW setzte er sich gegen harsche Kritik aus dem Topmanagement durch. Warum soll er es nicht auch schaffen, eine gefallene Weltmarke wieder aufzurichten?

Unmittelbar nach seiner Kündigung ereilt ihn der nächste Rückschlag. BMW lässt ihn nicht vorzeitig aus seinem Vertrag – und schickt Duesmann in eine mehr als anderthalbjährige Zwangspause. Ein ungewohntes, fast beklemmendes Gefühl für den Topmanager, der zuvor mindestens sechs Tage die Woche gearbeitet hat. Konfrontiert mit diesem Leerlauf tut er etwas, das nur wenigen Managern mitten in ihrer Karriere vergönnt ist: Er macht eine Weltreise, durchquert Australien und die USA, umkurvt mit dem Motorrad ganz Europa. Und nutzt die Zeit zur inneren Einkehr.

Das erzwungene Loslassen führt dazu, dass Duesmann das Klein-Klein der Autowelt gedanklich komplett hinter sich lässt. Statt über Harnstoff, Kolben, Radlager oder Schaltsystemen nachzudenken, besichtigt er Kriegsschauplätze wie Verdun und Srebrenica. Er habe dadurch ein Gefühl für die Geschichte und die Kultur der Europäer bekommen, sagt er. Und, ganz grundsätzlich, für die Bedürfnisse der Menschen. Auf seinen Reisen trifft Duesmann Bürgerinnen und Bürger aller erdenklicher Schichten, vom einfachen Bauern bis zum Mitglied der englischen Königsfamilie. Seine Lehre daraus: »Alle haben die gleichen Wünsche, sie wollen Frieden, Wohlstand und Wertschätzung.«

Rasch wird er der erzwungenen Freiheit aber überdrüssig. Duesmann beginnt, aus seinen Reiseerlebnissen konkrete Arbeitspläne abzuleiten. Um 90000 Audianer hinter sich zu bringen, analysiert Duesmann, werde er ihnen ausreichend Wertschätzung entgegenbringen müssen. Die alte VW-Kultur des Befehls und – teils vorauseilenden – Gehorsams will er durchbrechen, ohne dabei selbst an Durchschlagskraft einzubüßen. Duesmann ist, trotz Punk-Vergangenheit, gewiss nicht antiautoritär. Er will seinen Kollegen aber das Gefühl geben, ihre Sorgen gleichermaßen ernst zu nehmen – egal, ob er einen elektroaffinen IT-Entwickler oder einen Benzinmotorenbauer vor sich hat. Sie alle wird er erreichen müssen, Reformer wie Traditionalisten.

Duesmann hütet sich jedoch davor, allzu schnelle Erfolge zu versprechen. Wie lange es denn dauern würde, die Kultur bei Audi zu drehen, fragen ihn die Aufsichtsräte noch vor seinem Amtsantritt. Mindestens fünf Jahre, antwortet Duesmann den etwas verdutzten Kontrolleuren. Denn: »Kulturwandel bedeutet, dass alle Führungskräfte dauerhaft anders agieren müssen.« Und das brauche Zeit.

Zwischen Aufbruch und Endzeitstimmung

Im März 2020 erhält Oliver Hoffmann einen merkwürdigen Anruf. Der künftige Audi-Chef wolle ihn treffen, noch vor seinem offiziellen Amtsantritt. Hoffmann ist erstaunt. Sein Mandat als Diesel-Verhandler hat er bereits wieder abgegeben. Mittlerweile übt der einstige Stadler-Assistent drei Jobs parallel aus: Er ist Geschäftsführer der Motorsporteinheit Audi Sport, Chef der Antriebsentwicklung, und Leiter des Standorts Neckarsulm, an dem ausschließlich Autos mit Verbrennungsmotor produziert werden. Alles verantwortungsvolle, aber wenig glamouröse Aufgaben. Was will der Neue von ihm?

Hoffmann und Duesmann treffen sich an einem kühlen Frühjahrstag in Neckarsulm. Die Pandemie hat gerade ihren ersten Höhepunkt erreicht, die Produktionslinien sind praktisch menschenleer. »Das war wie im Western«, erinnert sich Hoffmann, »die offenen Türen ließen den Wind durch die leeren Hallen pfeifen.« Er und Duesmann halten Abstand, der übliche Händedruck fällt aus, fast wie bei einem Duell.

Besonders heikel an dem Treffen ist, dass Duesmann zu jenem Zeitpunkt formal noch beim Erzrivalen BMW unter Vertrag steht. Jegliche aktive Tätigkeit für den künftigen Arbeitgeber ist ihm strikt untersagt. Anwälte haben zuvor genau geprüft, wie der Auftritt in Neckarsulm abzulaufen hat. Die Choreografie ist präzise abgestimmt und einstudiert. Duesmann darf praktisch nichts sagen, keine Meinungen äußern oder gar Anweisungen geben, sondern lediglich zuhören. Von diesem Recht macht er jedoch reichlich Gebrauch – mehr als vier Stunden lang.

Hoffmann erklärt ihm, dass sportliche Fahrzeuge mit dem richtigen Antrieb auch im Zeitalter des Klimawandels noch eine Rolle spielen können. Dass Audi zwar auf E-Mobilität setze, in Ingolstadt aber auch intensiv an der Brennstoffzelle forsche. Alternative Antriebe sollten helfen, das Werk auch künftig auszulasten, wenn das bisherige Hauptgeschäft, der Verbrennungsmotor, wegbräche. Hoffmann redet und redet, blickt jedoch stundenlang in ein weitgehend regungsloses Pokerface.

Eines wird aber schnell deutlich: Duesmann scheint erheblich tiefer in den technischen Details zu stecken als Stadler. Sonst würde er Hoffmanns Ausführungen nicht so konzentriert folgen. Und er sucht gezielt Kontakt, auch zu Führungskräften unterhalb des Vorstandes. Hoffmann bleibt zunächst jedoch völlig im Unklaren, woran er bei seinem neuen Boss ist. »Als er wieder abgefahren ist«, sagt Hoffmann heute, »wusste ich nicht, ob ich meinen Job gut gemacht hatte, oder ob ich ihn bald verlieren würde.«

Hoffmann ist jedoch genau der Machertyp, den Duesmann jetzt braucht. Jemand, der Audi von innen kennt, zugleich aber keine Angst vor Veränderungen hat. In seinen ersten Arbeitswochen bei Audi stößt der neue Boss in der Belegschaft auf eine seltsame Atmosphäre, die er als »Mischung aus Endzeitstimmung, Erleichterung und Aufbruchswillen« beschreibt. Fast wie bei einem Volk, das jahrelang Unterdrückung erlebt hat, den neuen Machthaber aber noch nicht recht einschätzen kann.

Duesmann tauscht Dutzende Mitarbeiter auf Schlüsselpositionen aus. Zugleich hält er aber bewusst an einigen erfahrenen Fachkräften fest. Er will die Audi-Kultur verändern, aber nicht ausradieren. Duesmanns Assistentin zum Beispiel hat bereits unter Ex-Boss Stadler gedient.

Dem großen Respekt, den viele Audianer Stadler bis heute entgegenbringen, begegnet Duesmann verständnisvoll. Die herrschende Angstkultur, glaubt er, sei weniger durch Stadler, sondern eher durch dessen Vorgänger, den späteren VW-Konzernboss Winterkorn, geprägt worden. Stadler hingegen sei menschlich in Ordnung: Er könne sich durchaus vorstellen, ihn eines Tages zu treffen und mit ihm über Audi zu plaudern, sagt Duesmann. Auf ein Gespräch mit Winterkorn hingegen lege er keinen Wert. Es sind symbolische Sätze, mit denen der neue Boss verdeutlicht: Vieles, aber nicht alles lief schlecht in Ingolstadt.

Seine Führungsmannschaft besetzt Duesmann nach einer simplen Grundregel: Er wolle »ein Umfeld des Vertrauens« um sich herum schaffen. Und dafür brauche er Leute, »die mir gegenüber loyal sind, damit auch ich ihnen gegenüber loyal sein kann«. Das klingt zunächst nach autoritärem Stil à la Winterkorn. Doch so will Duesmann seinen Ansatz eben nicht verstanden wissen. »Loyalität bedeutet, dass auch ein Werker seinem Boss widerspricht«, betont er. »Ich erwarte von meinen Leuten, dass sie sich nicht scheuen, mich auf meine Fehler aufmerksam zu machen.«

Zunächst will er die skandalgeschüttelte Entwicklungsabteilung neu ausrichten. Damit beauftragt er einen Kollegen, den er erst wenige Wochen zuvor in Neckarsulm kennen gelernt hat: Oliver Hoffmann.

Die technische Entwicklung, intern nur »TE« genannt, ist Audis Herzkammer. Sobald sie schwächelt, stockt die Produkt-Pipeline, oder spuckt nur mittelmäßige Autos aus. Hoffmann soll der TE neues Leben einhauchen. Gemeinsam mit Duesmann tritt er vor die Ingenieurinnen und Ingenieure, um einen radikalen Neustart anzukündigen. Was die besorgten Entwickler damals nicht wissen: Hoffmann und Duesmann haben vorab eine List ausgeheckt. Sie wollen die Einheit wachrütteln, mit einer Art Schocktherapie. In drei Wochen, so die Ankündigung, wollen sie zurückkommen und Personalmaßnahmen verkünden. Tatsächlich aber kehren sie bereits nach zwei Wochen zurück. Alle sollen mitbekommen: Die Zeit drängt.

Was Duesmann und Hoffmann der Belegschaft dann mitteilen, trifft einige wie ein Schlag: Die komplette erste Führungsebene soll ausgetauscht werden. Auch strukturell soll sich einiges ändern. Den Entwicklungsprozess, der sich bei Audi über die Jahrzehnte etabliert hat, stellen Hoffmann und Duesmann quasi über Nacht auf den Kopf. Topmanager verantworten künftig nicht mehr in erster Linie die Hardware einzelner Automodelle, sondern die Software für eine ganze Fahrzeugklasse. Die Ingenieure bauen also erst die Software, dann das passende Auto dazu. Eine Art schnelle Eingreiftruppe aus 100 Leuten, die sich ausschließlich um die Transformation kümmert, überwacht den Umbau.

Das Ziel: Aus der Keimzelle des Dieselskandals soll wieder ein technischer Vorreiter werden. 2025 will Audi ein hochpreisiges E-Auto namens Landjet auf den Markt bringen, das auf einem grunderneuerten Betriebssystem basiert. Und damit nicht genug.

Die konzernweite Softwareeinheit Cariad, zunächst aufgehängt bei Audi, soll aus Volkswagen die zweitgrößte europäische IT-Schmiede hinter SAP machen. Bis Mitte des Jahrzehnts, so der Plan, sollen dort 10 000 Programmierer und Entwickler an einer einheitlichen Softwarearchitektur für Millionen von Fahrzeugen tüfteln. Volkswagen, der Massenhersteller von Autos, will künftig neben Blechkisten auch Bits und Bytes in Großserie produzieren.

Mittlerweile hat Hoffmann die wohl reizvollste und zugleich herausforderndste Aufgabe im Audi-Reich inne: Er wird Entwicklungsvorstand, eine Position, die zuletzt einem Schleudersitz glich: Hoffmann ist der achte Chefingenieur in neun Jahren. Er soll helfen, Audi technologisch auf Augenhöhe mit Tesla, Google, Apple und Baidu zu bringen.

Gleichzeitig hat Hoffmann die Aufgabe, der Marke ihre alten Kernkompetenzen zurückgeben. Jahrzehntelang stand Audi für kraftvolle, spritzige Antriebe, aber auch für Sicherheit im Fahrgefühl. Bei gemeinsamen Testfahrten fielen ihm und Duesmann nun aber reihenweise Defizite auf – von Schwankungen beim Lenkwinkel bis hin zu ungleichmäßig federnden Hinterachsen. »Audi war in der Dieselkrise zu sehr mit sich selbst beschäftigt«, folgert Hoffmann, »dabei ist uns die Präzision verloren gegangen.«

Vor allem die Digitalisierung habe Audi vor lauter Verkaufsrekorden und Spitzenrenditen weitgehend verschlafen. Und das, obwohl der Premiumhersteller bei der Verknüpfung mit IT-Systemen, der sogenannten Telematik, einst als führend galt. Ex-Boss Winterkorn habe die Bedeutung von Software und Internet jedoch komplett unterschätzt, glaubt Hoffmann. Und seine Truppen folgten ihm.

Eine skurrile Tradition aus der Ära Winterkorn hat Duesmann zu seinem Amtsantritt sofort abgeschafft: Die sogenannten Abnahmefahrten neuer Fahrzeuge, die immer nach dem gleichen Muster abliefen: Die Bosse setzten sich ans Steuer oder auf den Beifahrersitz, ließen den Motor aufheulen und das Auto durchstarten. Dutzende, fast ausschließlich männliche Ingenieure, begleiteten das Spektakel wie ein Hofstaat. Eilfertig notierten sie alles, was Winterkorn und seine Gefolgschaft auszusetzen hatten. Gegen Ende waren diese Aufmärsche der Wolfsburger und Ingolstädter Prominenz derart gut besucht, dass Winterkorn seine Verbesserungsvorschläge in militärisch-zackigem Ton über Megafon mitteilte.

Duesmann bevorzugt Testfahrten in kleiner Runde. Seine Kritik kann genauso harsch sein, wie die seiner Vorgänger. Aber der heutige Audi-Boss hört auch zu, und das aus ureigenstem Interesse. Duesmann ist in erster Linie ein Spross der alten Autowelt. Was Software oder Sensorik für das autonome Fahren anbelangt, vertraut er auf das Urteil seiner Fachkollegen. Und das gibt Duesmann offen zu: »In dieser komplexen Welt gibt es nicht mehr nur den einen Manager, der alles am besten kann.«

Silja Pieh und die Revolution von unten

Noch vor wenigen Jahren hätte Silja Pieh kaum die Chance gehabt, Audis Geschicke maßgeblich zu verändern. An ihrem Lebenslauf lag das nicht. Die Diplom-Kauffrau und Wirtschaftsgeografin startete beim weltgrößten Zulieferer Bosch, ehe sie zu Audi wechselte und dort strategische Innovationsprojekte wie das autonome Fahren leitete. Doch im VW-Reich war es lange Zeit nicht üblich, dass hoch qualifizierte Nachwuchskräfte ihre Ideen einbrachten. Die Strategie wurde zwischen 2007 und 2015 maßgeblich von Konzernboss Winterkorn und Aufsichtsratschef Ferdinand Piëch bestimmt. Die Bosse diktierten, ihre Truppen führten aus.

Hinzu kommt, dass Führungsposten in Wolfsburg und Ingolstadt über Jahrzehnte hinweg eine Männerdomäne waren. Frauen wie Silja Pieh schafften es nur selten an die Spitze. Der Mangel an Diversität ist im ganzen Konzern bis heute gravierend: Der Frauenanteil in der ersten Führungsebene der Volkswagen AG – Bereichs- und Abteilungsleiter sowie Markenvorstände – liegt in Deutschland bei etwas über 10 Prozent.

Die jahrzehntelang gepflegte männliche Übermacht in Wolfsburg und Ingolstadt, glaubt die Wirtschaftsweise Monika Schnitzer, habe den Nährboden für den Dieselskandal bereitet. »In einer homogenen Gruppe von Männern, die alle begeistert sind von Autos, Macht, Technik und Wachstum, ist die Versuchung groß, sich auf die genehme Sicht der Dinge zu einigen«, sagte sie in einem Interview mit der *Frankfurter Allgemeinen Sonntagszeitung*. »In einem solchen Klima fehlt eine Instanz für den Zweifel. In heterogenen Gruppen schert in solchen Situationen eher jemand aus, widerspricht oder wendet sich gar als Kronzeuge an die Justiz. In einem homogenen Club fehlt dieses Korrektiv.«

Mittlerweile, beteuern die Manager in Wolfsburg, habe man das Problem erkannt. Weltweit, über alle Marken und

Managementebenen, strebe VW bis 2025 einen Frauenanteil von mindestens 20 Prozent an. Ob der Konzern diesmal über reine Lippenbekenntnisse hinauskommt, wird sich noch zeigen müssen. 2012 hatte Volkswagen schon einmal versprochen, den Anteil weiblicher Führungskräfte erheblich steigern zu wollen – damals sogar noch auf 30 Prozent.

Immerhin: Bei der Tochter Audi hat sich die Situation bereits verbessert. Zwei von sieben Vorständen sind Frauen. Noch in der Ära Stadler lag ihr Anteil im Spitzengremium bei null Prozent.

Im August 2020 ändert sich auch die Situation für Silja Pieh grundlegend. Duesmann holt die Innovationsexpertin, die zwischenzeitlich für die VW-Nutzfahrzeuge in Hannover gearbeitet hat, zurück nach Ingolstadt – und macht sie zur Strategiechefin. Der Auftrag: Pieh soll einen Masterplan für Audi entwickeln, mehr noch, sie soll eine neue Vision entstehen lassen, und zwar mit Hilfe der Belegschaft.

Im September, nur wenige Wochen nach ihrem Arbeitsbeginn, startet Pieh einen Ideenwettbewerb, der einmalig in Audis Geschichte ist. 500 Mitarbeiterinnen und Mitarbeiter aus drei verschiedenen Weltregionen und allen Hierarchieebenen, vom Fließbandarbeiter bis zur Managerin, bringen ihre Vorschläge ein. Schnell wird klar, dass Audi sehr grundlegende Änderungen benötigt: kulturell, strategisch, technologisch.

Die folgenden Strategie-Workshops finden teils digital statt, teils trifft man sich im Design Center in Ingolstadt, einem gläsernen, weiträumigen Gebäude, das auf mehr als 37 000 Quadratmetern genug Platz für größere Zusammenkünfte bietet, selbst in Zeiten der Pandemie. Das Center ist ziemlich neu, es wurde im Sommer 2017 eröffnet. Und doch wirkt es bereits wie das Symbol einer vergangenen Ära.

Jahrelang schnitzten hier Roboter aus braunen Industrieplastilin-Klumpen – sogenanntem Clay – die Prototypen künftiger Modelle. Aufgabe der Ingenieure war es dann, diese Modelle mit Technik zu füllen. Audi entwickelte seine Autos von außen nach innen. Ein Erfolgsprinzip, das lange Zeit gut funktionierte. »Über Dekaden haben wir Prototypen aus Clay gebaut«, schreibt der frühere Audi-Entwicklungschef Peter Mertens in seinem Buch »Aufstieg aus der Blechliga« (2021), »wir haben mit immer komplizierteren Geometrien gespielt und uns darin geübt, unsere Design-Ideen immer perfekter hinzubiegen.« Bis Elon Musk kam – und der gesamten deutschen Autoindustrie vor Augen führte, wie sehr ihre sorgsam einstudierte Methodik aus der Zeit gefallen war. Denn der Tesla-Chef stellte den Entwicklungsprozess kurzerhand auf den Kopf. Er konstruierte erst die Software und den Computer, dann erst die Karosserie drumherum. Er dachte das Auto von innen nach außen, umgekehrt zum Modell der Deutschen.

Silja Pieh glaubt, man könne einiges von Tesla lernen. Ihre Kollegen Hoffmann und Duesmann sind bereits dabei, neue Audi-Modelle anders zu denken und zu entwickeln, die Software hat jetzt auch in Ingolstadt Priorität. Doch die Audi-Führung will die Revolution nicht, wie Musk, von oben diktieren. Die Impulse sollen aus der Breite der Belegschaft kommen. Audianer sollen eigenständig Trends analysieren, Geschäftschancen erkennen, künftige Wachstumsmärkte identifizieren. Über allem schwebt die Frage: Wofür steht Audi im 21. Jahrhundert? Was soll die Marke in Zukunft ausmachen?

»Wir wollten weg vom alten Image«, sagt Pieh. Fast unisono hätten die Mitarbeiter gefordert: Audi müsse grüner und elektrischer werden. Für die Mitarbeiter ist es ein absolutes Novum, auf diese Weise angehört und ernst genommen zu werden. »Früher wurde die Belegschaft bei der Strategie einfach nicht mitgenommen«, sagt Pieh, »obwohl der Wandel alle betrifft, und viele dazu beitragen wollen.«

Der Wunsch nach einer ökologischen Wende hat für viele Audianer auch persönliche Gründe. Jahrelang trieb sie der stolz, für eine aufstrebende, weltweit erfolgreiche Premiummarke zu arbeiten. Nach Dieselgate aber mussten sie sich plötzlich rechtfertigen, in der Familie, gegenüber Freunden oder Nachbarn. Nun, so scheint es, wollen sie endlich wieder zu den Guten gehören. Viele der Beteiligten hätten Kinder, sagt Pieh, sie sorgten sich um das Wohl der kommenden Generationen: »Das Bedürfnis nach ernsthaftem Klimaschutz hat die Mitte der Audi-Belegschaft erreicht.«

Auch hier war Musk Ideengeber. Weit früher als die Deutschen hat der Tesla-Chef begriffen, wie essenziell ambitionierte Ziele für eine Weltmarke sind – für die Belegschaft, aber auch für seine Kunden. Er verkauft nicht bloß elektrisch angetriebene Blechkisten, sondern ein Versprechen. Sein »Mission Statement« prangt prominent an den Eingängen seiner Werke: Tesla wolle »den Übergang der Welt zu nachhaltiger Energie beschleunigen«. Das mag geschickte Öko-PR sein. Doch zumindest ist es Musk gelungen, Käufern und Mitarbeitern damit das Gefühl zu geben, ihren Konsum und ihre Arbeit mit Sinn zu füllen. Das will in Zukunft auch Audi schaffen – allein schon aus wirtschaftlichen Erwägungen.

Denn auch die Bedürfnisse der Kundinnen und Kunden haben sich verändert. Laut röhrende Protzkarren mit dicken Auspuffrohren und großen Kühlergrills, hat Piehs Strategieteam herausgefunden, gelten unter Audi-Fans nicht mehr als sexy. Stattdessen gewinne der Wunsch nach Nachhaltigkeit an Bedeutung, in allen drei großen Absatzmärkten: Europa, den USA und China. Überall dort bestehe das Bedürfnis nach sauberer Luft. Und überall dort würden E-Autos zunehmend nicht mehr als Verzichtsmobile, sondern als Ausdruck technologischen Fortschritts wahrgenommen.

Dazu passt der zweitwichtigste Markenwert, den das Team identifiziert hat: den alten Slogan »Vorsprung durch Technik«. Dieser, fordern Pieh und ihr Team, müsse endlich wieder mit glaubwürdigen Inhalten gefüllt werden. Auf Platz drei landete der Wunsch nach einem »Wir-Gefühl«: Die Mitarbeiter müssten wieder zu einem Team zusammenwachsen. Auch das sei Teil der Marke Audi.

Fasst man die wichtigsten Bedürfnisse der Audianer zusammen, ergibt sich das Fazit: Der Hersteller muss künftig eine klimafreundlichere Mobilität anbieten – und zugleich wieder Innovations- und Technologieführer werden. Statt eines Alleingangs übermächtiger Spitzenmanager soll der Wandel künftig von der breiten Masse der 90 000 Mitarbeiter vorangetrieben werden.

Für Duesmann sind die Vorschläge des Strategieteams eine Steilvorlage. Schon während seiner Auszeit nach dem Ausscheiden bei BMW hatte er darüber sinniert, wie er Audi wieder auf Kurs bringen könnte. Zunehmend sei ihm klar geworden, erzählt Duesmann, was Audi jetzt vor allem anderen brauche: eine klare Ansage, wie es im Unternehmen weitergeht. Ansonsten würde er die Reformwilligen nie mitreißen, die Skeptiker nie überzeugen können. »Wenn das Ziel nicht eindeutig definiert ist«, sagt Duesmann, »wird sich immer wieder Gemächlichkeit einschleichen, vielleicht auch Widerstand.«

Die nötige eindeutige Botschaft kann aus seiner Sicht nur lauten: Die Ära des Verbrennungsmotors, die Audi zur Blüte und Deutschland zum Wohlstand verholfen hat, geht unweigerlich zu Ende. Und zwar deutlich schneller als viele vermuteten. Bereits Ende der 2020er Jahre, lautet seine Prognose, werde in Europa kaum noch eine Nachfrage für neue Benziner und Diesel existieren.

Zum Jahresende 2020 regt Duesmann in einem der Strategiemeetings das bislang Unvorstellbare an. Er fragt die Anwesenden, was denn dagegenspreche, ein Enddatum für den Verbrenner zu setzen, also eine Deadline für den letztmaligen

Verkauf. Es ist ein erster interner Vorstoß für einen Schritt, den bislang noch kein deutscher Autobauer gewagt hat.

Entsprechend groß sind zunächst die Bedenken. Ein intern festgelegtes Ausstiegsdatum für eine Technologie? Das habe es noch nie gegeben, monieren einzelne Vorstände. Warum solle man Verbrenner ohne Not abschaffen, solange der Gesetzgeber sie noch erlaube? Sollten die Kunden nicht lieber selbst entscheiden, wie lange sie noch Diesel und Benziner kaufen wollen?

Der Dieselsünder besiegelt das Ende des Verbrenners

Für die bislang wohl spektakulärste Nachricht seiner bisherigen Amtszeit sucht sich Markus Duesmann die große Bühne. Am 22. Juni 2021 tritt er an ein strahlend weißes Rednerpult vor einer himmelblauen Kulisse, die Windräder und Solarzellen zeigt. Die »Stiftung Klimaneutralität« hat prominente Gäste in die Berliner Friedrichstraße geladen, darunter Bayer-Chef Werner Baumann, Grünen-Vorsitzender Robert Habeck und Olaf Scholz, zu dem Zeitpunkt noch Kanzlerkandidat der SPD. Die Konferenz »Deutschlands Weg zur Klimaneutralität« wird per Videostream in alle Welt übertragen.

Die Autoindustrie, sagt Duesmann mit kräftiger Stimme, brauche »gerade jetzt ein Geschäftsmodell, das nachhaltig ist«. Er verweist auf das Urteil eines Gerichts in Den Haag vom Mai, das den Ölriesen Shell dazu verpflichtet, seinen CO_2-Ausstoß noch weiter zu reduzieren. Und die Ära der Klimaschutz-Urteile habe gerade erst begonnen. Wenn die Industrie nicht schleunigst reagiere, warnt Duesmann, »werden wir vom Zeitgeist überholt«.

Seinen Plan, komplett aus der Verbrennertechnik auszusteigen, gibt er erst auf Nachfrage preis. Audi habe einen neunmonatigen Strategieprozess hinter sich, sagt Duesmann. Das Unternehmen werde sich »komplett umbauen müssen«.

Audi setze sich jetzt ein internes Ziel, »wann der Verbrenner ausläuft«. 2025, so Duesmann, soll das letzte Auto mit Verbrennungsmotor neu auf den Markt kommen, ein SUV für den US-Markt. Gut sieben Jahre später werde Audi gar kein Benzin- oder Dieselfahrzeug mehr produzieren. Diese Klarheit sei wichtig, um die Produktpalette zu verändern, Mitarbeiter zu schulen, Werke umzubauen. Denn »wir haben 90 000 Audianer, die wir auf dem Weg mitnehmen müssen«.

Die Resonanz, vor allem aus der Politik, ist gewaltig. Noch am selben Tag trifft Duesmann den Grünen-Verkehrsexperten Cem Özdemir, SPD-Spitzenkandidat Scholz sowie Hal Harvey, den Umweltberater von US-Präsident Joe Biden. Aus der Staatskanzlei in München meldet sich das Büro des bayerischen Ministerpräsidenten Markus Söder und bittet um einen baldigen persönlichen Termin.

Duesmann, so viel wird deutlich, hat an jenem 22. Juni Industriegeschichte geschrieben. Was die Zuschauer jedoch nicht mitbekommen: Den Beschluss tatsächlich durchzusetzen ist für Duesmann ein harter Kampf. Denn intern schlägt ihm zunächst nicht nur Begeisterung entgegen. Und auch gesundheitlich stößt er an seine Grenzen. Wir stehen gerade im Fahrstuhl des Tagungsgebäudes, als Duesmann davon erzählt. Noch immer spüre er die Folgen einer Covid-Infektion aus dem Frühjahr. Immer wieder fühle er sich schlapp, brauche kurze Ruhepausen. Seine Herzfrequenz steige phasenweise ungewöhnlich hoch an.

Schon bald nach der Berliner Klimakonferenz teilt Duesmann seinen Mitarbeitern mit, er werde sich in eine kurzzeitige Reha zurückziehen. Die Resonanz auf diese Offenheit fällt im Audi-Intranet überwiegend positiv aus. Doch für Duesmann fühlt es sich an wie ein Rückschlag. »Es war das erste Mal in meinem Leben, dass ich nicht funktioniert habe«, sagt er. Hinter ihm liegen turbulente Wochen – in denen er fast alles erreicht hat, was er wollte.

Innerhalb des VW-Konzerns gilt Duesmanns Ausstiegsszenario zunächst als ambitioniert. Vertreter der Schwester-Marken VW, Seat und Skoda äußern die Sorge, sie könnten gegenüber Audi plötzlich als verschnarchte Nachzügler dastehen. Tatsächlich wäre es für sie deutlich schwieriger, ein konkretes Ausstiegsdatum zu nennen. Denn während Audi seine Fahrzeuge vor allem in Asien, Europa und den USA absetzt, wo der Wandel zur E-Mobilität voranschreitet, verkaufen die auf Masse gepolten Hersteller VW und Co. auch zahlreiche Modelle nach Südamerika oder Indien. Dort aber spielen Elektroautos noch kaum eine Rolle, allein schon mangels einer funktionierenden Ladeinfrastruktur.

Am Ende einigen sich die Markenchefs darauf, zwei Geschwindigkeiten im Konzern zuzulassen. Audi und Porsche sollen als Premium- und Sportwagenmarken bei der Transformation vorangehen – und damit ein klares Zeichen setzen, in welche Richtung der ganze Konzern steuert. Porsche-Chef Oliver Blume hat ähnlich ehrgeizige Ziele wie Duesmann: Bis 2030 will er seine Modellpalette zu mindestens 80 Prozent auf E-Mobilität umstellen.

Auch im Strategieteam um Silja Pieh herrscht Konsens: Eine Flucht nach vorn sei die beste Option. Die EU sei im Begriff, ihre CO_2-Ziele noch einmal erheblich zu verschärfen, vermelden die Audi-Mitarbeiter, die politische Außenbeziehungen pflegen. Selbst ein Verbrennerverbot ab Mitte des kommenden Jahrzehnts sei nicht mehr auszuschließen. Und auch die USA scheinen ihr grünes Gewissen seit dem Machtwechsel im Weißen Haus wiederentdeckt zu haben.

Etwas unklarer scheint die Situation in China, wo die Regierung ein allzu schnelles Ende des Verbrenners noch scheut. Die Zurückhaltung hängt auch damit zusammen, dass die Ladeinfrastruktur im ländlichen Raum noch Lücken hat. Doch selbst auf dem größten Absatzmarkt der Welt, sind die Audi-Strategen überzeugt, ist der Komplettumstieg auf

E-Fahrzeuge nur noch eine Frage der Zeit. Tatsächlich glauben Audis China-Experten, das Reich der Mitte werde nicht mehr allzu lange am Benziner festhalten. »Die E-Mobilität ist die große Chance für die chinesischen Hersteller, ihren technologischen Rückstand auf den Westen aufzuholen«, sagt Pieh. Allein schon deshalb habe die Regierung ein hohes Interesse daran, den Umstieg auf Elektroantriebe noch stärker zu forcieren.

Auch die Konkurrenz macht Audi zunehmend Druck. Daimler verspricht bereits CO_2-Neutralität bis 2039 – und will damit sogar die Pariser Klimaziele übertreffen. BMW wiederum will sich auf kein konkretes Ausstiegsjahr festlegen, verspricht aber, »das grünste Elektroauto« der Welt bauen zu wollen.

Interne Kritik kontert Duesmann freundlich, aber bestimmt. Audi bevormunde seine Kundinnen und Kunden? Der Boss sieht das anders. »Wir dürfen die Kunden bei ihrer Entscheidung nicht alleine lassen.« Ein Enddatum sei nötig, um Klarheit und Planungssicherheit zu schaffen, für Kunden genauso wie für Mitarbeiter und Aktionäre. »Den Wandel darf man nicht dem Zufall überlassen«, glaubt Duesmann, »man muss ihn konsequent vorantreiben und Hintertürchen frühzeitig schließen.«

Im April fällt der Audi-Vorstand den endgültigen Beschluss. Mit Produktion und Verkauf der Verbrenner soll Anfang der 2030er Jahre endgültig Schluss sein, mit einer wichtigen Ausnahme: In China, wo Audi mit lokalen Herstellern zusammenarbeitet, könnten die Benziner noch etwas länger vom Band rollen. Dort will Audi, je nach aktueller Gesetzeslage, noch »flexibler bleiben«. Das Ende des Verbrenners, betont Duesmann, sei dennoch unumkehrbar – das gewährleiste allein schon der Entwicklungsstopp ab 2026.

Kritiker werfen Duesmann jedoch Opportunismus vor. Denn bei seinen Auftritten klingt der Audi-Boss bisweilen fast schon wie ein Greenpeace-Aktivist. Auf dem Aachen Kolloquium, einem Mekka der Fahrzeug- und Motorenexperten, fordert er im Oktober 2021 eine deutlich schnellere Energiewende. »Kohle, Erdöl und Erdgas wirken auf unsere Gesellschaft wie Drogen«, sagt Duesmann. »Sie sind leicht zu haben und machen abhängig.« Man müsse jedoch loskommen, »nur so können wir unseren Planeten und damit auch unsere Gesellschaft in eine gesunde Zukunft führen«.

Natürlich ist Audis Elektrooffensive nicht uneigennützig. Duesmann ist kein Weltverbesserer, sondern in erster Linie Autoboss mit wirtschaftlichen Interessen.

Lange galten Elektroautos wegen ihrer teuren Batterietechnologie als Verlustgeschäft. Im Konzernverbund jedoch, kalkuliert Duesmann, könnten VW, Audi, Porsche und die übrigen Marken die Kosten erheblich senken.

Die Voraussetzung: Sie alle müssen sich auf eine einzige Antriebstechnik konzentrieren. Je größer der E-Anteil unter den insgesamt gut 10 Millionen jährlich im gesamten Konzern produzierten Fahrzeugen, desto stärker rentieren sich die Investitionen in die teure Batterietechnologie. Dieser Größeneffekt hat Volkswagen schon immer von kleineren Konkurrenten wie Daimler oder BMW abgehoben. Er könnte dem Konzern auch diesmal einen erheblichen Wettbewerbsvorteil verschaffen, glaubt Duesmann. Auch gegenüber dem vermeintlich übermächtigen US-Rivalen Tesla.

Was den Manager ebenfalls antreibt: Reine E-Auto-Anbieter kommen an der Börse derzeit am besten an. Tesla erreichte zeitweise einen Marktwert von einer Billion Dollar – mehr als VW, Daimler, BMW, General Motors, Toyota, Ford, Renault, Peugeot, Fiat, Hyundai, Honda, Nissan und Suzuki zusammen. Der Kapitalmarkt wettet also auf eine große Zukunft der E-Mobilität – und erwartet das auch von der Autoindustrie.

Einem Konzernlenker müsse es heutzutage gelingen, wirtschaftliche und ökologische Interessen miteinander in Einklang zu bringen, sagt der Audi-Chef: »Das fordern Politiker, Aktionäre, Kunden und Mitarbeiter von uns.« Ihm schwebe eine Art »grüner Kapitalismus« vor, der den Massenverkauf von Pkw weiter erlaubt, aber E-Antriebe klar bevorzugt. Warum nicht lieber gleich auf Autos verzichten, wie Umweltaktivisten fordern? Ganz einfach: Die Autoindustrie stifte Wohlstand, glaubt Duesmann. Ohne Wohlstand könne sich die Gesellschaft keinen Klimaschutz leisten. Und umgekehrt.

Duesmann will mit E-Autos künftig mindestens genauso viel verdienen wie früher mit Benzinern und Dieseln. Parallel zum Verbrennerausstieg hat er die Ziele für Absatz und Profitabilität erhöht. Audi, kündigt er an, solle wieder der größte Gewinnbringer im VW-Konzern werden – statt des deutlich kleineren Sportwagenherstellers Porsche. Das zeigt: Das alte Selbstbewusstsein kehrt langsam zurück. Und ein Rest der alten, konzerninternen Rivalitäten, die Winterkorn und Piëch früher so lustvoll zelebrierten, existiert noch immer.

Die alte Strategie des Höher-weiter-schneller lebt auch in der Ära Duesmann fort. Doch sie ist kein Selbstzweck mehr.

Good Cop und Bad Cop

Der Erfolg der neuen E-Offensive im VW-Konzern hängt auch davon ab, wie gut zwei Manager an seiner Spitze miteinander harmonieren. Audi-Boss Duesmann und VW-Konzernchef Diess sind das interessanteste Duo in der Branche. Beide waren mal bei BMW. Beide waren lange eher nicht als Ökos bekannt, wandelten sich dann jedoch im Zeitraffer. Beide überlebten in München und Wolfsburg den Sturm des Dieselskandals ziemlich unbeschädigt – sahen ihren Karrieredurst dort jedoch längst nicht gestillt.

Bald, nachdem Diess den Chefposten im VW-Konzern übernommen hatte, holte er Duesmann von den Münchnern nach – was dort als extrem feindlicher Akt empfunden wurde. Doch Diess wollte unbedingt wieder einen Ingenieur an der Audi-Spitze haben, keinen Finanzer wie Stadler oder Vertriebler wie Interimschef Bram Schot, der Audi nach Stadlers Ausscheiden fast zwei Jahre lang eher verwaltete als in die Zukunft führte. Wie wichtig es sei, einen Technikprofi nach Ingolstadt zu schicken, hat Diess im kleinen Kreis immer wieder betont.

Duesmann ist jetzt Audi-Chef und Konzern-Entwicklungsvorstand in Personalunion. Das macht ihn, neben Diess, zu einem der mächtigsten Manager im Wolfsburger Autoimperium. Die beiden Männer kennen sich lange, sie fördern und loben einander, aber sie belauern sich auch. Es ist eine sorgsam austarierte Balance zweier ungleicher Typen mit gleicher Aufgabe und unterschiedlichen Rollen: Der eine ist der »Bad Cop«, der andere der »Good Cop«. Diese Rollenverteilung hat für die Transformation des VW-Konzerns eine entscheidende Bedeutung.

Diess, der Bad Cop, hat wenig Angst, unsympathisch rüberzukommen. Bisweilen scheint er Konflikte mit Vorstandskollegen oder der Belegschaft sogar regelrecht zu suchen. Er stellt seine eigenen Leute ständig infrage, warnt sie wieder und wieder vor dem übermächtig scheinenden Rivalen und Börsenstar Tesla, malt ihnen in düsteren Farben die Gefahr des eigenen Untergangs aus. Er hofiert statt der VW-Ingenieure lieber Tesla-Chef Elon Musk; im Sommer 2020 empfing er ihn sogar zu einer Spritztour mit Volkswagens E-Auto ID.3.

Duesmann dagegen setzt seinen Charme gezielt intern ein. Soweit die Pandemie es zulässt, verbringt er Zeit bei seinen Ingenieuren. Er redet mit ihnen über Audis glorreiche Vergangenheit in den Nullerjahren, als sportliche Modelle wie der TT oder der R8 für Furore sorgten. Daran müsse Audi jetzt wieder anknüpfen, sagt er.

Seine Technikverliebtheit hat ihm intern den Spitznamen »der nette Winterkorn« eingebracht. Ähnlich wie Martin

Winterkorn, der berühmt-berüchtigte Audi- und spätere VW-Chef, fachsimpelt Duesmann mit den Ingenieuren unermüdlich über Radlager oder Schaltsysteme. Cholerische Ausbrüche sind bislang jedoch nicht bekannt, anders als bei Winterkorn, der schon mal ein Bauteil durch den Raum pfefferte und einen ganz anderen Habitus pflegte als der nahbare Duesmann.

Er hingegen wolle seinen Leuten wieder Selbstbewusstsein einhauchen, sagt Duesmann. Und wenn der Name Musk fällt, zuckt er mit den Schultern. Im kleinen Kreis sagte er mal, Musk müsse er nicht zwingend persönlich treffen. Und in einem Interview ließ sich Duesmann zu der Kampfansage hinreißen, er wolle Tesla nicht nur einholen, sondern überholen – was ihm prompt einen Rüffel des größten VW-Anteilseigners einbrachte: Er habe da etwas »dick aufgetragen«, monierte Familiensprecher Wolfgang Porsche.

Es ist ein Balanceakt, den auch Duesmann nicht immer hinbekommt. Das Tempo, das er mit Diess anschlägt, überfordert offenbar manche im Konzern. Die demonstrierte E-Affinität halten Skeptiker – und die gibt es nach wie vor bei Audi – für übertrieben.

Duesmann wirbt um seine Leute. Doch als er im April 2020 seinen Job an der Spitze von Audi antritt, pünktlich zum ersten Covid-Shutdown, fühlt er sich seiner »stärksten Waffe beraubt«, wie er später erzählt. »Ich war immer besonders wirksam, wenn die Leute mich live erlebt haben.« Stattdessen verschickt er Videobotschaften, die vieles über die Person Duesmann und sein Führungsverständnis verraten. Ende April 2021 zum Beispiel gewährt er einen ungewohnten Einblick in seinen Arbeitsalltag. Via Intranet dürfen Mitarbeiterinnen und Mitarbeiter dem Audi-Boss dabei zuschauen, wie er das Prüfzentrum des Autoherstellers in Neustadt an der Donau besucht, ein abgeschirmtes Gelände, auf dem Kameras sonst streng verboten sind. Duesmann besteigt das neueste Modell des Sportwagens RS 3, mit Fünfzylinder-Verbrennungsmotor und 400 PS, und tritt aufs Gas. Mit 265 Stundenkilometern saust er über die Steilkurve der Teststrecke. »Geil, geil, geil, geil!«, juchzt der Manager ins Mikrofon. Die Botschaft gefällt den Audianern, die jahrzehntelang Erfolge mit Benzin- und Dieselautos gefeiert haben. Gut 40 000-mal wird das Video abgerufen. Knapp zwei Monate später, am 22. Juni, verkündet Duesmann dann die »dramatische Veränderung«, den Verbrennerausstieg.

Erst die »Geil«-Rennfahrt im RS 3, dann der politisch erwünschte, klimafreundliche Abschied von Diesel und Benziner – wie passt das zusammen?

Duesmanns Doppelstrategie, Audi auf E-Mobilität umzustellen, gleichzeitig aber noch jahrelang Verbrenner zu verkaufen, soll alle irgendwie versöhnen: Reformer und Skeptiker, E-Auto-Fans und Benziner-Fraktion, FDP und Grüne, Kapitalmarkt und Betriebsrat. Auch VW-Boss Diess laviert zwischen beiden Polen. Nach außen gibt er den strammen Elektro-Reformer. Doch in Brüssel und Berlin verteidigen seine Lobbyisten auch die alte Benzin- und Dieseltechnologe. Energisch wehren sie sich gegen ein »faktisches Verbrennerverbot« durch allzu strenge Abgasgesetze. Auch ein Ende der staatlichen Förderung der umstrittenen Hybridantriebe, die Duesmann immer wieder angemahnt hat, kommt für die VW-Manager noch nicht in Frage. Immerhin versichern sie, für eine steuerliche Förderung der Hybride müsse »ein überwiegend elektrischer Fahranteil nachgewiesen werden«.

Bei BMW haben sie heute einen distanzierten Blick auf das Duo Diess/Duesmann. Duesmann habe seine Sache als Entwickler sehr gut gemacht, doch als Elektropionier seien in München weder er noch Diess aufgefallen. Man wundere sich, mit welcher Verve das Duo sich jetzt als E-Vorreiter positioniert, heißt es aus der BMW-Zentrale.

Der Audi-Boss wiederum hat seinem Ex-Arbeitgeber bis heute nicht vollends verziehen, dass er nach seiner Kündigung in eine anderthalbjährige Zwangspause geschickt wurde: »Ich habe da keinen schlechten Job gemacht«, sagt er, »deshalb hat es mich geschmerzt, mitten im Leben derart kaltgestellt zu werden.«

Ihre neuen Rollen zelebrieren Duesmann und Diess umso genüsslicher. In einer der ersten Sitzungen des Konzernvorstands, erinnern sich Teilnehmer, habe Duesmann den VW-Boss lächelnd auf seine mäßige Beliebtheit beim gemeinsamen Ex-Arbeitgeber angesprochen: »Herbert, weißt du eigentlich, dass dir bei BMW keiner eine Träne nachweint?«, scherzte er sinngemäß. Diess, durchaus zur Selbstironie fähig, lachte. Manch anderer blickte jedoch verschämt grinsend zu Boden. Einen derart hemdsärmeligen Umgang sind die Führungskräfte in Wolfsburg nicht gewohnt. Eine Männerfreundschaft pflegen die Bosse von VW und Audi zwar nicht gerade, aber: »Durch die gemeinsamen stürmischen Zeiten«, sagt Duesmann, »ist eine robuste, extrem verlässliche Arbeitsbeziehung entstanden.«

Duesmann und Diess bilden ein Duo, aber natürlich ist es keins auf Augenhöhe. Der VW-Boss ist immerhin auch Aufsichtsratschef bei Audi, er hat das letzte Wort bei strategischen Fragen und Investitionen, und bei aller Wertschätzung für Duesmann ist Diess in erster Linie Machtmensch. Er duldet ungern allzu starke Manager neben sich, vor allem, wenn sie schon heute als seine potenziellen Nachfolger gehandelt werden. Kein Wunder, dass Duesmann bei jeder Gelegenheit betont, wie glücklich er in Ingolstadt sei. Und wie sehr er hoffe, noch lange mit Diess zusammenarbeiten zu können.

Die jährliche Planungsrunde des Konzerns könnte die zur Schau getragene Harmonie immer wieder stören. Jeden Spätherbst wird entschieden, wer wie viele Milliarden an Investitionen bekommt. Und vor allem: wo welche Fahrzeuge hergestellt werden. Immer wieder wird diskutiert, in VW-Werken auch die Autos anderer Konzernmarken produzieren zu lassen, darunter Audi. Das »Landjet«-Fahrzeug aus dem Zukunftsprojekt Artemis soll beispielsweise in Hannover hergestellt werden.

Für Duesmann ist das misslich. Er muss die Auslastung seiner Werke in Ingolstadt und Neckarsulm sichern. Mancher in der VW-Führung deutet seinen Elektrovorstoß deshalb als taktischen Schachzug. Audi wolle sich frühzeitig Geld für Zukunftstechnologien und die Umrüstung der Fabriken sichern. Einige Leute in Wolfsburg aber möchten Duesmanns Machtfülle einhegen; dessen E-Auto-Projekt »Artemis« setzte VW demonstrativ die eigene »Trinity«-Operation entgegen.

Duesmann lockt Großaktionäre und Konzernobere mit dem Versprechen, Audi wieder zum größten Gewinnbringer im Konzern machen zu wollen. Die Umsatzrendite soll von zuletzt 5,5 Prozent auf über 11 Prozent im Jahr 2025 steigen. Außerdem soll die Zahl von rund zwei Millionen jährlich verkauften Audis bis 2030 auf drei Millionen anwachsen.

Doch kann all das parallel zur Elektrowende gelingen? Verspricht Duesmann nicht zu viel?

Jahrelang klagten Autobosse, sie verlören mit den Stromern nur Geld. Duesmann sieht das anders. Die Milliardeninvestitionen zahlten sich langsam aus. Kaufprämien und ein gesteigertes Kundeninteresse ließen die Stückzahlen explodieren. »In zwei bis drei Jahren werden unsere batterieelektrischen Autos genauso profitabel sein wie Verbrenner.«

Doch der Aufbruch in die Zukunft kann nur klappen, wenn alle Marken an einem Strang ziehen. Das gilt vor allem für die Softwaretochter Cariad, die den VW-Konzern auf Augenhöhe mit Hightech-Rivalen wie Apple oder Google katapultieren soll.

Es ist ein Mammutprojekt, bei dem viele mitreden und längst nicht alles rundläuft. Immer wieder heißt es, Cariad renne seinem Zeitplan hinterher, weil nicht alle Marken so konsequent wie nötig mitzögen. Diess soll sich deshalb persönlich um die Softwareeinheit zu kümmern. Seit 2022 trägt er die Verantwortung für Cariad im Konzernvorstand. Der VW-Boss soll die IT-Firma auf Kurs bringen, deren Arbeit Duesmann angestoßen hat. Ein möglicher Erfolg würde Diess genauso nützen wie dem Audi-Chef, der die Software dringend für seine Hightech-Offensive braucht. Scheitert aber der technologische Großangriff, haben beide den Schaden: der Boss und sein potenzieller Kronprinz.

Daimlers Konzentration auf Luxus

Comeback mit Elektro-Limousine

Ola Källenius ist obenauf, als wir ihn im April 2021 auf dem Gelände der Daimler-Zentrale in Stuttgart-Untertürkheim treffen. Über dem dunklen Anzug und dem weißen Hemd trägt er einen Kapuzenanorak, die Temperaturen liegen nahe Null, der guten Laune des Daimler-Chefs tut das jedoch keinen Abbruch. Mit ihm haben wir uns für eine morgendliche Testfahrt verabredet. Wir treffen mit reichlich Vorlauf ein, um uns in der Konzernzentrale einem PCR-Test zu unterziehen. Wer dem CEO nahe kommt, darf kein Covid-Risiko mitbringen. Während wir auf das Testergebnis aus dem hauseigenen Labor warten, plaudern wir mit Kommunikations-Urgestein Jörg Howe. Selbst der routinierte, bisweilen etwas mürrische Medienmann scheint so etwas wie Vorfreude zu empfinden. Nach anfangs harscher Kritik an seinem Boss ist in der *Frankfurter Allgemeinen Sonntagszeitung* gerade ein sehr freundliches Porträt erschienen, das Howe stolz zitiert. Titel: »Der Tesla-Jäger«.

Drei Tage später wird Källenius der Weltöffentlichkeit den EQS vorstellen, die elektrische S-Klasse, Daimlers späte Antwort auf das Model S der Kalifornier. Källenius will, dass das ein Statement wird. Das S, ursprünglich die Abkürzung für Sonderklasse, steht in Stuttgart für die Oberklasse, das Flaggschiff der traditionsreichen Marke. Keiner könne »S« so gut wie Mercedes, lautet die Botschaft des Daimler-Bosses, niemand anderes sei der Maßstab für Luxus-Limousinen. Auch kein Weltraum-Pionier wie Musk, der die Chuzpe besaß, Daimlers S für sein eigenes E-Fahrzeug zu klauen.

Davon soll sich auch der SPIEGEL überzeugen. Die Idee der Pressestelle: Die Journalisten sollen selbst fahren und nebenbei den Daimler-Chef befragen. Keine gute Idee, wir lehnen dankend ab, wollen Källenius lieber vom sicheren und beheizten Beifahrersitz beobachten. Ihm scheint es recht.

Also steigt einer von uns zum Daimler-Chef ins Auto, wie der Fahrlehrer zum Prüfling, der andere folgt mit Sprecher Howe in einem zweiten EQS. Eine halbe Stunde lang lassen wir uns chauffieren, während einer Überlandfahrt rund um Untertürkheim. Die insgeheim erhofften Fehler bleiben aus, Källenius und sein Fahrzeug bestehen den Test. Stattdessen wird uns ein bisschen übel: Gleichzeitig Notizen machen, den Fahrer beobachten und kluge Fragen stellen, ist eine kleine Herausforderung. Noch dazu in einem ungewohnten Elektroauto, das fast geräuschlos dahingleitet und das Gefühl bestimmter Fahrgeschäfte auf dem Oktoberfest zurückholt, als Källenius uns bei der Auffahrt auf die Schnellstraße Richtung Esslingen einmal die Beschleunigungskraft der 500-PS-Limousine vorführt.

Källenius hatte schon schlechtere Tage. Ziemlich genau ein Jahr vorher hatten wir ihn zum Interview getroffen, ebenfalls in Untertürkheim. Da war er in der Defensive, die Zahlen waren schlecht, Källenius – so hieß es damals – stehe im Schatten seines in Stuttgart fast schon heiliggesprochenen Vorgängers Dieter Zetsche, der ursprünglich als Aufsichtsratschef zurückkehren und über sein Erbe wachen sollte.

Und in Sachen Elektromobilität war Daimler abgehängt, das erste Modell, ein SUV namens EQC, noch produziert auf einer Verbrenner-Plattform, wurde zum Ladenhüter.

Mit dem EQS, den Källenius im April 2021 nach unserer Runde schließlich wieder vor dem Daimler-Museum abstellt, glaubt Daimler bewiesen zu haben, dass die Erfinder des Automobils doch auch Elektroantrieb können. Tatsächlich könnte dieser Moment später mal als Wendepunkt gelten im Wettbewerb der deutschen Autohersteller gegen Tesla; in dem Kampf, den sie erstmal gar nicht annahmen, weil sie Musk unterschätzten, und in dem sie dann lange aussichtslos abgeschlagen schienen. Obwohl es zu Beginn seiner Zeit nicht so aussah, scheint Källenius zumindest eine ziemlich klare Vorstellung davon zu haben, wie die Antwort Daimlers auf Tesla aussehen soll: Mercedes soll zur klimafreundlichen Luxusmarke des digitalen Zeitalters aufpoliert werden. Und der EQS mit seinem 141 cm breiten Hyperscreen, dem aufgemotzten Infotainment-System MBUX, seinen mehr als 700 Kilometern Reichweite und dem Fahrassistenten soll zum Symbol dieses Anspruchs werden.

Daimler schafft es damit auf die dritte von fünf Entwicklungsstufen auf der Skala der selbstfahrenden Technologien: Neben Level-1-Funktionen, wie dem Tempomat und Level-2-Anwendungen, wie dem automatischen Einparken, verfügt der EQS über Level-3-Fähigkeiten: In bestimmten Fahrsituationen kann er vorübergehend selbstständig und ohne menschlichen Eingriff überholen, bremsen oder beschleunigen. Der Fahrer kann also zeitweise nicht nur die Füße vom Gas und die Hände vom Lenkrad nehmen, sondern sogar die Augen von der Fahrbahn abwenden. In der Branche werden die unterschiedlichen Automatisierungsstufen deshalb auch mit den Körperteilen veranschaulicht, die je nach Situation vom Roboter übernommen werden: »Feet off« (Level 1), »Hands off« (Level 2) und »Eyes off« (Level 3). Beim vollautomatisierten Fahren (Level 4) wird nicht einmal der Verstand des Fahrers mehr benötigt (»Mind off«), während das Roboterauto auf Level 5 in allen Situationen gänzlich ohne menschlichen Chauffeur, theoretisch sogar ohne Insassen auskommt. Als Källenius aus dem Auto steigt, lässt er beinahe sein wichtigstes Arbeitsgerät liegen. Sofort meldet sich die Bord-Software des EQS: »Sie haben Ihr Mobiltelefon vergessen.« Eilig fischt Källenius sein Mobiltelefon aus der Fahrerkabine – und strahlt triumphierend. »Das ist Mercedes!«

Teslas Attacke und Daimlers Selbstzufriedenheit

Wohl keinen anderen Wettbewerber traf der Angriff Teslas so unmittelbar und so schlecht vorbereitet wie Daimler. Das Model S trug schon im Namen die Ambition, zum neuen Maßstab für Premium-Fahrzeuge zu werden. Dabei war das doch nach Daimler-Verständnis stets Mercedes gewesen. Zwar hatte BMW von 2005 an mehr Autos verkauft als die Stuttgarter, und später zog selbst Audi zeitweise vorbei. Am Anspruch der Manager in Untertürkheim aber änderte das nichts. Und dann kam dieser Amerikaner mit seinen Mars-Besucher-Fantasien, anfangs gewaltigen Produktionsproblemen und horrenden Verlusten und schaffte es tatsächlich, seine Oberklassen-Limousine zum zeitweise meistverkauften Elektroauto der Welt zu machen.

Für die Stuttgarter war das umso ärgerlicher, weil Källenius' Vorgänger Dieter Zetsche zunächst durchaus den richtigen Riecher gehabt hatte. 2009, als andere noch über Musk spotteten, stieg er bei Tesla ein – und rettete das junge Start-up damit vor der drohenden Pleite. Knapp zehn Prozent der Anteile erwarb Daimler damals, zum Spottpreis von 50 Millionen Dollar. Doch schon 2014, nach Teslas Börsengang, stieß Zetsche die letzten Anteile ab. Damit erlöste er zwar 780 Millionen Dollar und steigerte seinen Einsatz damit um mehr als 1400 Prozent. Hätte Daimler aber noch sieben Jahre durchgehalten, wäre der Anteil auf einen Wert von 100 Milliarden Dollar gestiegen – vergleichbar mit dem des gesamten Daimler-Konzerns. Zum Vergleich: Für den US-Konkurrenten Chrysler hatte Daimler 1998 rund 36 Milliarden Dollar gezahlt und den Problemfall neun Jahre später praktisch an den Finanzinvestor Cerberus verschenkt – was einiges über das strategische Geschick der Daimler-Manager sagt, und ebenso viel darüber, wie dramatisch sich die Automobilindustrie in den vergangenen 25 Jahren gewandelt hat.

Bei Tesla verpasste Zetsche zudem die Chance, ausgiebig vom Know-how der Kalifornier zu profitieren. Er beließ es bei einem Gemeinschaftsprojekt, einer elektrischen Version des Kompaktvans B-Klasse, ausgestattet mit »Tesla inside«, wie Daimler stolz betonte. Die Akkuzellen, die Steuerung und die E-Maschine stammten aus dem Tesla Model S, das Daimler später mühsam bekämpfte. Danach fühlten sich die Stuttgarter ausreichend für den Technologiewandel gewappnet, um sich wieder vom kalifornischen Partner zu trennen. Für eine Elektrooffensive war die Zeit aus Zetsches Sicht jedoch noch nicht reif: Mit der E-Mobilität, erklärte Zetsche später der Belegschaft, verhalte es sich wie beim Umdrehen einer Ketchupflasche: »Man weiß, dass etwas kommt, aber nicht wann und wie viel.«

Das war in den Jahren 2015 und 2016. Viele hatten sich an eine neue Gemütlichkeit gewöhnt, die ihnen der anhaltende Verbrennerboom bescherte. Es war eine Zeit, zu der sich Daimler noch in den Erfolgen der Ära Zetsche sonnte, die deutsche Konkurrenz aus München und Ingolstadt gerade wieder hinter sich gelassen hatte und die Folgen der Dieselaffäre noch krass unterschätzte. Um die Selbstzufriedenheit zu verstehen, mit der Daimler in den späten Zetsche-Jahren die Tesla-Offensive abtat, muss man sich noch einmal deren Vorgeschichte vergegenwärtigen.

Der Mann mit dem Walross-Bart hatte Daimler schließlich aus einer Lage befreit, die der Belegschaft bis heute als weitaus bedrohlicher erscheinen dürfte als der Angriff von Tesla und der Wandel zur Elektromobilität. Als Zetsche Anfang 2006 den Job an der Daimler-Spitze von Jürgen Schrempp übernahm, lag dessen Welt AG in Trümmern. Die 1998 geschlossene Ehe mit Chrysler, einst als Traumhochzeit inszeniert, war längst zerrüttet und hatte Daimler viele Milliarden Verlust gekostet. Auch der Einstieg beim japanischen Autohersteller Mitsubishi hatte sich als Flop erwiesen, der Kleinstwagen Smart bereitete chronische Probleme und am Ende schrieb selbst die Kernmarke Mercedes rote Zahlen.

Zetsche stieß Chrysler ab, sanierte den Konzern und startete eine Modell-Offensive, die ab 2014 Früchte trug und in den Folgejahren Rekordgewinne bescherte. All das erklärt die Ehrerbietung, die Zetsche bis heute bei Daimler entgegengebracht wird und das Gefühl der Unantastbarkeit, das ihm gegenüber in Stuttgart in seinen späten Jahren vorherrschte. Fast vergessen war da, dass auch Zetsche ein paar Jahre zuvor noch in der Kritik gestanden hatte und um seine Vertragsverlängerung hatte fürchten müssen. Doch mit dem Erfolg sank die Disziplin im Konzern. Kritiker wie der Fondsmanager Bert Flossbach monierten, Produktion und Verwaltung hätten Fett angesetzt, Zetsche habe zum Ende seiner Amtszeit nicht mehr den Willen gehabt, sich mit Betriebsrat und IG Metall anzulegen, um das Unternehmen effizienter zu machen.

Zetsche trug zu dem Gefühl der Selbstzufriedenheit auch dadurch bei, dass er Daimlers Rolle in der Dieselaffäre herunterspielte. Noch Anfang 2016 behauptete der Daimler-Chef, sein Konzern habe – anders als Volkswagen – bei der Abgasreinigung nicht geschummelt. Die Staatsanwaltschaft Stuttgart hingegen sah zumindest eine Ordnungswidrigkeit als bewiesen an, Daimler überwies schließlich ein Bußgeld von 870 Millionen Euro, mehrere Mitarbeiter akzeptierten Strafbefehle über eine Haft auf Bewährung. In den USA zahlte der Konzern im Rahmen eines Vergleichs mit den Behörden mehr als zwei Milliarden Dollar, etliche Schadensersatzprozesse laufen noch immer.

Schwerer als der unmittelbare finanzielle Schaden wog jedoch etwas anderes: Daimler verkannte, dass der Skandal die Regeln für die ganze Branche verändert hatte und letztlich den Tod des Dieselantriebs bedeutete. Deshalb ging Zetsche die Elektrifizierung der Modellpalette, die er zwar noch eingeleitet hatte, letztlich zu zaghaft an, wodurch Daimler wertvolle Zeit verlor. Selbst Källenius bezeichnete nach seinem Wechsel an die Spitze die neuesten Dieselmotoren bei der Internationalen Automobilausstellung 2019 in Frankfurt noch als »bockstark« und sagte »eine längere Zukunft für den Diesel« voraus.

Kühler Analytiker löst Bühnenrocker ab

Die Erwartungen an Källenius sind enorm, als er bei der Hauptversammlung im Mai 2019 die Geschäfte von Zetsche übernimmt. Und in seinen ersten Monaten scheint es, als könne er diesen von allen Seiten an ihn herangetragenen Ansprüchen nicht gerecht werden. Der Schatten seines charismatischen Vorgängers scheint übergroß, geradezu verzagt wirkt da der Neue. Nach Zetsche, der sich als Dr. Z. inszenierte, Jeans und Sneakers zur Managergarderobe erhob und in den USA einmal auf der Bühne mit einer E-Gitarre auf eine Glasscheibe eindrosch, wirkt Källenius mit dem braven Konfirmanden-Haarschnitt, der randlosen Brille und seinem in Managerfloskeln verpackten Antrittsprogramm wie ein steifer Technokrat.

Von Beginn an begleitet ihn die Frage, ob er sich von seinem Mentor Zetsche emanzipieren kann, zumal es zu diesem

Zeitpunkt noch als ausgemacht gilt, dass Dr. Z. nach zwei Jahren Abkühlphase als Aufsichtsratschef zurückkehren wird, um sein Erbe zu überwachen.

Dass Källenius eine klassische Kaminkarriere hingelegt hat, trägt nicht gerade dazu bei, die Zweifel auszuräumen. Geboren in Västervik an der schwedischen Südküste und aufgewachsen in der Nähe von Stockholm, besucht er dort zunächst die School of Economics und durchläuft die Managerschmiede in St. Gallen, ehe er schon 1993 bei Daimler anfängt. Obwohl er kein Ingenieur ist, erwirbt er schnell Anerkennung. Vom Werk in Tuscaloosa, Alabama, über die Rennsportsparte in Großbritannien und die Tuningtochter AMG arbeitet sich Källenius Stück für Stück nach oben, bis Zetsche ihn 2015 schließlich in den Vorstand holt, zunächst als Vertriebschef, dann als Leiter der Konzernentwicklung. Durch spektakuläre Erfolge ist er bis dahin zwar nicht aufgefallen, er ist allerdings auch nicht der Typ, der viel Aufhebens um seine Arbeit macht. Mitarbeiter beschreiben ihn als guten Zuhörer und kühlen Analytiker. Grobe Fehler sind nicht überliefert. Als Vertriebsvorstand erarbeitet er sich den Respekt der Arbeitnehmer, als er 60 Daimler-Autohäuser verkauft und dabei frühzeitig die IG Metall mit einbindet, um gemeinsam einen Tarifsozialplan aufzusetzen. Spätestens nach seinem Wechsel ins Entwicklungsressort ist er als künftiger CEO gesetzt. Aber kann er der schwer reformbedürftigen Industrieikone seinen Stempel aufdrücken? Und was will der Mann überhaupt?

Noch ein halbes Jahr nach seinem Antritt scheint Källenius sich in einer aussichtslosen Lage zu befinden. Wie unter dem Brennglas zeigt sich das binnen weniger Tage im November 2019. Am 12. November, einem Dienstag, kündigt Tesla-Chef Elon Musk in Berlin den Bau einer Großfabrik in Grünheide für seine Elektroautos an, bis zu 10000 Arbeitsplätze sollen dort entstehen. Die Ankündigung löst in der

Autorepublik nichts weniger als Hysterie aus. Die einen sind beglückt, weil der neue Superstar der E-Mobilität auch den Standort Deutschland etwas heller strahlen lässt. Die anderen sind schockiert, weil sie darin den finalen Beweis sehen, dass die deutsche Autobranche dem Untergang geweiht ist. Die Reaktionen zeigen, wie stark die digitale Transformation das Land in eine Identitätskrise gestürzt hat. Und dann das: Keine 48 Stunden später verspricht Daimler-Chef Källenius Investoren und Analysten beim Kapitalmarkttag in London, mehr als 1,4 Milliarden Euro Kosten einzusparen. Er will in großem Stil Stellen abbauen, Investitionen zusammenstreichen, die Modellpalette ausdünnen. Zahlen zum Jobkahlschlag werden offiziell nicht genannt, aber schnell ist von mindestens 10000 Stellen die Rede. Eine bittere Parallele: Daimler streicht, was Tesla aufbaut.

Das Timing ist zwar reiner Zufall. Aber Musks lässig hingeworfene Ambitionen machen die Misere, in der Källenius mit Daimler steckt, umso deutlicher. In gewöhnlichen Zeiten hätte man seine Sparankündigungen vermutlich achselzuckend abgehakt als das, was ein neuer Konzernchef in den ersten Monaten eben so macht: Man verweist darauf, dass nicht alles Gold war, was der Vorgänger so glänzend verkauft hat, um dann aufzuräumen, Kosten zu senken und – wenn es klappt – später selbst umso strahlender dazustehen. Im Sommer hatte Källenius mehrere Gewinnwarnungen ausgesprochen, jetzt folgen die entsprechenden Blut-Schweiß-und-Tränen-Maßnahmen, um das Unternehmen wieder auf Kurs zu bringen.

Aber die Zeiten sind nicht normal, die Probleme bei Daimler gehen tief, und das in einem Moment, da Musk demonstriert, wie sehr Elektromobilität, autonomes Fahren und digitale Vernetzung die Autobranche verändern. Källenius steht aus gleich vier Richtungen massiv unter Druck. Da sind, erstens, die neuen Wettbewerber. Neben Tesla auch Waymo – der Google-Ableger und Spezialist für autonomes Fahren –

sowie chinesische Konkurrenten wie Geely, die weit mehr Elektroautos verkaufen als Daimler und, unterstützt von der Regierung in Peking, seit Jahren eine klare Strategie für die Transformation der Branche verfolgen.

Zweitens machen die Aktionäre Druck, an die sich Källenius mit seinem Sparprogramm in London vor allem wendet: Sie sehen, dass die Gewinnmargen sinken, der Aktienkurs seit Jahren bestenfalls stagniert und fürchten um die künftigen Dividenden. Tesla-Aktionäre hingegen sind mit Verlusten groß geworden, sie trösten sich damit, dass Tesla wächst, der Aktienkurs steigt und Gewinne schon irgendwann folgen werden. Was bald darauf auch geschieht. Bei Daimler aber haben Investoren eine andere Anspruchshaltung, sie wollen – Transformation hin oder her – kontinuierlich Gewinne und hohe Ausschüttungen. Beides ist jetzt stark gefährdet und eine echte Wachstumsperspektive zeigt Källenius im Herbst 2019 nicht auf. Seine Sparmaßnahmen reichen den Anlegern nicht aus, sie finden, er nehme zu viel Rücksicht auf Althergebrachtes.

Das führt zu der dritten Gruppe, die Källenius in dieser Zeit unter Druck setzt: die Arbeitnehmer, angeführt und vertreten durch den mächtigen Betriebsratschef Michael Brecht. Will Källenius die Aktionäre glücklich machen, müsste er womöglich mit dem Konsens brechen, auf den sich das Management, der Betriebsrat und die IG Metall geeinigt hatten: Letztere beide pochen darauf, dass Daimler sich an ein Beschäftigungsabkommen hält, das betriebsbedingte Kündigungen bis 2030 ausschließt. Nun aber fürchten Arbeitnehmer, dass Daimler die Produktion verlagern oder gleich ganze Werke schließen könnte, und diese Sorge ist nicht unbegründet. Denn nicht nur Tesla und Co. versuchen, den technologischen Umbruch zu nutzen, um den etablierten Herstellern Marktanteile abzuluchsen. Auch die großen Zulieferer ergreifen die Flucht nach vorne, das ist die vierte

Front, an der Källenius kämpft. Bosch, ZF oder Conti entgeht mittlerweile viel von dem Geschäft, das sie noch vor Kurzem mit Komponenten für den Verbrennungsmotor gemacht haben. Denn die modernen Batterieantriebe bestehen aus sehr viel weniger Teilen, der Kuchen, der an die Zulieferer zu verteilen ist, wird dadurch deutlich kleiner. Deshalb wollen die großen Lieferanten gleich den ganzen elektrischen Antriebstrang selbst entwickeln. Der Antrieb für Daimlers EQC etwa, das erste Strom-SUV des Konzerns, kommt zunächst komplett von ZF. Dem setzt sich der Betriebsrat entgegen und kämpft zu der Zeit dafür, das Herzstück des Autos auch noch im Elektrozeitalter in Untertürkheim bei Daimler zu bauen.

Es ist eine schwierige Gemengelage für den Konzern, mit zahlreichen Herausforderungen und diversen Interessenlagen, wegen derer Källenius im Winter 2019/2020 mit dem Rücken zur Wand steht.

Die Neuerfindung der Marke Mercedes

Anders als VW können die Premiumhersteller ihre einst hohen Margen nicht über hohe Stückzahlen retten. Da müssten sie schon fusionieren oder sich mit anderen Luxusanbietern zusammentun, doch es ist unwahrscheinlich, dass es dazu kommt. Daimler und BMW, die sich stets vor allem über Motor und Design definiert haben, müssen ihre Existenzberechtigung als Premiumhersteller daher neu unter Beweis stellen, sie müssen den Luxus über etwas anderes definieren als den Antrieb.

Zwar spricht Källenius schon damals davon, er wolle Mercedes als »Pionier für nachhaltigen modernen Luxus« positionieren. Aber das klingt nach kaum mehr als einer Worthülse, weil er kein strategisches Zielbild mitliefert, was das konkret bedeuten soll. Später einmal erklärt Källenius in kleiner Runde, er sei davon überzeugt, dass es immer ein Bedürfnis nach Luxus geben werde. Aber dieser werde gesellschaftlich auf Dauer nur noch akzeptiert werden, wenn er nachhaltig sei. Es ist der Versuch, das Markenversprechen von Mercedes den gesellschaftlichen Veränderungen anzupassen. Doch sein Optimismus wirkt aufgesetzt, Källenius hat zu diesem Zeitpunkt wenig vorzuweisen, um dieses Versprechen einzulösen. Bei Investoren jedenfalls verfängt Källenius' Botschaft zunächst nicht. Sie bezweifeln, dass Daimler die Milliarden aufbringen kann, die es braucht, um Modelle und Produktion auf elektrische Antriebe umzustellen und zugleich in autonomes Fahren und die Vernetzung der Fahrzeuge zu investieren.

An der Börse erreicht das Ansehen Daimlers zu der Zeit einen neuen Tiefpunkt. Der Kurs dümpelt auf niedrigem Niveau vor sich hin, das lädt zu Spekulationen ein. Im Februar 2018 war der chinesische Milliardär Li Shufu bei Daimler eingestiegen, fast zehn Prozent beträgt sein Anteil. Eine Beteiligung von fünf Prozent hält zudem der staatliche chinesische Autohersteller BAIC. Hartnäckig halten sich im Winter 2019/2020 Gerüchte, BAIC könne aufstocken, was auch tatsächlich passierte – zuletzt hielt der Staatskonzern rund zehn Prozent –, oder Li Shufu könnte versuchen, die Kontrolle über Daimler zu übernehmen. Da die Aktien des Konzerns bis auf ein 6,8-Prozent-Paket des Staatsfonds aus Kuwait breit gestreut sind, wäre der Konzern vergleichsweise einfach zu entern, heißt es an der Börse. Auch Hedgefonds könnten den Druck auf Daimler erhöhen, sich aufzuspalten, um so den Kurs in die Höhe zu treiben.

Als kurz darauf wegen der ersten Welle der Covid-19-Pandemie auch noch die Bänder stillstehen, scheint die Lage für Källenius so düster wie ein Winterabend in der schwedischen Tundra.

Rückblickend hat der Covid-Lockdown Källenius vielleicht sogar geholfen. Weil Absatz, Umsatz und Gewinn infolge der

Pandemie zurückgingen, ließen sich Sparmaßnahmen leichter durchsetzen, die Erwartungen der Investoren an eine schnelle Erholung waren gering, auch die neuen Wettbewerber wurden durch das Virus erst einmal ausgebremst.

Jedenfalls wendet sich das Blatt: Binnen eines Jahres befreit Källenius sich und den Konzern wie der Entfesselungskünstler Harry Houdini aus scheinbar aussichtsloser Lage. Die Autokonjunktur erholt sich schneller als erwartet, vor allem die Nachfrage aus China zieht den Absatz der deutschen Hersteller nach oben. Zugleich beginnen die Kostensenkungen zu wirken. Källenius hatte den Arbeitnehmervertretern Einsparungen von 1,4 Milliarden Euro bis zum Jahr 2022 abgerungen und zugleich den Betriebsfrieden dadurch gesichert, dass er Zusagen machte, wichtige Teile der Produktion und Entwicklung für das Elektrozeitalter in den deutschen Werken zu belassen. Eine weitere gute Nachricht: Das Jahresergebnis 2020 übertrifft die Erwartungen bei Weitem. Umso heller strahlt der Stern, weil die Diesel-Altlasten, die das Vorjahresergebnis verhagelt hatten, nun wegfallen.

Plötzlich hat Källenius Momentum. Im September 2020 hatte Dieter Zetsche angekündigt, wider Erwarten doch nicht als Aufsichtsratschef zu Daimler zurückzukehren. Källenius, der zumindest öffentlich nie ein schlechtes Wort über seinen Vorgänger verloren hat – »ich habe super mit Dieter Zetsche zusammengearbeitet«, sagt er dem SPIEGEL –, wirkt wie befreit.

Im Oktober zurrt der Vorstand die Eckpunkte der künftigen Strategie fest, verschärft den Sparkurs, kündigt an, die Modellpalette auszudünnen und kommt damit wesentlich besser an als mit seinen Ankündigungen ein Jahr zuvor. Zur Unterstützung heuert Källenius den Autoexperten Max Warburton vom Analysehaus Sanford Bernstein an. Der an der Wall Street gut vernetzte Analyst trägt dazu bei, die Strategie im Sinne des Kapitalmarkts weiter zu schärfen.

Fast schon vollkommen ist das Glück der Investoren, als der Daimler-Chef im Februar auch noch die von den Aktionären lange geforderte Aufspaltung des Konzerns ankündigt: Die Lkw-Sparte soll als eigenständige Gesellschaft mehrheitlich an die Börse gehen; der auf das Pkw-Geschäft konzentrierte Rest soll später in Mercedes Benz umbenannt werden. Die Markenikone aus Stuttgart, so die Hoffnung der Anteilseigner, wird sich dadurch wieder stärker auf ihr Kerngeschäft mit edlen Limousinen fokussieren können. Ende 2021 hat Daimler die Aufspaltung und den Truck-Börsengang vollzogen.

Auf Druck der Kapitalmärkte und der Politik hin hat sich Källenius mittlerweile auch für die Elektrifizierung der Autoflotte ambitioniertere Ziele gesetzt. Lange Zeit hatte Daimler erklärt, bis 2039 CO_2-neutral werden zu wollen. Im Juli 2021 kündigte der Vorstand an, man werde bis 2025 für jedes Modell auch eine rein elektrische Variante anbieten und bereits 2030 nur noch Elektroautos verkaufen – wenn die Kunden das denn verlangten.

Nach und nach wird nun klarer, wohin Källenius Mercedes führen will. Die Zukunft klingt allerdings weiterhin stark nach Vergangenheit, und daraus macht er auch keinen Hehl. Abgesänge auf die individuelle Mobilität hält er für verfrüht. »Vor sechs, sieben Jahren hieß es noch: ›Die Generation Y ist anders, die macht viel später den Führerschein, kauft keine Autos.‹ Jetzt ist die Generation Y fast Establishment, und ich bin schon beinahe Rentner«, sagt Källenius. »Und siehe da: Sie kaufen alle Autos!« Der Automarkt werde nicht nur weiterwachsen, es werde wegen des weltweit zunehmenden Wohlstands auch eine Verschiebung in Richtung des Luxussegments geben. Und die neuen Mobilitätsdienste, die zunehmend die Innenstädte erobern? Auch da würden die Mercedes-Fahrzeuge in Zukunft noch gebraucht, wiegelt Källenius ab. »Vor allem wenn du kleine Kinder hast, willst du die Kindersitze doch nicht von Uber zu Uber schleppen!«

Für Mercedes sei das eine große Chance. Källenius will keine neue Traumhochzeit mit anderen Herstellern, verheiraten will er vielmehr die Vergangenheit mit der Zukunft. Dazu passt die Umbenennung des Konzerns, der seit Anfang 2022 nicht mehr Daimler, sondern Mercedes-Benz Group heißt: Es ist eine Hommage an Carl Benz, der 1886 das Patent für seinen Motorwagen angemeldet hatte. Luxus, aber angepasst an die digitale Welt – Källenius' Lieblingsbild ist das »Smartphone auf Rädern«.

Neben Apple oder Tesla orientiert sich Källenius auch an Luxusgüterkonzernen wie LVMH, der mit Nobelmarken wie Louis Vuitton, Dior oder Hublot Spitzenrenditen erzielt. Genau wie der Hersteller edler Handtaschen, Parfums oder Uhren müsse auch Mercedes es wieder schaffen, sein Markenversprechen einzulösen, fordert Källenius. »Marge statt Masse«, lautet sein neuer interner Schlachtruf. Für Källenius bedeutet das: Statt mit immer neuen Modellen und Varianten in die Breite zu gehen, sollen Kernprodukte wie die S-Klasse technologisch veredelt werden.

Källenius' Vision vom Mercedes der Zukunft soll zu dieser Zeit vor allem ein Mann umsetzen: Sajjad Khan, geboren 1973 in Karatschi, Pakistan. Wahlschwabe, Softwareexperte und so etwas wie der digitale Shootingstar bei Daimler, seit er nach einem bis 2015 andauernden Intermezzo bei BMW wieder zurück ist. Khan ist Vorstandsmitglied der Mercedes Benz AG und zuständig für CASE. Dahinter verbirgt sich so ziemlich alles, was die Transformation der Branche ausmacht: die Vernetzung (Mercedes nennt es: »Connected«), das autonome Fahren (Autonomous), neue Mobilitätsdienste (Shared & Services) und die Elektrifizierung des Antriebs (Electric).

Khan hat das Temperament zum Welterklärer, das Källenius fehlt. Als wir ihn im Herbst 2019 das erste Mal zum ausführlichen Gespräch treffen, erläutert er uns nicht nur, wie Daimler die Transformation hinbekommen will, sondern auch gleich, was der Wandel der Autobranche für die ganze Gesellschaft bedeutet. Sie werde »auch die Menschen in Deutschland betreffen, die nicht in der Autobranche arbeiten, Erwachsene, Kinder, alle«. Laufe es gut, werde es mehr Wachstum, mehr Arbeitsplätze, mehr Steuereinnahmen, bessere Verkehrssysteme und mehr Sicherheit geben. »Wenn wir den Umbau aber nicht hinbekommen, wird das Gegenteil der Fall sein und es wird eine große Verunsicherung in der Bevölkerung geben.«

Khan, der in seinem Redefluss zwischen Deutsch und Englisch hin und her springt, spricht von einem Wake-up-Call, einem Weckruf. »Wir sind nicht alleine auf diesem Planeten, andere Länder arbeiten sehr hart, wir müssen uns grundlegend verändern. Als Individuen, als Abteilung, als Firma, als Land.« Er habe großes Mitgefühl für die Nation, aus der seine Frau und seine Kinder kämen, sagt Khan, und beruft sich auf Adenauer, der das Land nach dem Krieg wieder aufgerichtet habe. Eine ebensolche Kraftanstrengung brauche es auch jetzt, um Deutschlands Schlüsselbranche wieder ganz nach vorne zu bringen.

Das ist eine Menge Pathos, sagt aber wohl auch einiges darüber aus, wie dramatisch die Lage bei Daimler zu dieser Zeit ist. 20 Monate später, im Juli 2021 treffen wir Khan wieder und fragen ihn, ob Daimler nun aufgewacht sei. »Ich würde sagen, wir waren 2018/19 am Aufwachen, jetzt sind wir hellwach«, antwortet der Manager. Wir wollen darüber sprechen, wie Daimler die Worthülse vom »nachhaltigen und digitalen Premiumanbieter« mit Leben füllen will und welche Rolle das autonome Fahren dabei spielt.

Wir sind mit einem nicht autonomen Audi von München nach Immendingen gefahren. Bei Weltuntergangswetter am Bodensee entlang, als Teil einer Blechlawine, von Umleitungen heruntergebremst, den Individualverkehr verfluchend und bessere Bahnverbindungen herbeisehnend. In Immendingen bei Tuttlingen, 130 Kilometer südlich von Stuttgart, hat Daimler auf einem ehemaligen Militärgelände für 200 Millionen Euro ein Prüf-, Test- und Technologiezentrum errichtet. Mehr als 50 Kilometer Straße winden sich hier auf einer Fläche von 520 Hektar, von oben sieht das aus wie ein in die Landschaft gekippter Teller Spaghetti. Lange ebene Geraden wechseln sich ab mit scharfen Kurven und starken Steigungen, die die Hügellandschaft der Schwäbischen Alb nachbilden. Es gibt die »Schlechtwegringstraße«, den »Albdauerlaufkurs«, die »Bremsmessstrecke« oder den »Stadtdauerlauf«; es gibt unterschiedliche Straßenbeläge, Steilkurven, große Flächen und eine Seitenwindanlage, um die verschiedensten Fahrsituationen simulieren zu können.

Wir aber werden von einem Daimler-Mitarbeiter zur »Bertha-Fläche« gefahren. Der Name erinnert an die erste Fernfahrt in einem Automobil, welche die Pionierin Bertha Benz 1888 von Mannheim nach Pforzheim unternahm. Wenn man so will, die erste Testfahrt. Neben dem historischen Rückbezug steckt im Namen jedoch eine klare und sehr gegenwärtige Kampfansage gegen Tesla: Bertha steht für »Bereich zum Erproben und Testen von und mit hochautomatisierten Fahrzeugen«. Nun ja.

Hier wollen Khans Leute uns den »Drive Pilot« vorführen, den Fahrassistenten, der es Mercedes-Besitzern erlaubt, dem Auto unter bestimmten Bedingungen das Fahren selbst zu überlassen. Seit Ende Juli ist in Deutschland das Fahren mit »bedingter Automatisierung« erlaubt, dem sogenannten Level 3 auf der fünfstufigen Skala für autonomes Fahren. Im Herbst hat Mercedes für den EQS eine Lizenz erhalten, den Drive Pilot zu benutzen. Der Mensch darf der Maschine aber nach dem deutschen Gesetz nur unter eng eingegrenzten Voraussetzungen die Arbeit überlassen und dabei nicht nur die Hände vom Steuer, sondern auch die Augen von der Straße nehmen. Erlaubt ist der Einsatz lediglich auf Autobahnen, wenn der Verkehr mit höchstens 60 km/h dahinfließt und der Wagen nicht die Spur wechselt. Also erst mal nur im Stau oder zähfließenden Verkehr. Bis Level 4, dem vollautomatisierten Fahren auch auf längeren Strecken, ist es noch ein weiter Weg – ganz zu schweigen vom autonomen Fahren, Level 5, das auch gänzlich ohne menschliche Insassen möglich sein soll.

Immerhin ist Deutschland bis dahin das einzige Land weltweit, das Level-3-Systeme für den Regelbetrieb freigibt, in den USA gibt es lediglich auf Ebene der Bundesstaaten weitergehende Erlaubnisse. Auch die neue Bundesregierung unter Kanzler Scholz verspricht im Koalitionsvertrag, zum »Innovationsstandort für autonomes Fahren« weiterentwickeln zu wollen.

Daimler hat sich in Berlin massiv dafür eingesetzt, früh die gesetzlichen Voraussetzungen für das autonome Fahren im normalen Straßenverkehr zu schaffen. Wie sich Fahrverhalten und Verkehr dadurch verändern, will der Konzern uns demonstrieren. Nach einer kurzen Einführung unter dem Regenschirm geht es los.

Der Roboter übernimmt das Mercedes-Steuer

Wie ein paar Monate zuvor bei Källenius, nehmen wir auf dem Beifahrersitz des EQS Platz. Nach wenigen Metern schon stehen wir wie zuvor am Bodensee im Stau, diesmal gewollt und simuliert durch ein vorausfahrendes Auto. Eine weiße Leuchte signalisiert uns, dass der Drive Pilot einsatzbereit ist, der Daimler-Mitarbeiter drückt das ins Lenkrad eingelassene »A« für autonomes Fahren, der EQS positioniert sich noch einmal richtig, stellt den korrekten Abstand her und bildet sogar eigenständig brav die Rettungsgasse. Die Signalleuchte springt auf Grün und der Fahrer legt die Hände in den Schoß. Eine Kamera im Innenraum überwacht, dass er nicht einschläft und jederzeit eingreifen kann. Wir könnten jetzt zusammen auf dem Hyperscreen einen Film schauen oder fingerhakeln, während der EQS ein Pannenfahrzeug umkurvt. Während wir Daimlers System zum autonomen Fahren bewundern, laufen gegen den Konkurrenten Tesla in den USA zu der Zeit bereits Ermittlungen, weil Fahrzeuge mit dem Fahrassistenten »Autopilot« auffällig oft Krankenwagen und Feuerwehrautos rammten. Mit dem »Drive Pilot« von Daimler, glaubt unser Fahrer, wäre das nicht passiert.

Aber kaum haben wir uns daran gewöhnt, vom Roboter gefahren zu werden, da ertönt auch schon ein glockenspielähnliches Geräusch, der Schalter am Lenkrad blinkt und das Display des Hyperscreen schaltet sich aus. Unser Fahrer muss wieder eingreifen – der Regen. Immerhin hat das Auto uns gewarnt.

Bei starkem Regen sind die vielen Augen, die die Daimler-Ingenieure dem EQS eingepflanzt haben, nicht scharf genug, um absolute Sicherheit zu gewährleisten. Mehr als ein Dutzend Sensoren sind in und am Fahrzeug an unterschiedlichen Stellen untergebracht, Kameras, Radarsensoren und Lidarsensoren. Die Kameras filmen, der Radar sendet elektromagnetische Wellen aus und der Lidar misst mit Laserimpulsen und hoher Präzision Entfernungen, etwa zum vorausfahrenden Auto. Alle Systeme tasten so die Umgebung ab, die Informationen werden in der Steuerungssoftware des Fahrzeugs verarbeitet und in die hoffentlich richtigen Handlungen umgesetzt. Aber noch kann ein normaler Wolkenbruch den Fahrautomaten außer Kraft setzen. Wir erfahren »live«, wie weit der Weg zum völlig selbstständig fahrenden Auto, dem Level 5, noch ist.

Auch deshalb ist in der Branche umstritten, ob der prognostizierte Triumphzug der Roboterautos nicht viel weiter in der Zukunft liegt als gedacht. Die Unternehmensberatung McKinsey rechnet damit, dass selbst 2030 weltweit nur zwei von 100 Autos autonom fahren. Ob der ganze Aufwand, die Entwicklung, die Milliarden verschlingt, sich überhaupt und vor allem für jeden einzelnen Hersteller lohnt?

Ein paar Wochen vor unserem Besuch in Immendingen hat ein deutsches Medium geschrieben, Daimler fahre seine Ambitionen und sein Budget für das selbstfahrende Auto zurück. »No way«, sagt Khan. Der drahtige Mann – schwarze Haare, Jeans, hellblaues Hemd – sitzt im Testzentrum auf einem Barhocker und sieht uns durch die schwarz geränderte Brille durchdringend an. »Wir arbeiten weiter daran, Level 4 und Level 5 zu erreichen. Und wir sind zuversichtlich, dass wir das Feld anführen können.« Zwar seien die 60 km/h eine gesetzliche Vorgabe, die Entwicklung sei bei dieser Geschwindigkeit allerdings nicht abgeschlossen, an höheren Geschwindigkeiten werde bereits gearbeitet.

Ob Mercedes es nun langsamer angehen lässt oder nicht, ist schwer zu beurteilen, aber anders als bisher gehen die Stuttgarter es mittlerweile schon an. Grundsätzlich gibt es zwei Denkschulen zum Thema autonomes Fahren: Die eine Schule sagt, man müsse Level 2 und 3 sowie die Schritte dazwischen eigenständig entwickeln. Level 4 und 5 aber müsse man ganz anders lösen und getrennt davon betrachten, allein schon, weil dafür die Hardware anders konzipiert sein müsse, allem voran wegen der Hitzeentwicklung durch Chips und Sensoren. Die dem entgegenstehende Schule aber argumentiert, man müsse einen schrittweisen Ansatz wählen und so von Level 3 fließend zu Level 4, auf dem der Fahrer sich nicht mehr ständig fahrbereit halten muss, und schließlich zum vollautonomen Fahren, also Level 5, kommen, auf dem der Fahrer nur noch Passagier ist. Bis zum Erreichen von Level 3 ging Mercedes nach dem ersten Prinzip vor, ein Team kümmerte sich um das automatisierte Fahren, ein anderes um das autonome. Von nun an aber sollen alle in einem Team an dem schrittweisen Ansatz arbeiten, also letztlich den »Drive Pilot« evolutionär weiterentwickeln. Ein Grund dafür ist, dass sich die Sensor- und Chiptechnologie in den vergangenen Jahren weiterentwickelt hat und deshalb beispielsweise das Kühlsystem nicht völlig anders angelegt werden muss, um Level 4 umzusetzen.

Als Kapitulation will Khan das nicht sehen, die komplette Entwicklung bis zum Level 5 sei vom Vorstand abgesegnet und in dem Betriebssystem MB.OS angelegt. Die erlaubte Geschwindigkeit wird Schritt für Schritt hoch gehen, davon ist er überzeugt, die Art und Zahl der Straßen, auf denen automatisiert gefahren werden kann, wird wachsen. Unter bestimmten Voraussetzungen könne Daimler Level 4 in den nächsten fünf Jahren erreichen, glaubt Khan.

Tatsächlich hat der Konzern durchaus Erfolge vorzuweisen. Im Parkhaus des Daimler-Museums in Stuttgart können Fahrzeughalter ihr Auto beispielsweise per Smartphone in die Parklücke schicken und unterdessen ihrer Wege gehen. Die Infrastruktur im Parkhaus für das sogenannte »Valet Parking« kommt von Bosch, die Fahrzeugtechnik von Mercedes. Wenn man so will, eine der ersten Level-4-Anwendungen weltweit.

Wie der Wettlauf mit den Amerikanern und Chinesen beim autonomen Fahren ausgeht, ist bislang völlig offen. Zwar gilt Waymo nach wie vor als führend bei der Entwicklung, den wirtschaftlichen Durchbruch aber hat auch die Google-Schwester bislang noch nicht geschafft. Die ursprüngliche Strategie der Kalifornier, wie die Deutschen ein eigenes Assistenzsystem zu entwickeln, hat das Start-up mittlerweile verworfen: Man habe beobachtet, dass der menschliche Fahrer sich zu sehr auf die Assistenz verlasse, statt im Ernstfall einzugreifen. Deshalb sei es sicherer, gleich ganz auf Level 4 zu setzen. Unterschiedliche Ansätze gibt es nicht nur bei der Entwicklung, die Hersteller zielen beim autonomen Fahren auch auf völlig unterschiedliche Geschäftsmodelle ab. Die einen wollen letztlich Robotertaxis anbieten, die in Flotten vor allem in den Metropolen Chinas und anderswo in der Welt eingesetzt werden könnten. So fahren in Peking autonome Taxis des chinesischen Staatskonzerns BAIC schon seit dem Frühsommer 2021 mit Software von Baidu, dem chinesischen Google-Pendant. Auch die Techgiganten Alibaba (mit AutoX) und Tencent (mit Geely) arbeiten an Systemen für das autonome Fahren. Wie schwierig es ist, Robotaxis auch abseits klar abgegrenzter Spuren auf die Straße zu bringen, zeigt jedoch das Beispiel Uber. Der Mitfahrdienst hatte lange große Ambitionen, musste dann aber Ende 2020 seine Tochter Advanced Technologies Group an die Firma Aurora verkaufen. Zwar ist Uber an Aurora beteiligt und forscht weiter mit. Die Hoffnung, Uber-Fahrer mit autonomen Shuttles bald überflüssig zu machen, dürfte sich jedoch so schnell nicht erfüllen.

Ganz andere Ziele verfolgt hingegen Daimler mit dem autonomen Fahren. »Austauschbare Robotertaxis wollen wir nicht anbieten«, sagt Khan. Man will den Autobesitz ja gerade nicht überflüssig machen. Vielmehr sind selbstfahrende Autos für die Stuttgarter Teil ihrer Luxusstrategie. Aber ist es nicht ein Widerspruch, dass ein Konzern, der auf das individuelle Fahrerlebnis setzt, dem Fahrer das Lenkrad aus der Hand nehmen will? Geht da nicht die Freude am Fahren verloren?

Bei Daimler zumindest sehen sie das nicht so. Die gewonnene Zeit selbst sei ja ein Luxusgut für betuchte Kunden, und das automatisierte oder gar autonome Fahren gebe ihnen ebendiese, um sich anstelle des aktiven Fahrens anderen Dingen zuzuwenden. Pendler zwischen Berlin und München etwa könnten nach einer harten Woche schlicht auf den entsprechenden Knopf drücken und sich kutschieren lassen. Wer sonst einen Chauffeur beschäftige, könnte sich eines Tages in sein selbstfahrendes Auto setzen. Kein potenzieller Daimler-Kunde werde deswegen auf ein eigenes Auto verzichten, im Gegenteil. Denkbar sei auch, dass man Level 4 temporär hinzubuchen könne, heißt es im Konzern, auch Abo-Lösungen für das autonome Fahren seien denkbar.

Ziel der gesamten Premiumstrategie bei Daimler ist es letztlich, den Umsatz und Gewinn pro Fahrzeug zu erhöhen, langfristig mag dazu auch ein Abo für den Roboterchauffeur beitragen. Doch der Weg dahin ist noch weit, die technischen Herausforderungen groß. Zum Beispiel müssten Over-the-air-Updates vom Zentralcomputer aus reibungslos funktionieren. Doch die technologischen Möglichkeiten ändern sich ständig. Beispielsweise galten lange Zeit die im Realbetrieb gefahrenen Kilometer und gesammelten Daten als wichtigste Währung für die Entwicklung des autonomen Fahrens, weshalb Waymo mit seinem stattlichen Datenkonvolut unangefochten vorne lag. »Mittlerweile dürfte der Einsatz künstlicher Intelligenz und maschinellen Lernens den größten Einfluss darauf haben, wer am schnellsten den Sprung auf Level 4 und 5 schafft«, ist Khan überzeugt. Das aber ist bisher nicht gerade die Kernkompetenz der Autohersteller, sondern vielmehr die angestammte Domäne der Techgiganten von Google bis Tencent.

IT-Offensive in Sindelfingen, Seattle und Sunnyvale

Der Daimler-Manager lenkt damit den Blick auf die wohl größte Herausforderung für die Autohersteller: Werden sie in der Lage sein, selbst die Hoheit über die Software zu behalten, die ihre Autos steuert, die Daten sammelt, verarbeitet und in Zusatzdienste ummünzt? Werden sie selbst das Betriebssystem für ihre Fahrzeuge entwickeln, das Gehirn des Computers auf Rädern? Daimler, BMW und auch VW beantworten diese Fragen mit einem klaren Ja – und gehen damit eine teure und riskante Wette ein.

Der Handlungsdruck ist einerseits groß, das zeigen Analysen des Wirtschaftsprofessors Stefan Bratzel, Direktor des Center of Automotive Management (CAM). Danach werden die Autohersteller in den kommenden zehn Jahren 20 bis 25 Prozent ihrer Umsätze und 30 bis 40 Prozent ihrer Gewinne mit Software und digitalen Dienstleistungen erwirtschaften. Die Analysten der Schweizer Großbank UBS gehen noch weiter. Sie schätzen, dass die Autobranche im Jahr 2030 weltweit rund zwei Billionen Dollar mit Software erwirtschaften wird, etwa genauso viel wie mit dem Verkauf von Elektroautos und Verbrennern zusammen. Die klassischen Autokonzerne liefen aber Gefahr, einen Großteil dieser Umsätze an neue Wettbewerber aus der Techwelt zu verlieren, warnen die Analysten.

Andererseits ist es für die Blechbieger extrem aufwendig, sich in Software- und IT-Spezialisten zu verwandeln, um nicht zu reinen Hardware-Lieferanten für die Technologie-Riesen zu werden. Wer glaubt, ein Autobauer könne binnen weniger Jahre die gleiche Softwarequalität ins Auto bringen wie Google, muss nur einmal ein beliebiges Autonavigationssystem mit Google Maps vergleichen: Während es mit dem integrierten Navi passieren kann, dass man auf der empfohlenen Strecke plötzlich in einem unangekündigten Stau steckt, liefert das Smartphone stets Livedaten zur aktuellen Verkehrslage in hoher Auflösung.

Was für ein Kraftakt es ist, den Rückstand bei der Software aufzuholen, darüber macht sich auch Khan keine Illusionen. Mercedes will aufbauen auf das, was das Unternehmen mit dem Infotainment-Programm MBUX geschafft hat, es gilt als eines der besten im Markt. Im Oktober 2020 habe Daimler daher beschlossen, das Betriebssystems MB.OS (Mercedes Benz Operating System) selbst zu programmieren. 2024 sollen die ersten Modelle mit MB.OS an den Start gehen. »Jetzt mag einem das so unmöglich erscheinen, wie der Aufstieg auf den Mount Everest, wenn man aus dem Basislager zum Gipfel hochblickt, das habe ich meinen Mitarbeitern gesagt«, so Khan. Aber es sei zu schaffen, »wenn wir hart arbeiten«.

3000 Softwareentwickler will Daimler dafür einstellen, in Seattle, Sunnyvale, Tel Aviv, Peking, Berlin und Bangalore, wo Daimler Softwarehubs betreibt – allein ein Drittel aber in Sindelfingen. »Es ist uns wichtig, auch Sindelfingen als deutschen Standort bei der Softwareentwicklung ganz nach vorne zu bringen.« Eine Art Mini-SAP innerhalb des Daimler-Konzerns. Obwohl neben den Autokonzernen auch etliche andere Branchen und nicht zuletzt die schwerreichen amerikanischen Techkonzerne um die besten Entwickler konkurrieren, gibt Khan sich bei unserem Gespräch zuversichtlich, dass er die richtigen Leute bekommt. Die Strahlkraft von Mercedes sei so groß, dass man selbst in Sunnyvale, mitten im Silicon Valley, nur eine Fluktuation von zehn Prozent habe.

Ja, aufgewacht sind sie bei Daimler. Aber wie schwierig und voller Widersprüche der Aufbruch der deutschen Hersteller in die Zukunft der Autobranche ist, dafür steht ausgerechnet Khan selbst. So enthusiastisch er seine Vision von der Digitalisierung vorantrieb, so groß waren die internen Widerstände – im Herbst 2021 ist der Techguru Khan bei Mercedes schon wieder Geschichte, er hat das Unternehmen verlassen. Insider sagen, es habe Streit über Budget und Ausrichtung der Softwarestrategie gegeben, vor allem mit Entwicklungsvorstand Markus Schäfer gab es wohl immer wieder Konflikte. Der ehrgeizige Khan soll in den Konzernvorstand gedrängt haben, kam aber an Schäfer nicht vorbei. Denn der hatte offenbar andere Vorstellungen davon, wie es strategisch weitergehen soll. Kaum war Khan weg, kündigte Schäfer intern an, die CASE-Organisation werde aufgelöst. Für das E, also die Elektrifizierung, ist der Entwicklungsvorstand künftig allein selbst zuständig, um das S für Software und damit die Entwicklung des Betriebssystems MB.OS soll sich ein neuer Chief Software Officer kümmern, der Schwede Magnus Östberg. Die Themen autonomes Fahren (A) und Vernetzung (Connectivity, C) werden anderswo angedockt.

Nach außen verkaufte Daimler die Geschichte positiv, strategisch habe sich kaum etwas geändert. Khan habe sich als Technologieinvestor selbstständig machen wollen, man werde ihn dabei unterstützen und sich an seinem Fonds beteiligen. Mag sein, dass der Techexperte die in ihn gesetzten Erwartungen einfach nicht erfüllt hat. Womöglich aber fehlten Khan in dem Konzern auch schlicht die Freiheit, die er aus seiner Sicht gebraucht hätte. Jedenfalls ist sein Abgang ein Indiz dafür, wie schwer es Querköpfe und Innovatoren in Konzernen mit ihren über Jahrzehnte gewachsenen Strukturen und Gewohnheiten haben. Und wie schwer es Konzernen wie Daimler fällt, Zukunftsthemen wie Software oder Mobilitätsdienste aus eigener Kraft zu entwickeln.

Eine große Chance für Daimler liegt derweil in der Zusammenarbeit mit dem von Ex-Chef Zetsche ungeliebten chinesischen Großaktionär Li Shufu. Geely wickelt für Daimler künftig das Altgeschäft mit den Verbrennungsmotoren ab, die zunehmend in China produziert werden, bietet aber auch Einstiegsmöglichkeiten in Zukunftssegmente wie Mobilitätsdienste: Daimler und Geely betreiben in China den gemeinsamen Luxusfahrdienst StarRides. Auch die Kleinwagen-Tochter Smart hat Daimler den Chinesen überlassen, die daraus jetzt eine reine Elektromarke machen. Weitere gemeinsame Projekte könnten folgen, vor allem Li Shufu hätte daran großes Interesse. Ein- bis zweimal im Quartal tauscht Källenius sich mit ihm aus, die Chemie zwischen den beiden soll besser sein als die zwischen Zetsche und dem Geely-Chef. Angesichts der großen Bedeutung, die der chinesische Automarkt auf absehbare Zeit haben wird, könnte es sich für

Daimler und Källenius noch als großer Vorteil erweisen, mit Geely und BAIC gleich zwei chinesische Hersteller als Partner zu haben.

Allerdings hat das Zusammengehen mit den Chinesen auch Schattenseiten, nicht nur wegen der Menschenrechtsverletzungen im Reich der Mitte. Je näher Daimler mit Geely oder BAIC zusammenrückt, desto größer ist die Gefahr, mit amerikanischen Partnern oder Kunden in Konflikte zu geraten. Spätestens wenn Källenius dem Drängen Li Shufus auf eine Kooperation bei der Software oder gar dem Betriebssystem nachgäbe, könnte Daimler zwischen die geopolitischen Fronten der beiden Weltmächte geraten. Wenn Autos zu Datenträgern werden, wie es Smartphones heute schon sind, dann drohen dort ähnliche Konflikte zwischen den USA und China wie um den Netzwerkausrüster Huawei oder die Video-App TikTok.

Womöglich müssen am Ende doch Daimler und die deutschen Konkurrenten aufeinander zugehen und Allianzen gegen die neuen Wettbewerber aus China und dem Silicon Valley bilden. Doch damit tun sich die deutschen Rivalen naturgemäß schwer. Auf einem weiteren Geschäftsfeld der Zukunft, den Mobilitätsdiensten, haben Daimler und BMW ihr Joint Venture gerade erst eingedampft, beide scheinen den Bereich derzeit nicht zum Kerngeschäft zu zählen. Das klingt vertraut – und ist womöglich der nächste strategische Fehler, den man einst mit viel Geld korrigieren muss.

BMWs Sonderweg in die Zukunft der Mobilität

Mia san mia

Oliver Zipse, Anführer von 120000 BMW-Mitarbeitern, verantwortlich für jährlich rund 100 Milliarden Euro Umsatz und in guten Jahren mehr als fünf Milliarden Euro Gewinn, behauptet: Es gibt überhaupt keine Revolution in der Autobranche.

So jedenfalls könnte man auf den Punkt bringen, was Zipse uns an einem Nachmittag im Herbst 2021 in einem Besprechungsraum des »Vierzylinders« erklärt. Die Konzernzentrale mit der charakteristischen Form, die an einen Motorblock erinnern soll, wurde zur gleichen Zeit fertiggestellt wie das Olympiagelände, und ähnlich wie das Stadionzeltdach wurde der Vierzylinder zu einem frühen Symbol der Mia-san-mia-Metropole. Lass die anderen Glitzertürme bauen, wir machen unser eigenes Ding. Diese Haltung zelebriert auch BMW. Und allen voran der Boss.

Kerzengerade sitzt Zipse da, durchtrainiert, akkurat gescheitelt, klassisch in dunklen Anzug und weißes Hemd gewandet, formvollendet im Umgang. Während andere Automanager sich mittlerweile gerne in Sneakers und Jeans zeigen, bevorzugt der BMW-Chef den klassischen Dresscode. Und natürlich spricht auch Zipse von dem großen Umbruch, in dem seine Branche stecke, aber der Alarmismus eines Herbert Diess scheint ihm zuwider, lieber demonstriert der Mann aus Bensheim mit südhessischem Zungenschlag eine gewisse Überlegenheit und Unaufgeregtheit.

Das Elektrozeitalter sei doch längst da, lässt er uns wissen; die neuen Mobilitätsdienste seien beileibe keine Disruption, keine Neuerungen, die Althergebrachtes hinwegfegten; das autonome Fahren tauge bis ins nächste Jahrzehnt nicht als Geschäftsmodell,und die immer leistungsfähigere Software biete zwar viele neue Möglichkeiten – aber dabei mache BMW außer vielleicht Tesla nun wirklich niemand etwas vor. Ist der radikale Umbruch der Branche also nur eine Erfindung der Medien und geht für BMW die Fahrt als erfolgsverwöhnter Premiumhersteller einfach weiter geradeaus, wie die Autobahn zwischen München und Nürnberg?

Wer an der Spitze der Bayerischen Motorenwerke steht, ist per Definition eher kein Revolutionär. Das 1916 zunächst für die Produktion von Flugmaschinen gegründete Unternehmen, seit Jahrzehnten kontrolliert von der Milliardärsfamilie Quandt, ist unter den deutschen Autoherstellern wohl das konservativste. Dem Zeitgeist mochte sich BMW noch nie unterwerfen. Im Laufe der Jahre hat der Konzern eine Kultur entwickelt, die weder mit Daimler noch mit VW vergleichbar ist. Der Stuttgarter Erzrivale hatte nie einen so starken Ankeraktionär wie BMW mit den Quandts, weshalb dort die Launen des Kapitalmarkts regelmäßig stärker auf die Unternehmensführung durchschlugen. Das wundersame Wolfsburger VW-Gebilde wiederum, in dem die Familien Porsche und Piëch, das Land Niedersachsen und die mächtigen Arbeitnehmervertreter ein Bermudadreieck der Macht bilden, ist ohnehin ein Unikat: Häufige Machtkämpfe, auch unter den zehn zugehörigen Marken, scheinen den Konzern bisweilen zu lähmen. Sie treiben ihn aber auch voran, weil jeder im Konzern den anderen übertrumpfen will: Plant Audi ein futuristisches Elektroauto, startet Volkswagen kurz darauf ein eigenes, mindestens genauso ehrgeiziges Projekt.

Die BMW-Eigentümerfamilie Quandt jedenfalls hat ihre Rolle immer anders ausgefüllt als die Porsches und Piëchs. Dass die Geschwister Susanne Klatten und Stefan Quandt ihre Macht einmal derart auf offener Bühne ausleben, wie es einst Ferdinand Piëch über viele Jahre als Vorstands- und Aufsichtsratschef tat – unvorstellbar.

Die Quandts grätschen nicht gleich dazwischen, wenn es mal nicht so läuft. Sie moderieren eher dezent, überlassen die eigentliche Kontrolle dem jeweiligen Aufsichtsratschef. Lange war das Joachim Milberg, den sie Autoprofessor nennen und bei dem eine ganze Generation BMW-Managernachwuchs studierte. Heute genießt Norbert Reithofer das Vertrauen der Quandts, der vom Vorstandschefposten direkt an die Aufsichtsratsspitze rückte. Solche Kontinuität mögen sie bei BMW.

Nur wenn die Eigentümer die Existenz oder die Identität ihres Unternehmens in Gefahr sehen, trennen sie sich ausnahmsweise von Managern. Wie 1999, als die Verluste der britischen Tochter Rover den gesamten BMW-Konzern in den Abgrund zu reißen drohten und Bernd Pischetsrieder gehen musste. Oder eben 2019, als BMW sich unter Zipses zauderndem Vorgänger Harald Krüger auf der Suche nach einer neuen Strategie zu verlieren schien.

Ihre eigentliche Aufgabe aber sehen die Quandts von jeher vor allem darin, BMW die Unabhängigkeit zu sichern und für Stabilität im Management zu sorgen. Das hat mit einer Art verspätetem Gründungsmythos zu tun, der 1959 entstand: Die Bayerischen Motorenwerke steckten in einer tiefen Krise, der Rivale Daimler wollte die Firma gar übernehmen und sanieren, BMW drohte die Eigenständigkeit zu verlieren. Bei beiden Unternehmen hatte die Deutsche Bank damals als Anteilseigner großen Einfluss, bei beiden lenkte sie Vorstand und Aufsichtsrat, ein Verkauf von BMW schien nur noch Formsache.

Auf einer dramatischen Hauptversammlung am 9. Dezember 1959 gelang es jedoch einer Allianz aus Betriebsrat und Kleinaktionären, den von den Frankfurter Bankern flankierten Angriff aus Stuttgart abzuwehren, indem sie erfolgreich die tatsächlich fehlerhafte Bilanz anfochten. Den Bad Homburger Industriellen Herbert Quandt – bis dahin nur mit einem kleinen Aktienpaket an BMW beteiligt – beeindruckte die Entschlossenheit der Arbeitnehmervertreter so sehr, dass er kurz darauf das notwendige Kapital bereitstellte, um einen Neustart des Unternehmens zu finanzieren. Seitdem kontrollieren die Quandts faktisch die Geschicke von BMW, auch wenn die Erben Susanne Klatten und Stefan Quandt nur knapp 47 Prozent der Aktien besitzen.

Das Verhältnis zum Betriebsrat ist bis heute von gegenseitigem Respekt geprägt, was die Münchner vor offenen Machtkämpfen à la Volkswagen bewahrt. Die Arbeitnehmer – seit mehr als drei Jahrzehnten angeführt von Betriebsratschef und Bundesverdienstkreuzträger Manfred Schoch – begreifen sich eher als Gestalter denn als Arbeitskämpfer. Sie springen den Multimilliardären sogar zur Seite, wenn ein aufmüpfiger Sozialdemokrat wie Kevin Kühnert die »Vergesellschaftung« BMWs anregt – und raten von einer Wahl der SPD ab.

Zum Symbol des erfolgreichen Neustarts nach der Quandt'schen Machtübernahme wurde Anfang der Sechzigerjahre die »Neue Klasse«, die erste Mittelklasse-Baureihe von BMW rund um den legendären BMW 1500. Dass Oliver Zipse sich beim Start des Konzerns in die Ära der Elektromobilität auf ebendiese »Neue Klasse« beruft, ist kein Zufall. Er will mit der für 2025/26 geplanten Reihe, die jedes Modell in einer vollelektrischen Variante vorsieht und optische wie technische Überraschungen liefern soll, den Erfolg und die Leichtigkeit von damals heraufbeschwören. Er stellt sich mit der Referenz an die »Neue Klasse« aber auch bewusst in die Tradition einer Unternehmenskultur, die zwar immer den Anspruch hatte, innovativ zu sein, in der jedoch Sicherheit und Gewinn im Zweifel Vorrang hatten, um die Eigenständigkeit von BMW nie wieder zu gefährden.

Wird diese Haltung dem Konzern vielleicht zum Verhängnis? Müsste BMW mehr riskieren, um den Umbruch zu überleben?

Unter Zipse wird das eher nicht passieren. Er hat die BMW-Kultur drei Jahrzehnte lang inhaliert. Nach der Schule ging er nach Salt Lake City, studierte dort Mathematik und Informatik, anschließend Maschinenbau in Darmstadt, und machte später einen MBA an der Managerschmiede in Vallendar. Von 1991 an widmete er sich BMW, zunächst als Trainee, später leitete er unter anderem das BMW-Werk in Oxford und übernahm Führungsrollen in der Entwicklung, Planung und Produktion. Seit 2015 ist Zipse im Vorstand, zunächst zuständig für die Produktion, ehe er im Juni 2019 den glücklosen Krüger an der Spitze ablöste.

Bis dahin war Zipse nur einem Fachpublikum bekannt – und qualifizierte sich in den Augen der Quandts womöglich gerade dadurch für den Topjob. Jede Art von Starkult ist den Großaktionären suspekt, auch deshalb schafften es starke, aber zur Selbstdarstellung neigende Manager wie Wolfgang Reitzle und Herbert Diess bei BMW nie ganz an die Spitze, sondern verließen das Unternehmen, um anderswo aufzusteigen. Vor allem aber soll Zipse dem Großaktionär Stefan Quandt schon zu Krügers Zeiten vermittelt haben, wofür er steht: eine Rückbesinnung auf den Kern von BMW, den Verkauf hochwertiger, mit größtmöglicher Effizienz produzierter Autos. Hatte Krüger noch bei seiner letzten Hauptversammlung erklärt, BMW sei jetzt »Anbieter von Premiummobilität und Services«, so blies Zipse die Revolution kurz darauf wieder ab.

Das Mantra der Technologieoffenheit

»Bei uns passiert nichts einfach so aus einer Stimmung heraus«, sagt Zipse uns im »Vierzylinder«. Er ist der Meinung, dass mancher Hype, der in den vergangenen fünf Jahren um die Transformation der Branche entfacht wurde, schon wieder entzaubert sei. Einzelne Wettbewerber, die den Markt mit Elektroautos aufrollen wollten, seien schon wieder verschwunden. Und dann fällt das Stichwort, das in Zipses Strategie eine zentrale Rolle spielt und die Branche spaltet wie kaum ein zweites: Technologieoffenheit.

»Profitables Wachstum geht nur über Technologieoffenheit«, sagt der BMW-Chef. Konventionelle und Elektroantriebe würden noch auf Jahre hinaus parallel nachgefragt – mit regional unterschiedlichen Schwerpunkten. Es sei deswegen irrational, sich schon jetzt unwiderruflich auf eine einzige Technologie festzulegen. »Flexibilität und Weltmarktfähigkeit sind die entscheidenden Faktoren.« Das gilt aus seiner Sicht vor allem für den Antrieb. Während VW-Chef Diess fordert, die Förderung für Dieselmotoren zu stoppen, Audi-Boss Duesmann sich festlegt, ab 2033 keine Autos mit Verbrennungsmotor mehr zu bauen, und selbst der bedächtige Ola Källenius bei Daimler zumindest kommunikativ voll auf Elektroantriebe setzt, stellt sich Zipse demonstrativ gegen den Mainstream.

Zwar will auch BMW 2030 die Hälfte des Absatzes mit Elektroautos erwirtschaften – der Kleinwagen Mini soll dann nur noch als Stromer zu haben sein. Aber Zipse sagt auch, es werde »alle fünf Antriebsarten noch lange Zeit parallel geben«. Benzin- und Dieselmotoren, Elektro- und Hybridantriebe ebenso wie Wasserstoffautos. Er selbst fährt beruflich einen vollelektrischen iX und einen 7er mit Verbrennungsmotor. »Je nachdem, wo ich hinfahre, nutze ich den einen oder den anderen. Bei mir laufen konventionelle und E-Mobilität parallel, genau wie bei BMW«, sagt

Zipse. Es vermittle einfach ein falsches Bild, dass ein Antrieb in absehbarer Zeit zwangsläufig die anderen vollständig ablöse, er könne nicht nachvollziehen, warum andere Hersteller das propagierten.

Vermutlich versteht Zipse das sehr wohl, denn er weiß, dass am Kapitalmarkt derzeit klare Bekenntnisse zur Elektromobilität eher honoriert werden als sein Credo von der Flexibilität. Investoren und Analysten fürchten, dass BMW mit Zipses Strategie zwar kurzfristig gute Zahlen liefern, langfristig aber den Anschluss verlieren könnte. BMW werde wahrscheinlich gegenüber den Wettbewerbern und insbesondere Tesla zurückfallen, monieren beispielsweise die Analysten der Schweizer Großbank UBS. Zipse will von seiner Linie trotzdem nicht abrücken.

Der Unterschied zu den Wettbewerbern zeigt sich beispielsweise, wenn es um die sogenannte Plattform geht, also die grundlegende technische Architektur, auf der dann verschiedene Modelle im Baukastensystem aufsetzen. Fast alle großen Wettbewerber, von VW über Daimler bis hin zu Tesla, konstruieren ihre Autos bereits jetzt auf einer reinen Elektroplattform. BMW aber geht einen Sonderweg: Zipse ist stolz darauf, dass man auf der BMW-Plattform jedes einzelne Modell wahlweise mit Diesel-, Benzin-, Elektro- oder Hybridantrieb bestücken könne und, ja, in etwa fünf Jahren auch Fahrzeuge mit Brennstoffzellenantrieb. Als Produktionsvorstand hat er selbst wesentlich dazu beigetragen, ein weltumspannendes Netz von Fabriken aufzubauen, die diese Vielseitigkeit haben. Es ist sein Baby, das er da verteidigt.

An einem nasskalten Morgen im Oktober 2021 stehen wir mit Zipse auf dem Dach der neuen Lackiererei im Werk 1, direkt hinter dem Vierzylinder. Über eine Feuertreppe an der Außenwand sind wir etwa 50 Meter nach oben geklettert. Jetzt lässt Zipse, in einen dunkelblauen Mantel und einen hellblauen Schal gehüllt, den Blick über das 99 Jahre alte

Stammwerk wandern. Unter uns erstrecken sich Montagehallen, dazwischen hier und da gedrungene Backsteinbauten, die ein bisschen frühindustrielles Flair verbreiten. Im Hintergrund ragt der Olympiaturm in die Wolken.

»Jetzt gehen wir mal ein bisschen näher an den Abgrund«, sagt der BMW-Chef. »Stehen wir da nicht schon länger?«, fragen wir scherzhaft. Zipse bezieht die Frage auf BMW und die Branche und widerspricht deutlich. »Das ist doch der zentrale Punkt in unserem Ansatz! Bei uns führt ein Technologiewechsel eben nicht zu sterbenden Fabriken.«

Wie das geht, lässt Zipse seinen ersten Vorarbeiter vor Ort erklären: Peter Weber, Leiter des Stammwerkes in München. Weber, ein großer, schlanker Mann in orangener Warnweste, deutet auf die Gebäude 50 Meter weiter unten und erklärt mit einigem Stolz, was dort passiert und in den kommenden Jahren noch passieren soll. Auf engstem Raum wurden bestehende Anlagen entfernt, neue Anlagen installiert, andere Anlagen umgebaut, um im laufenden Betrieb den Produktionsstart des i4 zu ermöglichen, des ersten vollelektrischen Modells, das im Stammwerk gebaut wird.

In einer der Montagehallen werden heute Verbrennungsmotoren produziert, Vierzylinder und Achtzylinder für die gesamte Gruppe. Aber spätestens bis 2024 soll der gesamte Bau von Otto- und Dieselmotoren nach Steyr in Österreich und nach Hams-Hall in Großbritannien verlagert werden. So soll schließlich Platz geschaffen werden für eine ganz neue Montagehalle, in der ab 2026 die Neue Klasse auf einer reinen E-Auto-Plattform produziert werden soll, in einer Zeit also – so das Kalkül der BMWler –, in der genug Elektroautos verkauft werden, um die Fabrik voll auszulasten. Bis dahin aber könne man die Produktion in München jederzeit an die Nachfrage anpassen, erklärt Weber: Bestellen die Kunden mehr elektrische i4, spuckt das Werk Elektroautos aus. Wollten sie weiterhin die alten Verbrenner oder Hybride, würden im gleichen Werk auf der gleichen Plattform mehr Verbrenner zusammengeschraubt. Und wenn die Kunden nach 2026 noch Diesel und Benziner wollten, würden sie aus Werken im Ausland bedient.

Autoexperten zweifeln, ob man mit dieser Strategie der flexiblen Plattform, die bei der Konstruktion einige Kompromisse erfordert, tatsächlich die besten Elektroautos der Welt bauen kann. Auch BMW-intern gab es darüber kontroverse Diskussionen: »Nur mit einer eigenen E-Architektur können wir die Vorteile eines Elektrofahrzeugs voll ausschöpfen«, sagte uns Betriebsratschef Manfred Schoch im Juni 2020. »Eine E-Plattform wäre für BMW dringend erforderlich, um von Wettbewerbern aus Kalifornien oder China nicht überholt zu werden.«

Mit dieser Forderung nach einem Kurswechsel unterstützt der Betriebsratschef jene BMW-Manager, die sich intern schon länger für eine neue E-Strategie einsetzen. Sie argumentieren, Elektroautos würden damit leichter, hätten somit eine größere Batteriereichweite, und der Innenraum wäre größer.

Zipse wischt solche Zweifel vom Tisch. Am teuersten werde es für Autohersteller, sagt er, wenn Werke nicht ausgelastet seien. Bei BMW müsse man diese Sorge nicht haben. Außerdem könne man so die Mitarbeiter und damit das Know-how am Standort halten, die Beschäftigten würden parallel zum laufenden Betrieb für das Elektrozeitalter umgeschult oder könnten sich auf Stellen an anderen Standorten bewerben. Der Schwenk ab 2026 auf eine reine Elektroplattform kann man allerdings auch als Eingeständnis sehen, dass sich damit eben doch die besseren E-Autos bauen lassen.

Für den BMW-Chef ist es längst nicht ausgemacht, dass die Kunden fortan in dem Tempo auf Elektroautos umsteigen, wie Politiker und Manager es gerne hätten. »Der Aufbau der Ladeinfrastruktur geht viel zu langsam voran, deshalb wird es von uns keine Aussage darüber geben, ab wann wir die Verbrennertechnologie nicht mehr anbieten«, sagt Zipse trotzig.

Tatsächlich ist in großen Absatzmärkten außerhalb der EU, wie Indien, Russland oder Südamerika, ein Ladenetz praktisch nicht vorhanden. Nicht nur BMW, auch andere Hersteller wie Škoda oder VW wollen in diesen Regionen daher weiter Verbrenner verkaufen, aber keiner sagt das so offen wie Zipse. Der BMW-Chef argumentiert hingegen offensiv, Verbrennungsmotoren müssten deshalb nicht nur weiter produziert, sondern auch weiterentwickelt werden, »weil sonst alte Fahrzeuge mit einer suboptimalen CO_2-Effizienz gefahren werden«. BMWs zweite Generation der 48-Volt-Technologie führe bei einzelnen Modellen schon bald zu einem bis zu 20 Prozent geringeren CO_2-Ausstoß.

Die fehlenden Stromtankstellen und -netze sind auch ein Grund, weshalb BMW weiterhin die Brennstoffzellentechnologie hochhält, bei der die Fahrzeuge Wasserstoff tanken, der in Brennstoffzellen in Strom für den Antrieb umgewandelt wird. »Die Energiewende wird nur mit Strom und Wasserstoff gemeinsam gelingen«, sagt BMW-Boss Zipse. Es werde Regionen geben, in denen man allein mit aus Ökostrom gewonnenem Wasserstoff unterwegs sein könne, wenn Kommunen weiter auf emissionsfreie Fahrzeuge pochten, ohne dass es ausreichende Lademöglichkeiten gebe. Dann relativiere sich auch das Argument, dass Wasserstoffautos weniger effizient seien als batterieelektrische Fahrzeuge.

Seit 2016 kooperiert BMW bei der Entwicklung von Wasserstoffautos mit Toyota. Bei der IAA stellten die Münchner einen Prototyp des Wasserstofffahrzeugs X5 vor, 2022 soll das SUV in einer Kleinserie auf den Markt kommen. Während Daimler den Brennstoffzellen-Antrieb bis auf Weiteres nur für Langstrecken-Fahrzeuge weiterentwickeln will und Volkswagen sogar weitgehend komplett auf E-Antriebe setzt, glaubt Zipse, dass die Technologie auch im Pkw-Markt einen – wenn auch eher kleinen – Platz haben wird.

Er nimmt damit eine krasse Gegenposition zu Elon Musk ein, der die Technologie als »unfassbar dumm« und als »big pain in the ass« bezeichnet. Die Tiraden des Tesla-Mannes mögen der Tatsache geschuldet sein, dass seine voll auf Batteriebetrieb ausgerichtete Firma ziemlich große Schwierigkeiten bekäme, wenn sich der Brennstoffzellenantrieb am Ende doch noch durchsetzen würde.

Tatsächlich genießt der Wasserstoffantrieb in der deutschen Bevölkerung ein positiveres Image als das Batteriefahrzeug[13]. Das mag damit zusammenhängen, dass aus den Auspuffen der Brennstoffzellenautos nur Wasserdampf austritt, was sie besonders umweltfreundlich wirken lässt. Den E-Autos hingegen haftet noch immer der Ruf an, aufgrund der CO_2-intensiven Batterieproduktion nicht besonders nachhaltig zu sein. Was dabei nicht berücksichtigt wird: Um Wasserstoff herzustellen, wird viel Strom benötigt. Das führt dazu, dass der Wirkungsgrad deutlich schlechter ist als beim Batteriefahrzeug. Um 100 Kilometer zurückzulegen, benötigt ein durchschnittlicher Elektromotor 18 Kilowattstunden, ein Wasserstoffantrieb mit Brennstoffzelle hingegen 54 Kilowattstunden – also dreimal so viel Strom für dieselbe Strecke[14].

Dass Wasserstoff dennoch für die Energiewende benötigt wird, ist unstrittig, nur eben in anderen Anwendungsfeldern. Vor allem in Schiffen und Flugzeugen hat er gegenüber der Batterie erhebliche Vorteile – entweder als Energiespeicher für die Brennstoffzelle oder als Kraftstoff für den Verbrennungsmotor. Auf Passagierflügen etwa erscheint ein Batterieantrieb auf absehbare Zeit illusorisch. Es wären viel zu große, schwere Akkus nötig, um eine längere Distanz zurücklegen zu können. Airlines wie die Lufthansa werden deshalb auf Wasserstoff angewiesen sein, um ihren CO_2-Ausstoß zu reduzieren – anders als die Autobranche.

Der BMW-Rivale Daimler hat sein Wasserstofffahrzeug GLC F-Cell bereits wieder vom Markt genommen. Die Brennstoffzelle, argumentiert Daimler-Chef Källenius im Gespräch mit uns, sei vor allem für die Langstrecke und für Reisebusse interessant. Dort zahlen sich die hohe Reichweite und die kurzen Tankzeiten aus. Trotzdem steht BMW mit seinem Credo der Technologieoffenheit nicht allein da. Neben dem weltweit größten Autohersteller Toyota setzen vor allem die Zulieferer darauf, dass neben Elektroautos auch Verbrenner und Wasserstoffautos ihren Platz haben. Je schneller das Geschäft mit Verbrennungsmotoren wegbricht, desto weniger verdienen sie mit Vergasern, Zylinderköpfen, Motorblöcken oder den komplexen Systemen für die Abgasnachbehandlung. Ein Verbrennungsmotor enthält inklusive Antrieb etwa 1400 Teile, ein Elektromotor mit Batterie gerade einmal 200. Es liegt auf der Hand, was für viele Zulieferer das bessere Geschäft ist, erst recht, wenn sie zum Batterieblock, der künftig einen großen Teil der Wertschöpfung im Auto ausmacht, nichts beitragen können.

Da der Abschied vom Verbrenner nur eine Frage der Zeit ist, hoffen Konzerne wie Bosch und Continental auf den Wasserstoffantrieb, um mit ihm einen Teil der entgangenen Umsätze auszugleichen. Synthetische Kraftstoffe, sogenannte E-Fuels, sollen außerdem das Überleben des Verbrennungsmotors noch eine Zeit lang sichern – obwohl deren Energieeffizienz noch einmal deutlich schlechter ist als die des Wasserstoffs. Je breiter die Palette der Antriebstechnologien, so das Argument, desto mehr Arbeitsplätze ließen sich in Deutschland halten. Im Branchenverband VDA bilden die Zulieferer und BMW deshalb eine mächtige Allianz, Verbandssprecherin Hildegard Müller vertritt ebenfalls die Technologieoffenheit, sie sei offizielle Linie des VDA. Doch der Verband ist gespalten, vor allem VW spricht sich immer wieder für Technologieklarheit zugunsten der E-Mobilität aus.

Bei BMW hat das Beharren auf Technologieoffenheit neben der Unternehmenskultur noch einen weiteren Grund: Die Dieselaffäre hat die Münchner nur gestreift. Während Audis Manager und Ingenieure bei den Abgaswerten betrogen, um Geld zu sparen und keine Abstriche bei Leistung und Komfort machen zu müssen, und während Daimler-Mitarbeiter Strafbefehle kassierten, ist BMW den unbequemen, teureren Weg gegangen und hat bei den Dieselmotoren die Gesetze eingehalten. Damit ersparten sich die Münchner Milliardenstrafen und einen schweren Imageschaden, die jahrelang die Konkurrenz belastet haben. Wirklich genutzt hat BMW diesen Vorteil nicht – im Gegenteil.

Gerade im VW-Konzern hat das Dieseldrama offenbar die Sinne dafür geschärft, dass eine radikale Abkehr vom Verbrennungsmotor notwendig ist. Bei BMW dagegen fehlt der Druck der existenziellen Krise. Wo in Ingolstadt bei manchem Audi-Manager heute tatsächlich so etwas wie Demut zu spüren ist, strahlt die BMW-Führung eher Selbstzufriedenheit aus.

Ein wenig bizarr mutet es schon an, dass ausgerechnet BMW jetzt die Bedeutung der Batterieautos relativiert und über den »Ankündigungs-Wettlauf« spottet, den sich die Hersteller mit immer ehrgeizigeren Zeitplänen für den Abschied vom Verbrenner böten. Schließlich waren es die Münchner, die als Erste ein serienreifes Elektroauto auf die Straße brachten.

Die Revolution frisst ihre Kinder (die Tragik des i3)

Im Oktober 2007 stößt der frisch gekürte BMW-Chef Norbert Reithofer ein unerhörtes Unterfangen an. Schon der Name, »Project i«, wirkt anmaßend, erinnert er doch an einen US-Konzern, der zum Inbegriff von Innovation und Disruption geworden ist: Apple. Reithofer beauftragt einen seiner fähigsten Entwickler, Ulrich Kranz, mit dem Projekt – bei BMW der Mann fürs Neue. Ende der Neunzigerjahre hatte er die Limousinen X3 und X5 mitentwickelt, später verantwortete er die Neuauflage des Kultautos Mini.

Und nun also gibt Reithofer diesem Kranz eine Carte blanche und ein großes Budget, um ein Elektroauto und am besten gleich noch ein Mobilitätskonzept für die Metropolen zu entwickeln. Sechs Jahre lang führt Kranz ein Start-up im Konzern, selten hatte ein BMW-Manager so viele Freiheiten. Er arbeitet mit neuen Materialien und Fertigungsverfahren, tüftelt am Elektroantrieb und bereist Städte in aller Welt, um Bürgermeister und Städteplaner nach ihren Bedürfnissen zu fragen. Intern allerdings sind die Widerstände groß, sie reichen bis in den Vorstand. Kranz' Projekt wird von Kollegen als Bastelbude verspottet.

2013 stellt Kranz das Ergebnis seiner Bastelgruppe vor: einen serienreifen batteriebetriebenen Kleinwagen aus Carbonfasern, mit überschaubarer Reichweite, aber brillanter Umweltbilanz; ein Stadtauto für die Mobilität der Zukunft, zu einer Zeit, da auch Tesla mit dem Model S gerade erst sein erstes Fahrzeug in größerer Stückzahl fertigen lässt und vom Produktions-Know-how eines deutschen Präzisionsherstellers noch weit entfernt ist. Welch eine Chance!

Ein typischer BMW ist der i3 indes nicht. Und seine Entwicklung hatte Milliarden verschlungen. Vielleicht bekommt Reithofer deshalb Angst vor seiner eigenen Courage. Jedenfalls folgt dem ersten Coup außer dem Hybrid-Sportwagen i8 zunächst: nichts. Der i3 soll sich erst einmal beweisen und Geld verdienen. Der große Erfolg bleibt jedoch aus. Zwar wird der Elektropionier in der hauseigenen Carsharing-Flotte von »Share Now« eingesetzt und verkauft sich bis 2022 etwa 250 000 Mal. Der i3 kommt jedoch im Ausland besser an als bei den deutschen Größer-Schneller-Weiter-Fetischisten und erreicht nie die Verkaufszahlen, die man sich wohl einmal erhofft hat. Es gibt viele Erklärungen dafür, dass der i3 die Erwartungen nicht erfüllen konnte. Er wurde nicht entschlossen weiterentwickelt, es fehlte in Deutschland an der Ladeinfrastruktur, und BMW hat das Elektroauto nie mit der Verve vermarktet, mit der Elon Musk seinen Tesla in die Welt pushte.

Der Innovator Kranz jedenfalls verlässt BMW schließlich frustriert und – Ironie der Geschichte – unterstützt mittlerweile ein neues »Project i«, das bei seinem neuen Arbeitgeber allerdings »Titan« heiß: Heute hilft Kranz Apple bei den geheimnisumwitterten Plänen, einst ein vollvernetztes elektrisches iCar auf die Straße zu bringen. Die Produktion des i3 hingegen soll im Sommer 2022 sang- und klanglos eingestellt werden.

Spricht man mit Oliver Zipse über Elektromobilität, stellt er eine der naheliegendsten Fragen gleich selbst: »War BMW mit dem i3 zu früh dran? Nein.« Man habe dadurch sehr viel gelernt, zum Beispiel, dass Reichweite und Effizienz der Schlüssel zum Erfolg seien. Zipse wäre nicht Zipse und BMW wäre nicht BMW, wenn man das schlechte Timing und die verpasste Chance, zum deutschen Tesla zu werden, einfach einräumen würde. Fehler einzugestehen, das widerspräche Zipses Verständnis von Führung. Der Chef müsse die Richtung vorgeben, dürfe keine Zweifel zeigen, das ist seine Philosophie, so steht es in der Managementfibel »Führen, leisten, leben« von Fredmund Malik, die der BMW-Vorarbeiter mal sein Lieblingsbuch genannt hat. Sein Vorgänger Krüger ist bei BMW nicht zuletzt deshalb gescheitert, weil er als Zauderer galt und man ihm seinen kooperativen Führungsstil als Entscheidungsschwäche auslegte.

Zipse wird das nicht passieren. Der Mann, der morgens um fünf aufsteht und sich in die Rudermaschine setzt, führt seine Mannschaft mit militärischem Drill und ist von Zweifeln unbeleckt. Er spricht viel von unternehmerischer Weitsicht, jeder habe doch gewusst, dass die Transformation kommt. »Wir wussten ja, dass 2020 die Verschärfung der CO_2-Flottenwerte in der EU in Kraft treten würde, deshalb haben wir die nächste Stufe unserer Elektrostrategie auf dieses Datum ausgerichtet«, sagt der Vorstandschef. Nun ja. Ein bisschen verspätet ist BMW schon unterwegs. Der i4, das erste Kind dieser Generation, kam erst Ende 2021 auf den Markt, ebenso der iX, das erste Elektro-SUV des Konzerns. Mit ihnen will der Chef den Beweis antreten, dass man auch mit einer flexiblen Antriebsstrategie erstklassige Elektroautos bauen kann.

Die neue »Neue Klasse« – Wie BMW zurück an die Spitze will

Ende September steht der Mann, der diesen Beweis in Zipses Namen führen soll, in einem niedrigen, mit schwarzen Teppichböden ausgelegten und hellen Scheinwerfern ausgeleuchteten Container in einem Gewerbegebiet im Norden Münchens: Frank Weber, seit dem Frühjahr 2020 Entwicklungsvorstand bei BMW. Weber steht an einem Pult, ihm gegenüber ein knappes Dutzend Journalisten in coronagerechten Abständen. Die Scheinwerfer richten sich auf ein mokkafarbenes SUV in der Ecke hinter ihnen, das den Raum dominiert. Weber preist den neuen iX – ein 2,5-Tonnen-Fahrzeug mit, je nach Ausstattung, bis zu 523 PS – als Produkt an, »auf das man in allen Weltmärkten wartet«. Drunter geht's nicht.

In den iX hat BMW alles reingepackt, was die 14 000 Entwickler des Konzerns in Sachen E-Mobilität und Software derzeit draufhaben. Von der »stromerregten Synchronmaschine« über die »adaptive Rekuperation« bis zum per Spracherkennung steuerbaren »Intelligent Personal Assistant« ist einiges geboten, außerdem gibt BMW für seine neueste Ware ein Frischeversprechen ab: »Remote Software Upgrades« und

»Functions on Demand« halten die Software »always fresh«, werben die Münchner.

Ob die Welt darauf gewartet hat, wird sich zeigen müssen. Der Zwei-Meter-Mann Weber jedenfalls ist der Ansicht, dass es solche »Leuchttürme« gerade in dieser Phase der Transformation zur Elektromobilität brauche, »weil viele Leute immer noch glauben, ein E-Auto wäre etwas für den Golfplatz«. Dass der iX nichts für den Golfplatz ist, merken auch wir auf der anschließenden Testfahrt: Die Hochtechnologie an Bord überfordert uns ein wenig, wir sind froh, als wir das schlappe 80000 Euro teure Fahrzeug unversehrt in der Tiefgarage der BMW-Welt wieder abgeben.

Diese Hochtechnologie im iX ist es, auf die sie bei BMW besonders stolz sind. Denn dass die Software im Wettbewerb der Autohersteller künftig die überragende Rolle spielen dürfte, darin sind sich Zipse und Weber mit ihren Konkurrenten einig. »Software gehört ins Herz des Unternehmens«, sagt Weber. Sie wird eines Tages das autonome Fahren ermöglichen, sie navigiert und unterhält, sie vernetzt alle Komponenten im Auto miteinander und das Auto mit seiner Umgebung. Und bei allem, was die Software steuert, entstehen wertvolle Daten, die sich zu Geld machen lassen oder doch zumindest helfen, BMWs Fahrzeugflotte noch besser zu machen. Deshalb will auch Zipse das Hirn des Fahrzeugs nicht aus der Hand geben.

In dem Container im Münchner Norden hat nach Entwicklungschef Weber noch ein weiterer BMW-Manager seinen Auftritt: der Digitalpapst Christoph Grote. Er wirft ein paar Charts an die Wand, um zu erklären, wie BMW mit seinen 7200 IT- und Software-Experten gegen die Techgiganten aus dem Silicon Valley und China ankommen will. Seit 2018 steckt in jedem neuen BMW das hauseigene Betriebssystem OS 7 und funktioniert so gut, dass Kunden ihrem Auto per Smartphone zwei- bis viermal im Jahr Updates aufspielen können. Die Münchner wollen zwar nicht alles selber machen, aber doch das Wesentliche. Die wichtigsten Funktionen verteilen sich auf drei Betriebssysteme, eines für das Infotainment inklusive Navigation, eines für das Sicherheits- und Fahrassistenzsystem, das irgendwann autonomes Fahren ermöglichen soll, und eines für die Steuerung und das Zusammenspiel von Motor und etlichen Standardkomponenten wie Bremsen und Lenkung.

Grundlage für das Infotainment ist das Google-Betriebssystem Android, auf dessen Basis aber entwickelt BMW die wesentlichen Funktionen selbst. »Wir brauchen volle Hoheit über die Navigation«, sagt Grote. Das von Google speziell für das Auto entwickelte Betriebssystem Android Automotive, das etwa Wettbewerber wie Volvo nutzen, sei keine Option. Es lasse BMW zu wenige Möglichkeiten, die speziellen Bedürfnisse der eigenen Kunden zu bedienen, außerdem wolle man BMW-Fahrer nicht zwingen, sich ein Google-Konto zuzulegen.

In anderen Bereichen aber kooperiert BMW auch mit weiteren Techkonzernen wie Apple und Tencent. Mit den Chinesen haben die Münchner für den dortigen Markt eine Plattform entwickelt, über die Angebote des Messaging-Dienstes WeChat ins Auto geholt werden können. Darüber können Kunden beispielsweise Parktickets bezahlen. Besonders stolz sind sie bei BMW auf eine vor vier Jahren angestoßene Zusammenarbeit mit Apple. Gemeinsam haben die beiden Unternehmen einen digitalen Schlüssel fürs Auto entwickelt. Wer ein iPhone in der Tasche hat, für den öffnet sich beispielsweise der iX schon, wenn man sich ihm nähert – vorausgesetzt, das Smartphone ist mit dem SUV verknüpft. »Wenn wir solche Partnerschaften eingehen, wollen wir, dass ein Industriestandard entsteht«, sagt Grote.

Ob das aber schon reicht, um nicht eines Tages von Google, Apple, Tencent oder Tesla überrollt zu werden?

Markus Duesmann
Audi-Boss Markus Duesmann kennt sich mit radikalen Veränderungen aus: Einst war er Schlagzeuger der Punkband »Children of the industrial revolution«, als Autoboss will der Ingenieur jetzt den E-Vorreiter Tesla überholen.

Oliver Hoffmann
Audi-Entwicklungsvorstand Oliver Hoffmann blickt kritisch auf die Vergangenheit des Premiumherstellers: »Wir waren arrogant und glaubten, unser Erfolg würde einfach immer weitergehen.«

Silja Pieh
Audi-Strategiechefin Silja Pieh hat gemeinsam mit 500 Mitarbeiterinnen und Mitarbeitern einen neuen Zukunftsplan erarbeitet. Viele der Beschäftigten hätten Kinder, sie sorgten sich um das Wohl der kommenden Generationen, sagt die Topmanagerin: »Das Bedürfnis nach ernsthaftem Klimaschutz hat die Mitte der Audi-Belegschaft erreicht.«

Li Shufu

Geely-Gründer und Daimler-Großaktionär Li Shufu auf der Automesse Peking 2018. Der Selfmade-Milliardär begreift sich als Brückenbauer zwischen Europa und Asien, zwischen alter Auto- und neuer Hightech-Industrie: »Am Ende werden China und die Welt gegenseitig stärker voneinander abhängig sein.«

Elon Musk

Aus Sicht von Tesla-Chef Elon Musk ist nichts unmöglich, was physikalisch machbar scheint: Der Anspruch, anders zu sein als jeder andere Autokonzern, »erlaubt uns, das zu tun, was niemand anderes tut«, heißt es im Mitarbeiterhandbuch.

Oliver Zipse
BMW-Chef Oliver Zipse auf der IAA Mobility in München (2021): Der Südhesse vertritt unter Deutschlands Autobossen die radikalste Gegenposition zum Elektrovorreiter Elon Musk. Die Energiewende, glaubt Zipse, werde »nur mit Strom und Wasserstoff gemeinsam gelingen«.

Ola Källenius
Daimler-Boss Ola Källenius bei der Vorstellung der neuen S-Klasse in Sindelfingen (2020): Nach Ansicht des Schweden werden es neue Mobilitätsdienste nicht schaffen, Mercedes-Fahrzeuge aus den Metropolen zu verdrängen. »Vor allem wenn du kleine Kinder hast, willst du die Kindersitze doch nicht von Uber zu Uber schleppen!«

Jona Christians und Laurin Hahn
Sono-Motors-Gründer Laurin Hahn und Jona Christians: »Keine Chance, dass wir uns die nächsten hundert Jahre so fortbewegen können wie bisher.«

Herbert Diess (Selfie)
VW-Boss Herbert Diess und Tesla-Chef Elon Musk bei einer gemeinsamen Testfahrt in Braunschweig (2020): Im normalen Arbeitsalltag sind die beiden Manager Erzrivalen. Musks erklärtes Ziel ist es, Benzin- und Dieselautos, noch immer das Kerngeschäft bei VW, den Garaus zu machen. Und Diess hat versprochen, Tesla bis 2025 als führende Elektromarke vom Thron zu stoßen.

Herbert Diess und Angela Merkel
VW-Boss Herbert Diess und Ex-Kanzlerin Angela Merkel auf der IAA in Frankfurt am Main (2019): Der Frust in der Bevölkerung über den fehlenden verkehrspolitischen Gestaltungswillen der Regierung Merkel dürfte dazu beigetragen haben, dass ihre Partei, die CDU, nach der Bundestagswahl 2021 in die Opposition musste.

William Li
Nio-Gründer William Li bei der Vorstellung des SUV-Modells ES8 in Peking (2017): Als chinesischer Elon Musk sieht sich der Sohn eines Milchbauern nicht. Aber auch er will seine Firma zu einer internationalen Lifestyle-Marke machen.

André Schwämmlein
Flixbus-Gründer Schwämmlein (2018 in Los Angeles) hat ein europäisches Fernbusimperium aufgebaut: »Wir müssen die Menschen aus den Autos holen, ein Stück weg vom individuellen hin zum kollektiven Verkehr.«

Sony-Auto »Vision S«
Ursprünglich als PR-Gag verspottet, jetzt zunehmend ernst genommen: Mit dem Konzeptauto Vision-S, vorgestellt 2020 auf der Elektronikmesse CES in Las Vegas, wagt sich Sony auf den Weltmarkt für digitalisierte E-Fahrzeuge vor.

Toyota-Zukunftsstadt »Woven City«
Ein Autobauer wird zum Städteplaner: Toyota lässt die Zukunftsmetropole »Woven City« bauen, malerisch gelegen am schneebedeckten Fuji, dem höchsten Berg Japans. Die Häuser dort werden aus Holz und digital vernetzt sein; die rund 2000 Bewohner werden sich in autonomen, emissionsfreien Fahrzeugen fortbewegen.

Roboshuttle von ZF und 2getthere
Hightech vom Bodensee: ZF Friedrichshafen, früher Getriebebauer für Zeppeline, will jetzt mit Roboshuttles den Verkehr in den Weltmetropolen revolutionieren.

Sajjad Khan
Ex-Daimler-Manager Khan: Als Elektrovisionär gekommen, an internen Widerständen gescheitert.

Teststrecke Daimler in Immendingen
Von der »Bertha-Fläche« in die Welt des autonomen Fahrens.

Sono-Auto »Sion«
Rundum mit Solarzellen ausgestattetes Familienauto für den Massenmarkt.

Infineon-Werk in Villach, Österreich
Neue 300mm-Chipfabrik für Leistungselektronik im Kampf gegen den Chipmangel.

Volocopter-Flugtaxi
Automesse in Shanghai 2021: Mit bemannten Drohnen wollen Daimler und Geely die Verkehrsprobleme chinesischer Metropolen lösen – zumindest für die Reichen.

Das Recycling-Auto

Mag sein, dass Zipse und BMW mit ihrer vortastenden Strategie recht behalten, die Elektropioniere von einst sind die Münchner jedenfalls nicht mehr. Vielleicht ist das ein Grund, weshalb der BMW-Chef seit 2020 verstärkt ein alternatives Narrativ verbreitet: Man müsse den Begriff der klimaneutralen Mobilität weiter fassen und dürfe dabei nicht nur auf den Antrieb und die Emissionen in der Nutzungsphase starren, sagt Zipse im Sommer 2021. Dem Klima sei es »vollkommen egal«, ob ein Hersteller eine batterieelektrische oder technologieoffene Strategie verfolge. »Relevant für den Klimaschutz ist ausschließlich das tatsächlich emittierte CO_2 – und zwar gesamthaft: von den eingesetzten Rohstoffen und Materialien über den industriellen Fertigungsprozess, die aktive Nutzung eines Fahrzeugs bis hin zur Wiederverwertung der Rohstoffe.«

BMW will daher den Vorreiter beim Recyclingauto geben. Dafür wird der Konzern allerdings einen längeren Atem brauchen, als er ihn im ersten Anlauf beim Elektroantrieb oder beim Carsharing bewiesen hat. Zunächst soll der Anteil wiederverwendeter Materialien über alle Modellreihen hinweg bis 2030 von unter 30 auf 50 Prozent steigen. Erstmals überhaupt setzt sich der Vorstand ein derartiges Ziel für den Einsatz recycelter Werkstoffe.

Dafür kooperiert BMW mit dem Chemiekonzern BASF und dem Recyclingspezialisten Alba – es geht vor allem um Kunststoffe, für die auf Dauer ein Kreislaufsystem etabliert werden soll.

Sekundärmaterialien sind in der Produktion deutlich weniger CO_2-intensiv. Allerdings muss schon beim Bau der Fahrzeuge einiges anders laufen, wenn die Wiederverwertungsquote steigen soll. So müssen die verwendeten Rohstoffe hochwertiger sein, anstatt mit Klebern muss häufiger mit Steckverbindungen gearbeitet werden und vieles mehr.

Zumindest die Fabriken selbst hat BMW bereits auf Grünstrom umgestellt. Für das Stammwerk in München sollen im Stadtgebiet künftig mehr und elektrisch betriebene Lastwagen zum Einsatz kommen, um die täglich 750 Lkw-Ladungen mit Teilen CO_2-neutral anzuliefern.

Besonders wichtig wäre es für das Erreichen der CO_2-Ziele allerdings, wiederverwertbare Batterien einzusetzen, denn rund 40 Prozent der CO_2-Emissionen beim Elektroauto entstehen im Zuge der Zellproduktion. BMW gibt an, die künftigen Zellen daher schon bei der Entwicklung so zu designen, dass sie recycelt werden können. Bis das tatsächlich in großem Stil passiert, dürften aber noch viele Jahre verstreichen.

Immerhin ist der Konzern bei diesem Thema den meisten deutschen Konkurrenten ein Stück weit voraus. Mit der »Neuen Klasse«, die frühestens 2025 kommt, will BMW den ersten großen Schritt zum Kreislaufauto machen. Allerdings gehen Autos dieser Generation im Durchschnitt erst im Jahr 2040 ins Recycling.

Bis dahin jedoch will Elon Musk bereits Menschen zum Mars schicken. Und auch sehr viel näher an BMW, in München, geht die Entwicklung mit großen Schritten voran. Denn hier gibt es ein deutsches Start-up, das mit seinem Auto von Anfang an klimafreundlicher sein will, als die etablierten Konzerne BMW, Daimler und VW es vielleicht in zehn oder 20 Jahren sein könnten. Ein junges Unternehmen, das den Beweis antreten will, dass das Autoland Deutschland nicht nur herausgefordert wird von neuen Anbietern aus den USA und China, sondern selbst Herausforderer hervorbringen kann.

Wie Sono Motors zum deutschen Mini-Tesla werden könnte

Standort Feldmoching

Im Februar 2020 sitzen wir zum ersten Mal in einem Prototyp des Sion und fühlen uns gleich zu Hause. Kein Schnickschnack, man spürt die Straße unter sich und merkt, dass man in einem Auto sitzt und nicht in einem Raumschiff dahingleitet, es fühlt sich geräumig an. Aber ein paar Dinge sind anders als in vergleichbaren Modellen. Klar, der Antrieb, das naht- und schaltungslose Beschleunigen, der Klang, das Zehn-Zoll-Display für das Infotainment-System rechts vom Lenkrad. Und ist das Moos, was da hinter einer Plexiglasscheibe im Armaturenbrett wie ein Miniaturwald wuchert und einen grünlichen Schimmer verbreitet? Ja, das ist Moos. Islandmoos. Macht eine entspannte Atmosphäre, dient aber vor allem als Luftfilter.

Auf dem Beifahrersitz sitzt eine Mitarbeiterin von Sono Motors. Sie dirigiert uns durch Feldmoching, einen wenig glamourösen Stadtteil im Münchener Norden. Er grenzt direkt an Milbertshofen, das aber ist bereits BMW-Land. Der Vierzylinder, Konzernzentrale der Bayerischen Motorenwerke, grüßt einschüchternd von da drüben. Wir denken kurz an die BMW-Welt am Olympiapark, Premiuminszenierung auf 400 000 Kubikmetern umbautem Raum, Baukosten 500 Millionen Euro, Luxuslimousinen in Luxusambiente. Den Sion steuern wir auf einen Parkstreifen neben dem unscheinbaren Firmensitz von Sono, der locker einige Hundert Mal in die BMW-Welt passen würde.

Draußen das Logo, der Kreis mit dem Punkt in der Mitte. Drinnen ist im »Showroom« zwischen Topfpflanzen und einfachen Aufstellern noch einmal der mattschwarze Prototyp ausgestellt. Ein Familien-Van mit 120-kW-Motor und 650 Liter Kofferraum, überzogen mit einer Haut aus 248 Solarzellen. Man kann sich den Batterieblock aus der Nähe ansehen, an einer Wand im Foyer wiederholt sich das Moosmotiv. In den Räumen dahinter herrscht Start-up-Atmosphäre. Hier treffen wir Jona Christians und Laurin Hahn, Gründer des einzigen erfolgversprechenden Elektro-Auto-Start-ups im Mutterland des Automobils. Haben die deutschen Ingenieure das Erfinden verlernt? Sind VW, Daimler und BMW so gut, dass es einfach nie mehr einen neuen Autohersteller im Autoland braucht?

Zugegeben: auch in anderen Ländern sind jahrzehntelang kaum neue Autofirmen entstanden, geschweige denn, dass sie sich am Markt etabliert hätten. Spätestens seit den Neunzigerjahren, als Toyota die Autowelt mit Kaizen, Total Quality Management und Just-in-time-Produktion revolutionierte, ging es in der Branche fast nur noch darum, effizienter zu werden, die Kosten zu drücken und mit immer größeren Stückzahlen die hohen Kapitalkosten auf möglichst viele Fahrzeuge zu verteilen. Klar, es gab Innovationen, neue Modelle, man denke nur an die bis zum Betrug perfektionierte Diesel-Abgas-Reinigung oder den aus den USA importierten SUV-Boom. Aber letztlich bewegte sich die ganze Marktlogik in eine Richtung: Konsolidierung.

In Europa, den USA und Asien verschwanden Marken, wie die Sozialismusrelikte Trabant und Warburg, wie Borgward und Karmann; oder sie siechten dahin wie Opel und Chrysler, ehe sie geschluckt, wieder ausgespuckt und vom nächsten Konzern übernommen wurden. Die Zahl der Autohersteller ist weltweit über viele Jahre zurückgegangen, während die größten unter ihnen wie VW oder Toyota zugleich immer größer wurden und eine Marke nach der anderen einsammelten. Die fünf absatzstärksten Konzerne haben heute einen Marktanteil von mehr als 50 Prozent.

Für Neulinge wurden die Eintrittsbarrieren bis vor einigen Jahren immer höher, weil es enormen Kapitaleinsatz erforderte, den technologischen Vorsprung der Etablierten aufzuholen, eine Produktion aufzubauen, die auch nur annähernd so effizient wie die der Platzhirsche hätte sein können und zugleich konkurrenzfähige und bezahlbare Autos hervorbringen sowie ein profitables Geschäft ermöglichen hätte können. Ganz zu schweigen von den teuren Vertriebsnetzen.

Elektromobilität und Digitalisierung haben die Regeln der Branche jedoch verändert. Denn bei den neuen Technologien haben die Etablierten keinen Vorsprung. Im Gegenteil, sie schleppen jede Menge Ballast mit sich herum, der Kapital und menschliche Ressourcen bindet. Sie betreiben Werke mit Tausenden von Mitarbeitern und Lieferketten mit Hunderten Firmen, die alle auf Komponenten ausgerichtet sind, die nicht mehr gebraucht werden: Zündkerzen, Zylinderblöcke, Abgasreinigungssysteme und andere Teile, die für Verbrennungsmotoren essenziell waren, für Elektromotoren aber redundant.

Die alte Produktion geordnet zurückzufahren, ohne die noch immer zahlreichen Verbrennerkunden zu vergraulen, erfordert enormen Aufwand. Die Dinosaurier der Branche müssen durch eine schmerzhafte Transformation, müssen mit den Betriebsräten Stellenabbauprogramme verhandeln und Umschulungen anbieten, während die Branchenneulinge mit einem weißen Blatt Papier anfangen. Gleichzeitig sind die Markteintrittsbarrieren gesunken, weil Elektromotoren weniger komplex sind als die von Verbrennern. Die Fertigung kann an Auftragsproduzenten vergeben, die Fahrzeuge können online direkt vertrieben werden. Deshalb ist die Zahl der Neugründungen in den vergangenen zehn Jahren rasant gestiegen, allein in China entstanden Hunderte Elektro-Start-ups, in den USA treiben Firmen wie Lucid, Fisker, Faraday, Canoo oder Rivian Milliarden an Investorengeldern ein und erzielen Bewertungen, die teils über denen etablierter Hersteller liegen, noch ehe sie mit ihren Fahrzeugen überhaupt am Markt sind.

Zwar hat auch im Elektrozeitalter bislang allein Tesla den Beweis erbracht, dass ein Auto-Start-up dauerhaft Erfolg haben kann. In Deutschland aber hat es kaum jemand überhaupt versucht. Eine Zeit lang sah es so aus, als könne der deutsche E-Auto-Pionier Günther Schuh die Branche aufmischen. Er gründete schon 2010 die Streetscooter GmbH, die zunächst mit simplen Methoden und erstaunlichem Erfolg elektrisch angetriebene Transporter baute und etablierte Nutzfahrzeughersteller wie Daimler damit düpierte. Bald aber übernahm die Post Schuhs Firma, schaffte es nicht, sie profitabel zu machen, und verkaufte die Produktionsrechte an Streetscooter schließlich an ein Luxemburger Firmenkonsortium.

Auch Schuhs zweites Elektroauto-Projekt, der Kleinwagen e.Go, scheiterte zunächst nach vielversprechendem Beginn. Im Zuge der Covid-19-Krise ging ihm das Geld aus und er flüchtete sich in ein Schutzschirmverfahren. Anders als Sono Motors hatte e.Go es nicht mehr vor Ausbruch der Pandemie geschafft, frisches Kapital einzusammeln. Nun versucht ein neuer Eigentümer, die niederländische Private-Equity-Firma ND Industrial Investments, den Hersteller wieder auf Kurs zu bringen, sogar ein Börsengang ist angedacht. Andere deutsche Manager wie die BMW-Veteranen Stefan Krause, Ulrich Kranz und Carsten Breitfeld oder Ex-Opel-Chef Thomas Neumann versuchten ihr Glück bei Start-ups in den USA oder China, taten sich mit ihren Projekten aber ebenfalls schwer, warten noch auf den Durchbruch oder zogen weiter.

Selfmade-Ingenieure aus der Waldorfschule

Und nun also die zwei Jungs aus München. Auf den ersten Blick klingt ihre Geschichte wie aus dem Klischee-Bilderbuch für Silicon-Valley-Erfolgsgeschichten: Zwei Abiturienten entwerfen in der heimischen Garage ein Konzeptauto, sammeln zig Millionen Startkapital ein, heuern ein paar erfahrene Manager an, holen sich Kooperationspartner und streben nur wenige Jahre später und noch vor dem Marktstart einen milliardenschweren Börsengang an.

Aber schaut man genauer hin, läuft diese Geschichte etwas anders. Sie spielt eben nicht im weit entfernten Silicon Valley, sondern in München-Feldmoching, im Hinterhof von BMW. Und es geht um zwei Waldorf-Schüler und die Kommunikationsdesignerin Navina Pernsteiner, die gemeinsam mit an Starrsinn grenzender Beharrlichkeit ein Antriebskonzept entwickelt haben, das in dieser Form tatsächlich international einzigartig ist. Und die drauf und dran sind, ihr Auto hunderttausendfach und mit einem ungewöhnlichen Mobilitätskonzept an den Markt zu bringen, obwohl sie sich der Logik und den Wünschen des Finanzmarktes gerade nicht bedingungslos unterworfen, sondern gegenüber Investoren ihr Geschäftsmodell auch gegen Widerstände immer wieder verteidigt haben.

Vielleicht ist es normal, dass Leute wie Hahn, Christians und Pernsteiner im Land der Autoingenieure – deren Ahnengalerie von Gottlieb Daimler, Carl Benz und Nicolaus August Otto über Audi-Gründer August Horch bis zu Ferdinand Porsche reicht – erst einmal belächelt, unterschätzt oder schlicht ignoriert werden. Was soll schon dabei herauskommen, wenn jemand, der weder eine Ingenieursausbildung noch ein BWL-Studium absolviert hat, sich obendrein als Autodidakt bezeichnet, tatsächlich noch nie ein Auto besaß und die Zahl der Autos erklärtermaßen reduzieren will, wenn also so jemand ein Auto bauen will?

Wer Hahn und Christians zum ersten Mal begegnet, könnte auf die Idee kommen, jemand habe sie für eine Boygroup gecastet. Der eine schwarzhaarig, der andere hellblond. Der eine, Hahn, ein Mats-Hummels-Typ, der andere, Christians, erinnert eher an André Schürrle. Der eine 1,90 Meter, der andere einen knappen Kopf kleiner. Einer beredt, der andere fast schweigsam. Aber der Boygroup-Vergleich hinkt schnell. Hahn und Christians wirken unverstellt und authentisch, kein aufgesetzter Hipsterlook und auch kein gegelter Jungmanager-Style. Die LinkedIn-Profile sind kurz, »Experience: Sono Motors«, »Interests: Sono Motors«.

Bei Hahn scheint das Unternehmerische in der Familie zu liegen. Seine beiden älteren Brüder haben in München eine Reihe alternativer Gastronomie- und Kulturbetriebe hochgezogen, dafür stellten sie beispielsweise ein ausrangiertes Ausflugsschiff auf eine Eisenbahnbrücke oder funktionierten eine Ansammlung alter Container im Schlachthofviertel zu einer der angesagtesten Locations der Münchener Musik- und Kneipenszene um. Christians wiederum hat einmal erklärt, er habe in der Waldorfschule gelernt, »dass, wenn Menschen zusammenkommen, das Unmögliche möglich gemacht werden kann«. Und wie wertvoll es für ihn gewesen sei, 13 Jahre lang mit Freunden durch dick und dünn zu gehen, wodurch auch seine »tiefe Freundschaft« mit Laurin Hahn entstand.

Vielleicht ist es so simpel: Kreativität, Zusammenhalt und der gemeinsame Glaube an eine größere Idee. Zumindest für die Startphase reichte das. »Erdöl ist endlich. Keine Chance, dass wir uns die nächsten hundert Jahre so fortbewegen können wie bisher«, sagt Hahn bei einem unserer Treffen in der Waldmeisterstraße. Und das war auch das simple Fazit eines Gesprächs, das die beiden Freunde 2013 – kurz nach dem Abitur – über die Verschwendung von Ressourcen führten. Sie hatten schon oft die Probleme der Welt gewälzt. Aber diesmal entstand daraus der Entschluss, die Sache selbst in die Hand zu nehmen und etwas daran zu ändern.

Acht Jahre später findet sich die Essenz ihrer Gründungsidee in dem Prospekt für einen Börsengang in den USA. »Wir stellen uns eine Welt ohne den Verbrauch fossiler Energie vor. Unsere Mission ist: Solarkraft in jedes Fahrzeug. Unsere Unternehmung gründet auf der gemeinsamen Leidenschaft, eine klimafreundliche, innovative und doch für jeden erschwingliche Mobilitätslösung zu finden. Das Ziel war es, ein solarbetriebenes Familienauto für den Massenmarkt zu entwickeln.«

2013 waren Börsenpläne für die Gründer Science-Fiction. In Christians' Garage schraubten sie einen alten Renault Twingo auseinander und funktionierten ihn, unterstützt von YouTube-Videos, in den ersten Präprototypen ihres Solar Electric Vehicle um; nach der Devise SEV statt SUV. Tesla hatte da gerade das erste Model S ausgeliefert, in Deutschland fuhr man Verbrenner, und der Dieselskandal war noch relativ weit weg. Sie brauchten drei Jahre. »Es hat etwas länger gedauert als gedacht, aber danach wussten wir, dass es technisch funktioniert und wir darauf eine Firma aufbauen können«, sagt Hahn. Mit Pernsteiner, die ein bisschen mehr von Finanzierung und Marketing verstand als die Kollegen, gründeten sie Sono Motors. Weil die Gründer Zweifel hatten, dass sie mit ihren Voraussetzungen auf klassischem Wege Risikokapital einsammeln könnten würden, starteten sie ihre erste Crowdfunding-Kampagne – sie brachte 800 000 Euro, genug, um mit der Arbeit am ersten richtigen Prototypen zu beginnen. Die Kampagne aber brachte ihnen noch mehr als das Startkapitel ein. »Dadurch ist eine virale Marke entstanden und letztlich eine starke Community«, sagt Hahn.

Dazu gehören Leute wie Stefan Götz. Der Handwerker und seine Lebensgefährtin, die Platz 1831 auf der Reservierungsliste besetzen, stießen im September 2017 zufällig beim

Googeln auf Sono Motors. Sie sahen sich den Sion und die Firmenphilosophie im Internet an und hinterlegten spontan eine Anzahlung von 2000 Euro, später stockten sie die Summe um 4000 Euro auf und gaben der Firma noch ein Darlehen über 1000 Euro.

Götz betreibt in Fürstenfeldbruck bei München einen Handwerksbetrieb für Werbetechnik. Der Sion würde sich für ihn gut eignen, sagt er. Für die meisten Fahrten reicht bei schönem Wetter der Strom aus den Solarzellen, damit kommt er bis zu 34 Kilometer weit. Für längere Strecken muss der Wagen an die Steckdose. Mit seinem alten Diesel-VW-Bus, sagt Götz, dürfe er über kurz oder lang wohl ohnehin nicht mehr in die Münchner Innenstadt, und überhaupt brauche er kein Auto einer Firma, »die ihre Kunden bescheißt«. Er könne sich durchaus vorstellen, dass sich rund um den Sion eine Fangemeinde bilde von Leuten, »die ähnlich ticken wie wir«.

Tatsächlich bewahrten Leute wie Götz die Firma gut drei Jahre nach dem Start vor dem vorzeitigen Aus.

2019 verhandelten die Gründer eine größere Finanzierungsrunde mit einem Investor, die Sache stand kurz vor dem Abschluss. 50 Millionen Euro brauchte Sono Motors, um den nächsten Prototypen zu entwickeln und der Serienproduktion näher zu kommen. Aber die Ideale der Gründer und die Vorstellungen der angelsächsischen Finanzinvestoren passten nicht zusammen. »Wenn wir diesen Deal abgeschlossen hätten, wären Patente abgezogen worden, der Sion wäre nie in Europa auf die Straße gekommen und Sono Motors letztlich zerschlagen worden«, sagt Christians. Sie wären wohl frühzeitig reich geworden, ihr Projekt aber wäre gescheitert. Sie fanden jedoch, dass die Umsetzung ihres Konzepts wichtiger war, und schafften es schließlich in einem Kraftakt Anfang 2020, 53 Millionen Euro einzunehmen. Drei Viertel davon aus der Community, teils in Form neuer Anzahlungen für Reservierungen, teils als Darlehen oder Spenden, der Rest kam von anderen Alt- und Neuinvestoren.

Fast 17 000 Leute haben den Sion bis Ende 2021 reserviert und durchschnittlich rund 2500 Euro auf den Kaufpreis von 28 500Euro angezahlt. Ein Jahr nach dem letzten erfolgreichen Crowdfunding steckten der skandinavische Vermögensverwalter Swedbank Robur sowie Family Offices und andere Investoren weitere 45 Millionen Euro in die Firma. Und ein weiteres Jahr später gelang schließlich der Börsengang an die amerikanische Technologiebörse Nasdaq, wo Sono sich 150 Millionen Dollar holte und damit rechnerisch eine Gesamtbewertung in Milliardenhöhe erreichte.

Was aber lässt die frühen Geldgeber und neuen Aktionäre glauben, dass die Sache für Sono und für sie aufgehen könnte?

Geschäftsmodell 1: Zur Sonne

Nur wenige Elektroauto-Start-ups entwickeln, konstruieren und produzieren tatsächlich vom Anfang bis zum Ende ein neues Fahrzeug. Tesla zählt in dieser Hinsicht bis heute zu den wenigen Ausnahmen. Allerdings werden die neuen Anbieter nur dann genügend Kunden finden, wenn sie sich durch irgendetwas von all den anderen E-Auto-Anbietern unterscheiden. Sie brauchen ein Geschäftsmodell, das sich nicht nur von denen anderer Neulinge differenziert, sondern auch von den etablierten Herstellern, die nun ebenfalls mit Macht ihre Elektromodelle in den Markt drücken.

Hahn und Christians haben das von Anfang an beherzigt. »Da, wo sich bewährte Prinzipien, Methoden und Teile abgezeichnet haben, da wollten wir nicht das Rad neu erfinden«, erklärt Christians. Sono verarbeitet, wo immer es geht, recyceltes und recycelbares Material und kooperiert bei wesentlichen Komponenten mit etablierten Partnern. Der Motor kommt von Continental, die Batterie von Elring

Klinger, beim Fahrwerk kooperiert Sono mit dem früheren Formel-1-Weltmeister Nico Rosberg und seiner Firma TRE. Die Fertigung soll ab Herbst 2022 der chinesische Auftragsproduzent NEVS in einem alten Saab-Werk in Trollhättan übernehmen. Die mittlerweile rund 200 Sono-Mitarbeiter konzentrieren sich auf das, was aus Sicht der Gründer ihr Geschäftsmodell ausmacht.

Die meisten Elektro-Start-ups sind im Premiumsegment unterwegs oder bieten SUVs an. Das gilt für Tesla ebenso wie für Nio, Lucid, Faraday, Fisker oder Rivian. Das Kalkül dahinter: Im obersten Preissegment sind die Gewinnmargen höher, man kann mit geringeren Absatzmengen profitabel arbeiten. Und die Zielgruppe sind Menschen, für die Autos noch immer auch Statussymbole sind, die sich über die Marke, besondere Features und hochwertiges Design definieren, nur eben neuerdings mit Elektromotor, für das gute Gewissen. Sie suchen das individuelle Fahrerlebnis, wollen eine Limousine mit hoher Reichweite, um ohne nachzuladen von München an den Gardasee, von Stuttgart an die Côte d'Azur oder von San Francisco nach L. A. fahren zu können. Die neuen Anbieter solcher Pr-E-mium-Karossen wollen Daimlers S-Klasse oder BMWs 7er-Reihe Marktanteile abknöpfen, die Stuttgarter halten mit dem EQS, die Münchner mit dem i7 dagegen. Für alle wird es am Ende nicht reichen.

»Im Vanbereich gibt es bisher so gut wie keine elektrische Konkurrenz«, sagt Christians. »Unsere Konkurrenz sind gebrauchte Verbrenner.« Gebrauchte Verbrenner? Das klingt ein bisschen provokativ, aber es ist schon was dran. Sono Motors hat Familien im Blick, kleine Handwerksbetriebe, Arbeitnehmer in Ballungszentren, die bislang aus finanziellen Gründen Klein- und Mittelklassewagen fahren, gerne auch gebraucht, weil es günstiger ist. Kunden, die Stauraum brauchen, aber keine integrierte Sitzmassage und Champagnerflöten-Halter.

»Unsere Kunden wollen sich über ihr Auto nicht selbst darstellen«, erklärt Christians. Was aber wichtiger sei, es gebe inzwischen viele Leute, die eine Garage mit eigener Ladestation hätten, die aber durchschnittlich kaum mehr als 15 oder 20 Kilometer am Tag fahren würden.

Und genau hier sieht Sono seine Kundschaft. Zwar hat die Batterie des Sion nur rund 305 Kilometer Reichweite, ein Nachteil gegenüber vielen Konkurrenten. Aber es handelt sich um eine Lithium-Eisenphosphat-Batterie, die ohne die knappen und oft unter menschenunwürdigen Bedingungen abgebauten Rohstoffe Nickel und Kobalt auskommt.

Das Reichweitenproblem soll die Solartechnik lösen. Mit Solarpanelen auf dem Dach haben auch schon andere experimentiert und die Idee letztlich verworfen, zu schwer und zerbrechlich waren die Module. Bei Sono sind die Solarzellen in eine Kunststoffhaut integriert, welche die komplette Karosserie umhüllt, damit nebenbei die Lackierung ersetzt und somit einen erheblichen Teil der Mehrkosten wieder reinholt. Bei durchschnittlichem deutschem Wetter soll die Solarhaut genug Strom erzeugen, um den Sion 112 Kilometer weit anzutreiben – eine Arbeitswoche im Stadtverkehr, ohne nachzuladen. Der normale Pendler müsse mit einem herkömmlichen Batterieantrieb viermal so oft laden wie der Sion-Fahrer mit der Solarkarosserie, behauptet Sono.

Zahllose Samples haben die Sono-Ingenieure produziert, bis sie zufrieden waren. Drei bis fünf Jahre Vorsprung glaubt die Firma mit der patentierten Innovation zu haben. In ihrem Börsenprospekt erklären die Gründer, dass das Solargeschäft zu einem gleichwertigen zweiten Geschäftsfeld ausgebaut werden soll. Der Lkw-Hersteller MAN will Sonos Sonnenkollektoren auf elektrischen Transportern ausprobieren, rund ein Dutzend anderer Nutzfahrzeug-, Schiffs- und Camperhersteller haben Verträge oder Absichtserklärungen unterzeichnet. »Wir sehen dafür großes Potenzial, grundsätzlich könnte die Technologie auf Zügen, Schiffen und Autos jeder Größe zum Einsatz kommen«, sagt Christians.

Außerdem soll die Technologie wesentlich dazu beitragen, aus dem Sion ein CO_2-neutrales Auto zu machen. Das wiederum könnte Sono eine weitere Einnahmequelle verschaffen, da die Firma – ähnlich wie Tesla, nur in kleinerem Maßstab – Emissionsrechte an andere, weniger klimafreundliche Hersteller verkaufen möchte.

Geschäftsmodell 2: Teile und fahre

Die Solartechnologie ist der eine, das Sharingmodell der zweite entscheidende Teil der Sono-Strategie. Benzin- und Dieselmotoren einfach nur durch elektrische Antriebe zu ersetzen, dabei aber weiterhin so viele Autos zu verkaufen wie bisher, das kann es nicht sein, finden Christians und Hahn. »Fahrzeuge sind Stehzeuge«, sagt Hahn. Sie würden viel zu wenig genutzt, da argumentiert er ähnlich wie der Auto-Abo-Anbieter Alain Visser. Ziel müsse es sein, die Zahl der Autos zu reduzieren, vor allem in den Städten.

Um das zu erreichen, haben die beiden Gründer sich Leute geholt, die mit dem Carsharing schon so ihre Erfahrungen gemacht haben. Leute wie Johannes Bückle.

Der Mann aus Tübingen studierte Maschinenbau an der TU München, landete danach relativ bald bei BMW, stellte aber fest, dass er nicht so sehr den Autobau, sondern vielmehr das Thema Mobilität spannend fand. Die siebenjährigen Zyklen der Fahrzeugentwicklung sind seine Sache nicht, die laufenden Updates im Softwarebereich liegen ihm schon eher: Nach einem Jahr in der Strategieabteilung von BMW kümmerte er sich um neue Mobilitätsdienste wie Share Now und Reach Now.

Mit den Mobilitätsdiensten bei den etablierten Herstellern ist es jedoch so eine Sache. Obwohl VW und vor allem Daimler und BMW mit Car2Go sowie Drive Now vergleichsweise früh am Start waren, haben sie daraus bislang wenig gemacht. »Der Produktstolz bei Drive Now war groß«, erinnert sich Bückle. »Die Leute haben da einen super Job gemacht, man konzentrierte sich mit dem Angebot auf einzelne Städte und trieb dort die Effizienz hoch.« Aber das Thema Mobilität wanderte durch die verschiedensten Abteilungen im Konzern, schließlich fusionierte man die Mobilitätsdienste inklusive Drive Now mit den Daimler-Diensten um Car2Go. Das mit großen Ambitionen gestartete Joint Venture aber rieb sich in Macht- und Strategiekämpfen auf, dann bremste auch noch Corona das Geschäft.

»Durch die Fusion mit Daimler hatte ich den Eindruck, dass BMW sich von dem Thema mehr und mehr entfernt«, sagt Bückle. Solche Kooperationen würden in Konzernen oft aus strategischen Überlegungen heraus entschieden. Es kann ja durchaus sinnvoll erscheinen, sich zu einem größeren Anbieter zusammenzuschließen, um übermächtigen Anbietern wie Uber mehr entgegensetzen zu können. Aber es geht eben auch etwas dabei verloren, denn nun hängen zwei Konzerne politisch und strategisch mit dran und wollen mitreden, bringen sich jedoch weniger zielgerichtet ein, als wenn die Sharingdienste noch eigenes Kerngeschäft wären. Tatsächlich betrachten und behandeln die Konzerne die Mobilitätsdienste durchgängig als separates Geschäft. Auch bei VW investiert Vorstandschef Diess viel Geld in Sharingangebote und hat zuletzt sogar für 2,5 Milliarden Euro den Autovermieter Europcar zurückgekauft. Dieser soll das Geschäft rund um Carsharing, Mitfahrdienste und Abo-Modelle bündeln, statt jedes VW-Modell grundsätzlich mit der Möglichkeit zum Sharing auszustatten.

Für Bückle ein Grundfehler. Sono geht die Sache anders an: Die Sharing-App ist fester Bestandteil jedes ausgelieferten Autos, drei Dienste sind standardmäßig integriert: Car

Sharing, Ride Pooling und Power Sharing. Per Smartphone können die Nutzer ihr Auto, Strom oder eine Mitfahrgelegenheit anbieten. Die Sion-Fahrer selbst können entscheiden, was sie für die Nutzung verlangen. Sono will den Preis nicht diktieren. Die Firma wird jedoch mit einem Prozentsatz an den vom Nutzer bestimmten Gebühren beteiligt. »Für uns ist es auch okay, wenn jemand nur zwei Euro pro Stunde verlangt. Das ist die DNA der Firma«, sagt Bückle. Die Versicherung ist über Sono buchbar. Bei den Mitfahrgelegenheiten läuft es für kurze Strecken ähnlich, für die Langstrecke will Sono sich größeren Plattformen anschließen.

Sharing ist mittlerweile ein Standardangebot, wirklich abheben kann man sich damit als Autohersteller kaum noch. Sono hofft allerdings, eine sehr viel höhere Nutzung der Fahrzeuge zu erreichen, auch weil der Sion innerhalb der Community verliehen wird und das Vertrauen dort größer sein dürfte als gegenüber wildfremden Nutzern: Über die Sono-App können Fahrzeuge mit Freunden, Verwandten oder Nachbarn geteilt werden. Die größere Pionierleistung erbringt Sono jedoch beim Power-Sharing. Der Sion hat vorne zwischen den Scheinwerfern zwei Steckdosen. Dort können die Besitzer Handys oder andere Geräte laden, aber auch andere Fahrzeuge. Außerdem soll überschüssige Energie auch in das Stromnetz eingespeist werden können. Und schließlich kann man das Auto als Pufferspeicher nutzen, etwa um nachts die Waschmaschine zu betreiben. Viele Leute haben zwar Solarzellen auf dem Dach, wollen sich aber keine 5000 Euro für einen Speicher in der Garage leisten. Zumindest Sion-Besitzer müssen das künftig auch nicht mehr, da der Wagen als Kraftwerk auf Rädern und fahrender Stromspeicher, als den die Gründer ihn anpreisen, das selbst übernimmt.

Wenn man den Sion und die Möglichkeiten des Teilens clever nutzt – so das Kalkül –, lassen sich die Betriebskosten des Autos für die Besitzer deutlich senken. Autoexperten, aber auch etablierte Hersteller gehen davon aus, dass künftig neben dem Kaufpreis auch die Gesamtbetriebskosten (englisch: »total cost of ownership«) eine entscheidende Rolle im Wettbewerb um Kunden spielen werden. Das ist auch die Idee hinter Abomodellen, die mittlerweile fast alle Hersteller anbieten.

Kulturrevolution

Thomas Hausch sieht neben dem Solar-Konzept und der Sharing-App noch einen anderen, grundsätzlicheren Vorteil bei Sono und anderen Start-ups: die Unternehmenskultur. Der Chief Operating Officer gehört zu den erfahrenen Managern, die Sono mittlerweile an Bord geholt hat, um sich zu professionalisieren. Hausch hat die hierarchischen und komplexen Konzernstrukturen bei Daimler, Chrysler und Nissan kennengelernt, die Befehls- und Umsetzungskultur, die eigenständiges Arbeiten behindert. Gerade jetzt, da auch die Autohersteller davon reden, sich in Softwareunternehmen verwandeln zu wollen, ist diese Kultur ein echtes Problem. Entwickler sind es gewohnt, eigene Entscheidungen zu fällen, sich über Versuch und Irrtum voranzutasten, Umwege zu gehen, kreative Lösungen zu finden. In den traditionellen Autokonzernen aber prallen sie auf Abteilungsleiter, die Vorgaben machen, die sie wiederum aus strategischen Zielen von Managern ableiten, die noch weiter oben in der Befehlspyramide stehen. Hausch kennt auch die taktischen Spielchen, die Verteilungskämpfe und Nebenagenden, die sich darüber hinaus naturgemäß in Konzernen entwickeln. Da werden Informationen gebunkert, Fehler laufen gelassen und Einzelinteressen denen des Unternehmens vorangestellt.

Junge Firmen tun sich da erst einmal leichter. Zwar ist es auch für Sono Motors schwierig, die langen Entwicklungszyklen für die Hardware eines Autos mit der kurzatmigen Entwicklung der Software in Einklang zu bringen. Aber es gibt eben keine schon seit Jahren etablierte reine Hardware- oder Softwarekultur. »Als ich 2018 dazugestoßen bin, hat mich begeistert, wie zweckorientiert Jona und Laurin die Firma führen«, sagt Hausch. Fast immer würden Entscheidungen in den Teams getroffen, die sie beträfen, die Chefs gäben den Mitarbeitern viel Eigenverantwortung. Christians und Hahn machen gewissermaßen aus der Not eine Tugend. Sie wissen, was ihnen an Know-how fehlt, anders als die Winterkorns und Piëchs der alten Autowelt, die ihre Untergebenen gerne spüren ließen, dass sie es am Ende immer besser wussten.

Unter dem Eindruck des Dieselskandals wähnen sich die Münchner auf einer Mission. »Wenn man sich anguckt, was die Automobilindustrie in Deutschland die letzten Jahre verspielt hat, dann ist das vor allen Dingen Vertrauen und Glaubwürdigkeit«, sagt Christians. »Wir brauchen wieder Unternehmertum mit Verantwortung, mit Gesicht, mit Haltung und auch mit Transparenz.«

Sono legt permanent offen, wo die Firma bei der Entwicklung des Sion steht. Alle zwei Wochen gibt es ein Update, das jeder auf der Website einsehen kann, Entscheidungen werden begründet und erklärt. Den verbreiteten Start-up-Fehler, am Kunden vorbeizuentwickeln, weil man eben noch nicht am Markt ist, hat Sono so vermieden. Von Anfang an waren Vertreter der Community in Entscheidungen mit eingebunden, konnten Ideen einbringen, über die Farbe des Autos abstimmen und vieles mehr. Hahn und Christians wollen zudem auch verhindern, dass Fehler unter den Teppich gekehrt oder negativ verarbeitet werden. Daher haben die Gründer einen »thank-you-channel« und einen »genius-channel« eingerichtet. Auf dem einen Kanal geht es darum, die Mitarbeiter zu motivieren, auf dem anderen, Fehler zu feiern: Man nominiert sich selbst für einen besonders dramatischen oder peinlichen Patzer und kann sich dafür den Spott der Mannschaft abholen und dazu beitragen, dass sich der Fehler nicht wiederholt.

Zwischen Börsenhype und Abgrund

Ob die Rechnung für Sono aufgeht, ist noch völlig offen. Erst 2022 werden die Fertigungsstraßen für den Bau des Sion in Trollhättan aufgebaut, im ersten Halbjahr 2023 sollen die ersten Fahrzeuge ausgeliefert werden. Der Sion wird dann mit vielen anderen E-Modellen konkurrieren, die in den nächsten beiden Jahren auf den Markt kommen. Belächelt werden die Waldorf-Schüler Christians und Hahn aber schon lange nicht mehr. Anfang 2021 präsentierten sie den jüngsten, seriennahen Prototyp des Sion bei der Consumer Electronics Show in Las Vegas. Mit dem Schritt auf die internationale Bühne richteten sich die Gründer an ein Publikum, das für den nächsten großen Schritt entscheidend ist: die internationalen Technologie-Investoren. Denn Sono musste noch vor dem Produktionsstart an die Börse gehen, um das für den Marktstart fehlende Geld zu beschaffen. Das gelang: Ende Oktober 2021 stellten die Gründer ihren Antrag für den Gang an die amerikanische Nasdaq, Mitte November wurden die Aktien zum ersten Mal gehandelt.

Sono ist damit eher ein Nachzügler, rund ein halbes Dutzend Elektroauto-Start-ups sind seit Sommer 2020 an die Börse gegangen. Investoren billigen ihnen teils atemberaubende Bewertungen zu, dabei haben die meisten noch kein einziges Auto verkauft, geschweige denn Gewinne erzielt. Bildet sich hier eine neue Investmentblase, wie Marktbeobachter befürchten? Oder spiegelt der Börsenhype nur wider, dass die Zeit reif ist für Neueinsteiger wie Lucid, Nio oder auch Sono, die Traditionskonzerne wie VW, BMW oder

Daimler vom Thron stoßen könnten? Die »Null-Emissions-Wirtschaft« sei das nächste große Ding, sagt Patrick Hummel, Analyst bei der Schweizer Großbank UBS. Selbst milliardenschwere Publikums- und Pensionsfonds setzten zunehmend auf E-Mobilität. Die Gefahr sei jedoch groß, dass dabei kaum mehr hinterfragt werde, »welche Geschäftsmodelle wirklich tragfähig« seien und die hohen Bewertungen rechtfertigten.

Das muss auch Sono noch beweisen. Rund 100 Millionen Euro Verlust hat die Firma in den Jahren der Vorbereitung auf den Marktstart angehäuft, nicht ungewöhnlich für ein Start-up, zumal in einer kapitalintensiven Branche wie der Autoindustrie. Aber natürlich auch ein Indiz dafür, wie risikobehaftet das Unterfangen der Freunde aus München ist. Auf mehr als 40 Seiten ist in dem rund 200 Seiten starken Börsenantrag aufgeführt, was den Erfolg von Sono gefährden könnte. Vom intensiven Wettbewerbsumfeld mit zahlreichen etablierten und kapitalstärkeren Konkurrenten über die Unwägbarkeiten der Autoproduktion, die Beschränkung auf zunächst nur ein einziges Modell, die Abhängigkeit von einzelnen Zulieferern bis hin zu der Tatsache, dass Sono auf die Bereitschaft externer Geldgeber angewiesen ist, weitere Hunderte Millionen Euro in die Firma zu pumpen, bis sie sich selbst trägt. Ohne den Börsengang – so schreibt die Firma im Börsenprospekt – hätte schon Ende 2021 die Insolvenz gedroht. Bis zum Verkaufsstart wird das Start-up weiteres Kapital benötigen, noch auf Jahre hinaus am Abgrund wandeln. Schon wenige Wochen nach dem Börsengang legte Sono offen, noch mal mindestens 200 Millionen Euro für die Serienproduktion zu benötigen. Ungewöhnlich ist das nicht: Auch das Billionen-Dollar-Phänomen Tesla stand mehrfach kurz vor der Pleite, ebenso der chinesische Highflyer Nio.

Allerdings hat sich der Wettbewerb seit der Tesla-Gründung 2003 massiv verschärft. Ausgerechnet einer der Tesla-

Gründer warnt deshalb vor allzu großer Euphorie. »Seit Teslas Start hat sich die Welt komplett verändert«, sagt Ex-Technologiechef JB Straubel auf der SPIEGEL-Klimakonferenz Ende November 2021. Der Wettbewerb werde immer härter, und Neueinsteiger brauchten viele Milliarden Dollar, um die erforderliche Größe zu erreichen. »Das aktuelle Marktumfeld«, urteilt Straubel, »begünstigt größere Autohersteller gegenüber Start-ups.«

Wie fragil der Aufbau eines Autoproduzenten ist, musste Sono erleben, als vergangenes Jahr der chinesische Immobilienkonzern Evergrande ins Schlingern geriet. Evergrande ist Eigentümer des Auftragsfertigers NEVS, der für Sono in dem alten Saab-Werk in Trollhättan die Autos zusammenschrauben soll. Die akute Finanznot der Chinesen könnte dazu führen, dass Sono sich noch vor dem Verkaufsstart zu schlechteren Bedingungen einen neuen Partner für die Serienproduktion suchen muss.

Vieles kann also noch schiefgehen für die Visionäre Christians und Hahn. Das spiegelt sich auch im Aktienkurs, der nach dem Börsenstart erst einmal abgeschmiert ist. Setzen sie sich aber trotz aller Widrigkeiten mit ihrem Solarauto am Markt durch, wäre dies der Beweis, dass auch in dem satten und für lange Zeit selbstzufriedenen Autoland Nummer eins noch neue Geschäftsideen entstehen und sich in der veränderten Welt der Mobilität durchsetzen können. Für ihr Angebot eines familientauglichen, bezahlbaren Elektroautos mit Solarkarosserie und Sharingmöglichkeiten gibt es einen Markt. Die Frage wird daher nicht die nach den Absatzmöglichkeiten, sondern eher die sein, ob sie den großen Schritt in die Serienproduktion schaffen, an dem selbst Tesla fast gescheitert wäre. Und wie sehr etablierte Massenhersteller wie VW, Toyota oder Renault ihnen das Geschäft streitig machen.

Das Selbstbewusstsein bei Sono ist jedenfalls gewachsen, seit wir Christians und Hahn zum ersten Mal trafen. In einem Starbucks in der Münchener Innenstadt erklärten sie uns im Herbst 2018 erstmals ihre Idee. Damals peilten sie noch einen Produktionsstart Ende 2019 an; dieses Ziel jedoch konnten sie nicht halten. Zuletzt verzögerte dann auch noch die Covid-19-Pandemie den Start. Ihre Ambitionen aber sind trotz allem eher gewachsen. »Erst mal treten wir in Europa an. Aber natürlich wollen wir ein globales Angebot machen, das Konzept funktioniert weltweit«, sagt Sono-Manager Hausch im Sommer 2021. Und in einer Präsentation zum Börsengang legen die Gründer aus München noch einen drauf: Als Käfer des 21. Jahrhunderts preisen sie dort ihr Sonnenauto an.

5 Das Risiko: Die Schlachtfelder der Zukunft

Wertschöpfung und Werteverschiebung

Am 22. September 2020 tritt Elon Musk in schwarzem T-Shirt auf eine Open-Air-Bühne in Fremont, Kalifornien, dem Sitz seiner ersten US-Autofabrik. »Es war ein unglaubliches Jahr«, ruft Musk seinen Anhängern zu. Lange galt Tesla als Pleitekandidat. Nun verkündet der E-Pionier Quartal für Quartal Gewinne, während die globale Autoindustrie unter der Covid-19-Krise ächzt. Die Zuhörer reagieren begeistert mit einem Hupkonzert: Wegen der Pandemie folgen sie dem Event aus ihren Teslas, aufgereiht auf einem Parkplatz wie in einem Autokino. Blank poliert, glänzen die Fahrzeuge in der kalifornischen Mittagssonne. Weitere 270000 Tesla-Fans, Aktionäre und Journalisten folgen dem Event via Livestream[15].

Offiziell empfängt Musk zur alljährlichen Hauptversammlung, doch die schnöden Geschäftszahlen handelt der Tesla-Boss in einer Viertelstunde ab. Was danach folgt, ist ein Novum in der Autobranche: Musk startet seinen ersten »Battery Day«, eine Veranstaltung, bei der er über Fortschritte in der Batterietechnologie berichtet. Was zunächst nach einem Fachevent für Physik- und Chemienerds klingt, ist in Wirklichkeit nichts weniger als eine Kampfansage an die gesamte Autoindustrie.

Der Marktanteil der Elektroautos, erklärt Musk, nehme ständig zu. Doch noch immer seien die Fahrzeuge zu teuer für die breite Masse der Weltbevölkerung. Er kündigt deshalb an, die Herstellungskosten seiner selbst produzierten Akkus innerhalb der nächsten drei Jahre zu halbieren. Unter anderem will Tesla den wichtigen Rohstoff Lithium teilweise selbst fördern, die eingesetzten Materialien verbessern und effizientere Produktionsanlagen bauen. Sollte das gelingen, hätte Tesla einen gewaltigen Wettbewerbsvorteil – schließlich kostet ein Akku Tausende von Euro, er ist das teuerste Teil in einem E-Fahrzeug. Musk könnte seine Rivalen künftig also stark im Preis unterbieten. Beim Battery Day verspricht er ein Elektroauto, das nur noch 25 000 Dollar kostet. Es wäre wohl der endgültige Durchbruch der E-Mobilität auf dem Massenmarkt.

Der Auftritt im Spätsommer 2020 zeigt, was Tesla noch immer vom Gros der Hersteller unterscheidet: Die Kalifornier beherrschen wesentliche Teile ihrer gesamten Wertschöpfungskette, vom Rohstoffeinkauf über die Batterieentwicklung bis hin zur Massenproduktion. Selbst mit dem Verkauf des fertigen Autos ist das Geschäft für Musk noch längst nicht abgeschlossen: Per Over-the-air-Service können Kundinnen und Kunden ihr Fahrzeug, ähnlich wie ein Smartphone, immer wieder updaten und es an einer der weltweit rund 30 000 Supercharger-Ladepunkten regelmäßig aufladen. Am Ende sammelt Tesla die ausrangierten Batterien sogar wieder ein und recycelt sie gewinnbringend.

In all diese Bereiche müssen Volkswagen und Co. sich erst mühsam vortasten.

Der Rückstand der Deutschen ist Ergebnis einer jahrzehntelangen Fehlentwicklung: Aus Kostengründen haben die Autohersteller immer größere Teile der Wertschöpfung abgegeben – rund 70 Prozent entfallen laut Branchenverband VDA inzwischen auf die Zulieferer[16]. Zukunftstechnologien hat die deutsche Autoindustrie lange sträflich vernachlässigt. Batteriezellen etwa galten als »Commodity«, als simples Zulieferteil, das man irgendwo im Ausland einkaufen konnte, wie eine Kurbelwelle oder Scheibenwischerblätter. Ähnliches gilt für die Computerchips, die von den Konzerneinkäufern als Massenware betrachtet wurden, als »Schüttgut«. Volkswagen und Co. konzentrierten sich jahrelang lieber auf das, was für den Kunden vermeintlich den Unterschied machte: das Design, der Motor oder die Endmontage.

Peter Mertens, ehemaliger Audi-Entwicklungsvorstand, geht deshalb hart mit seiner Branche ins Gericht: »Wir haben tatsächlich zu sehr darauf vertraut, dass unsere Lieferanten unsere Probleme irgendwie lösen würden«, schreibt Mertens, »mit dem Ergebnis, dass wir jetzt vielerorts eine viel zu niedrige Entwicklungstiefe haben und die Kompetenz im Haus nicht mehr da ist, um diese Dinge auch nur beurteilen zu können oder abzunehmen.« Nun müssten die Hersteller umsteuern, gemäß der Tesla-Strategie, alle Kerntechnologien der Zukunft selbst zu beherrschen. Mertens spricht vom »Do-it-yourself-Prinzip«, das die Kalifornier beispielhaft vorleben würden – und das den E-Vorreiter auch besser durch die Covid-19-Krise bringe als seine Wettbewerber.

Die akute Knappheit an Mikrochips, die aus dem Boom der Unterhaltungselektronik während der Pandemie resultierte, machte Tesla weniger zu schaffen als Volkswagen oder Mercedes. Die Kalifornier hatten unter anderem eine neue Software kreiert, wie der Rivale VW anerkennend feststellte. Diese ermöglicht es, andere, leichter verfügbare Chips einzusetzen. Im Vergleich zu den Wettbewerbern aus Deutschland leidet Tesla auch weniger unter Engpässen bei dem Herzstück des Elektroautos, den Batteriezellen. Bereits 2017 startete der US-Konzern eine eigene Zellfabrik in der Wüste von Nevada, im September 2021 feierten die Mitarbeiter dort bereits die Produktion der millionsten Batterie. Die deutsche Autoindustrie reagiert. Auch Volkswagen veranstaltet neuerdings einen »Power Day«, um Fortschritte bei der Batterietechnik zu verkünden. Im niedersächsischen Salzgitter wird die erste VW-Gigafactory gebaut. Innerhalb des Volkswagen-Konzerns entsteht außerdem ein Softwarekonzern, der sich mit Apple und Google messen will. Zulieferer wie Bosch wagen neue Vorstöße bei den Hochleistungschips, um den Standort Europa bei der Zukunftstechnologie zu stärken. Nach Jahren des Outsourcings holen die Konzerne nach und nach erfolgskritische Technologien in ihre Werke und Entwicklungsabteilungen zurück.

Batteriezellen, Halbleiter und Software sind die Schlachtfelder der Zukunft. Wer über sie verfügt und wer sie am besten verwerten kann, wird die Mobilität von morgen beherrschen. Durch den neuen Wettbewerb um Rohstoffe und Ressourcen, der dadurch entbrennt, ändert sich das gesamte Machtgefüge der Branche. Es gibt neue Konkurrenten und branchenfremde Hightech-Konzerne, die den traditionellen Herstellern und Zulieferern gegenüberstehen. Sie alle wetteifern um neu entstehende, milliardenschwere Geschäftszweige.

Hinzu kommt ein weiteres Wachstumsfeld, das frühestens in der zweiten Hälfte des Jahrzehnts an Bedeutung gewinnen dürfte: Roboshuttles und Fahrdienstleistungen. Dort tummeln sich bislang vor allem IT-Riesen wie Google, Baidu oder Didi, die selber keine Autos bauen, zumindest noch nicht. Für die traditionelle Autoindustrie sind ihre Offensiven deshalb nicht minder herausfordernd: Denn der Trend zur Verstädterung hält an, genau wie der Wunsch vieler Verkehrsplaner, Pkw aus den Innenstädten zu verdrängen. Erobern Hightech-Konzerne aus Amerika und Asien die globalen Metropolen? Oder haben auch die Autokonzerne eine Antwort auf die großen Verkehrsprobleme des 21. Jahrhunderts?

Batterietechnik – Operation am Herzen des Elektroautos

Weißkittel statt Blaumänner

Mehrmals pro Monat fährt Thomas Schmall vom VW-Hauptsitz Wolfsburg zu seinem wichtigsten Zukunftsprojekt ins niedersächsische Salzgitter. Durch die Scheiben seines Dienstwagens kann er den Wandel eines der wichtigsten Industriestandorte der Bundesrepublik beobachten.

Nach gut einer halben Stunde passiert Schmall den Förderturm des »Schacht Konrad«. Das ehemalige Eisenerz-Bergwerk ist heute ein Symbol für den wirtschaftlichen Aufschwung der Sechzigerjahre. Aber auch für eine Industrie, die zumindest in Deutschland keine Zukunft mehr hat.

Kurz hinter dem stillgelegten Bergwerk erreicht Schmall das Tor 1 jener Autofabrik, die ein halbes Jahrhundert lang als »Hochburg der Verbrennertechnologie« galt, wie er sagt. Hier produzierte Europas größter Autokonzern mehr als 60 Millionen Diesel- und Benzinmotoren für Modelle wie den Golf, Tiguan und Bugatti Chiron. 6500 Mitarbeiter bauten hier 7000 Antriebe – pro Tag[17]. Nun bereitet sich das Werk auf das Ende des Verbrenners vor, Personal im Motorenbereich wird schrittweise abgebaut. Doch gleichzeitig entsteht hier in Salzgitter eines der ehrgeizigsten Zukunftsprojekte der globalen Autoindustrie.

Schmall ist Technikvorstand bei Volkswagen – und damit einer der obersten Transformationsbeauftragten im Konzern. In seinen Geschäftsbereich fällt die Fertigung von Komponenten wie Verbrennungsmotoren, Gussrohrteilen, Schaltgetrieben und Gelenkwellen. Als Schmall die »Komponente« 2019 übernahm, galt sie als Resterampe des Konzerns, als Produktionseinheit wenig zukunftsträchtiger

Autoteile, übrig geblieben aus einer untergehenden Verbrennerära.

Doch die Lage war längst nicht so hoffnungslos, wie viele in Wolfsburg einst glaubten. Schmall formte aus der »Komponente« eine Einheit, die er als Volkswagens »Powerhouse« bezeichnet – ein Innovationsmotor innerhalb des Konzerns. Das Altgeschäft mit Verbrennungsmotoren, Fahrwerken und Getrieben ergänzte er gezielt durch Zukunftstechnologien wie Batteriezellen, Akkurecycling und E-Antriebe. Wegfallende Stellen im Motorenbau oder der Gießerei ersetzt Schmall, soweit es geht, durch neue Jobs wie Chemiker, Physiker oder IT-Entwickler.

Direkt neben dem Traditionswerk, das wie kaum ein anderes für Volkswagens Diesel- und Benzinervergangenheit steht, baut VW nun für zwei Milliarden Euro seine erste europäische Großfabrik für Batteriezellen, die Herzstücke moderner Elektroautos. Noch ist es nur eine gewaltige Baustelle, über die Planierraupen und Bagger rollen. Ab 2025 sollen in Salzgitter jedoch Batterien für bis zu 500 000 Autos pro Jahr entstehen, und das ist nur der Anfang: Insgesamt plant VW in Europa sechs solcher Gigafactories. Das Netzwerk soll laut VW vom »europäischen Batterie-Hub« Salzgitter aus gesteuert werden.

In den ehemaligen Verbrenner-Fertigungshallen bereitet sich Volkswagen schon jetzt auf die Akkuoffensive vor. Wo einst Mechaniker im Blaumann Dieselaggregate zusammenschraubten, bedienen jetzt Batterieexperten im weißen Kittel Maschinen, die kostbare Rohstoffe wie Lithium, Kobalt oder Mangan zu grauen Pasten vermischen und dünne Aluminiumplatten damit beschichten. Was aussieht wie ein Mix aus Druckerei und Hightech-Backstube, ist eine Pilotanlage, die schrittweise hochgerüstet wird.

Hinter einem vergitterten Schiebetor, das mit zwei Vorhängeschlössern gesichert ist, verbirgt sich außerdem ein Forschungslabor. Noch wirkt die Anlage auf 2500 Quadratmetern wie eine Playmobil-Raumstation. In Testkammern, die wie monströse Backöfen aussehen, werden neu entwickelte Zellen extremer Hitze und Kälte ausgesetzt und rund um die Uhr ge- und entladen. Von der Decke baumeln dicke, staubsaugerartige Schläuche, die giftige Substanzen abziehen sollen. Die Tische sind so weiß, das Licht so hell, dass jedes störende Staubkorn sofort auffällt.

In Salzgitter wird entwickelt, was Frank Blome, Leiter des Geschäftsbereichs Batteriezelle bei VW, einen »Game Changer« nennt, eine bahnbrechende Technologie, die der E-Mobilität zum ersehnten Durchbruch verhelfen soll. Das Projekt wird mit darüber entscheiden, ob der weltgrößte Autohersteller im Postverbrennerzeitalter noch eine führende Rolle spielen kann – oder von Tesla dauerhaft auf die Plätze verwiesen wird.

Mit neuen, besseren Stromspeichern, so die Hoffnung der Wissenschaftler, könnten Elektroautos künftig mit nur einer einzigen Ladung genauso weit kommen wie heute ein Verbrenner mit einer Tankfüllung. Gleichzeitig soll die E-Technologie so günstig werden, dass keine Kaufprämien mehr nötig wären, um gegenüber Benzin- und Dieselautos konkurrenzfähig zu sein.

Noch vor wenigen Jahren wäre eine Zellfertigung in Deutschland undenkbar gewesen. Die VW-Manager glaubten, selbst keine Akkus herstellen zu müssen. »So einen Blödsinn machen wir sicher nicht«, tönte der frühere Vorstandsboss Matthias Müller 2016. Er kaufte die Zellen lieber bei asiatischen Anbietern. So sparte sich VW milliardenschwere Investitionen in Fabriken und hoch qualifiziertes Personal.

Sein Nachfolger Diess beurteilt die Lage heute völlig anders. Für ihn ist das Werk in Salzgitter der Versuch, eine längst verlorene Schlüsseltechnologie zurückzuholen. »Die Batteriekompetenz hat Europa schon vor Jahren an Asien verloren«, sagt der VW-Chef, »mit der eigenen Zellfertigung wollen wir dieses Know-how nun zurückerobern.« Die Hightech-Fabrik soll Volkswagen technologisch auf Augenhöhe mit asiatischen Batterieriesen bringen.

Denn die Schlüsseltechnologie für das Elektroauto wird derzeit nicht von VW, BMW oder Daimler beherrscht, sondern von Spezialisten wie Samsung, Panasonic oder CATL. Die Top-5-Batteriehersteller stammen allesamt aus Asien und bringen es auf einen Marktanteil von mehr als 75 Prozent. Früher als andere erkannten sie die große Bedeutung der Akkus für die Mobilität der Zukunft. Schon in den Nullerjahren begannen Samsung und Co., Batterietechnik für E-Autos zu entwickeln. Da bewegten sich Autoindustrie und Politik in Deutschland noch zwischen Selbstgefälligkeit und Tiefschlaf. Eine eigene Batteriefertigung galt als riskant, teuer und unnötig. Lieber protegierten die Konzerne ihre hoch profitable Dieseltechnologie. In Brüssel lobbyierten sie mit freundlicher Unterstützung der Bundesregierung gegen strengere Abgasgesetze.

Wollen die Deutschen nicht zu Produzenten primitiver Blechkarossen verkommen, müssen sie jetzt handeln. Ansonsten droht das Autowerk Salzgitter zum Industriedenkmal zu verkommen, wie der benachbarte Schacht Konrad.

Ohne massiven Druck hätten die Autobosse den dringend benötigten Wandel wohl nie angestoßen. Seit 2020 drohen Autokonzernen, deren Flotten zu viel CO_2 ausstoßen, Milliardenstrafen. In der Berechnung werden Elektroautos derart begünstigt, dass Volkswagen und Co. keine andere Wahl bleibt, als ihre Palette radikal auf Stromer umzustellen. Ein politisch verordneter Technologiewandel, von dem sich die Europäer ein Comeback als Technologiestandort erhoffen.

Bereits 2017 setzte der spätere EU-Kommissionsvize Maroš Šefčovič die Gründung einer europäischen Batterieallianz durch, der heute 14 Staaten und rund 500 Unternehmen angehören, darunter BMW, Opel, BASF und Varta[18]. Ohne eine solche Initiative, warnte der Slowake, drohe der Kontinent den Zukunftsmarkt mit einem jährlichen Volumen von 250 Milliarden Euro an Wettbewerber aus Fernost zu verlieren.

Šefčovičs Allianz gilt als erster wichtiger Impuls. Mithilfe europäischer Steuergelder baut unter anderem Opel eine Zellfabrik im strukturschwachen Kaiserslautern auf. Und VW hofft auf Fördermittel für eine weitere Zellfabrik in Deutschland. Allerdings greifen die Initiativen aus Sicht der Wolfsburger immer noch zu kurz.

Denn mittlerweile boomt der Verkauf von E-Autos, angetrieben durch staatliche Verkaufsprämien, aber auch durch E-Vorreiter wie Tesla. Und die Batterietechnik wird zum knappen, kostbaren Gut. Bis 2030, prognostiziert die Unternehmensberatung McKinsey, wird sich die Nachfrage an Batteriezellen mehr als verzehnfachen.

Die Knappheit an Batteriezellen bremst aus Sicht von VW-Chef Diess den Hochlauf der E-Mobilität erheblich. Aktuell plant das Gros der Autohersteller damit, bis 2030 etwa 50 bis 60 Prozent ihres Absatzes mit reinen E-Autos zu bestreiten. Viele Politiker in Berlin und Brüssel, aber auch Hersteller wie Audi, würden den Ausstieg aus der Verbrennertechnik jedoch gerne noch weiter beschleunigen. Doch ohne weitere Zellfabriken, warnt Diess, sei das kaum möglich. Allein um die aktuellen Produktionspläne für E-Autos zu erfüllen, müssten in Europa in den kommenden Jahren 20 bis 30 Gigafactories entstehen.

Vergeblich versuchte Diess frühzeitig, Zulieferer wie Bosch oder Continental vor einigen Jahren von einem Einstieg in die Zellproduktion zu überzeugen. Doch die winkten damals ab, weil sie die gewaltigen Investitionen scheuten. Diess entschied sich daraufhin zunächst zur Eigeninitiative. »Wir müssen das jetzt selber machen«, sagte er uns im Spätsommer 2021, »zusammen mit Start-ups, die bereit sind, größere Risiken einzugehen.« Bei den Batteriezellen arbeitet VW inzwischen mit dem jungen schwedischen Unternehmen Northvolt und dem chinesischen Spezialisten Gotion zusammen. Am Ende hat sich Bosch dann doch noch zu einer Kooperation durchgerungen: Mitte Januar verkündeten der Zulieferer und Volkswagen, bei der Ausrüstung von Batteriezellfabriken zusammen arbeiten zu wollen.

Mit seiner Multi-Milliarden-Offensive verfolgt der VW-Konzern zwei große Ziele. Erstens will er möglichst viele Jobs ins Zeitalter der E-Mobilität retten. Allein an den wichtigsten Komponentenstandorten in Niedersachsen und Hessen arbeiten 22000 Menschen, mehr als 40 Prozent davon sollen bis 2025 Beschäftigung in Zukunftstechnologien wie der Batteriefertigung oder den E-Antrieben finden. Allein in der Zellproduktion sollen perspektivisch mehr als 2500 Mitarbeiter untergekommen. Zweitens soll Salzgitter Volkswagens erster großer Pfeiler im Bollwerk gegen die Herausforderer aus Amerika und Asien werden. »Um unsere Position als wichtigste Autonation zu verteidigen«, fordert Technologievorstand Schmall, »müssen wir noch schneller werden als unsere asiatischen Wettbewerber.« Um auf Augenhöhe mit den neuen Rivalen zu kommen, hat Volkswagen Ende 2021 den Apple-Spezialisten Soonho Ahn angeheuert, der beim kalifornischen IT-Konzern die Batteriezelltechnologie verantwortete.

Auch Arbeitnehmervertreter schlagen Alarm. Tesla-Boss Musk müsse den deutschen Managern offenbar »erst vormachen, wie es geht«, lästert etwa BMW-Betriebsratschef Manfred Schoch. Nach der 2016 in Betrieb genommenen Anlage zur Batteriefertigung in Nevada soll die neu geplante Gigafactory in Grünheide bei Berlin nun laut Musk die »größte Batteriefabrik der Welt« werden.

Das hat die deutschen Autobauer angestachelt. Nach anfänglichem Zögern ist bei ihnen ein Wettstreit darüber entbrannt, wer die stärksten Akkus entwickelt. BMW hat zwar keine eigene Serienproduktion, aber eine Pilotfertigung in der bayerischen Landeshauptstadt gestartet. »Es ist der falsche Zeitpunkt für BMW, in Gigafabriken zu investieren«, glaubt Entwicklungsvorstand Weber. Die Batterietechnologie verändere sich derart schnell, dass es gefährlich wäre, dort jetzt Milliarden in den Aufbau einer Produktion zu stecken. Das würde einen in der Entwicklung nur hemmen. Im hauseigenen Kompetenzzentrum Batteriezelle erarbeitet man gemeinsam mit Partnern wie dem chinesischen Zelllieferanten CATL, wie die von BMW verwendeten Zellen designt sein müssen. Ob und wann BMW selbst in die Zellfertigung einsteigt, lässt Weber offen. Bis 2031 hat der Konzern sich Batteriezellen im Wert von zehn Milliarden Euro von CATL (China) und Samsung (Südkorea) gesichert, ab 2024 soll zudem der VW-Partner Northvolt Zellen liefern.

Auch der Daimler-Konzern, der den frühen Versuch einer eigenen Zellfertigung nach Millionenverlusten zunächst gestoppt hat, steigt jetzt wieder in die Produktion ein. Insgesamt acht Gigafabriken will Vorstandschef Källenius eröffnen, vier davon in Europa. Um dieses Ziel zu erreichen, geht auch Daimler Partnerschaften ein, etwa mit den französischen Konzernen Stellantis und Totalenergies. Mittlerweile hat man auch in Stuttgart verstanden, dass der Mehrwert eines Elektroautos neben der Software vor allem in der Batterie liegt. Wer die Wertschöpfungskette bei der Batterie kontrolliert, hat einen wesentlichen Wettbewerbsvorteil – so wie einst die Deutschen beim Motor. Handelskriege, der Kampf um knappe Rohstoffe und die Einsicht, dass Pandemien die Abhängigkeit von Zulieferern gefährlich erhöhen können, machen den Aufbau einer eigenen Zellproduktion umso dringlicher.

Hoffnung auf die Superbatterie

Volkswagen geht noch einen Schritt weiter. Für die Forschung in Salzgitter hat sich der Konzern 2018 mit einem Start-up aus dem Silicon Valley verbündet: QuantumScape. Die junge Firma, eine Gründung der US-Elite-Uni Stanford, forscht seit zehn Jahren an der nächsten Stufe der Speichertechnik – und glaubt nun eine aussichtsreiche Lösung gefunden zu haben. Die sogenannte Feststoffzelle, die derzeit in den Testkammern von VW erprobt wird, soll schon in wenigen Jahren in Massenproduktion gehen und langfristig in Millionen E-Fahrzeugen verbaut werden. VW ist größter Aktionär des kalifornischen Start-ups, an dem unter anderem Microsoft-Gründer Bill Gates beteiligt ist. Gemeinsam prüfen die Partner in Salzgitter nun eine weitere Pilotlinie für den Akku der Zukunft.

Beide Seiten versprechen sich von den neuen Akkus erhebliche Vorteile gegenüber den heutigen Lithium-Ionen-Akkus. Die Feststoffbatterien, so die Theorie, schaffen bei gleicher Größe fast die doppelte Reichweite, bei einem Mittelklasseauto statt 200 km rund 375 km. Die Ladezeit soll auf eine Viertelstunde sinken. Solid-State-Akkus gelten zudem als sicherer, weil sie keine flüssigen, leicht entflammbaren Elektrolyte brauchen. Auch die schweren Stahlblechgehäuse, die viel Geld, Gewicht und Reichweite kosten, werden durch sie überflüssig.

QuantumScape-Chef Jagdeep Singh geht davon aus, dass die deutschen Hersteller den Rückstand auf Tesla aufholen und »sehr wettbewerbsfähige Elektroautos werden bauen können«. Er prognostiziert sogar tektonische Verschiebungen im Machtverhältnis der Industrienationen. Langfristig könnten Europa und die USA verlorenes Terrain von den übermächtigen Asiaten zurückerobern. Chinesen, Japaner und Koreaner seien vor allem in der konventionellen Lithium-Ionen-Technologie stark. Die Feststoffzellen jedoch könnten zu »einer Rückkehr von Batterieentwicklung und

-produktion aus Asien in den Westen« führen, glaubt der QuantumScape-Chef.

Für Volkswagen haben solche Kooperationen den Vorteil, dass sie auf diese Weise Know-how gewinnen, das sie ansonsten in jahrelanger Forschungsarbeit selbst hätten aufbauen müssen. Auch BMW hat sich mittlerweile beim US-Start-up Solid Power eingekauft, um bei der Feststofftechnologie den Anschluss nicht zu verpassen. Entwicklungsvorstand Weber rechnet damit, dass diese wesentlich effizienteren Batterien ab der zweiten Hälfte des Jahrzehnts zum Einsatz kommen könnten. Der Nachteil solcher Partnerschaften: VW und BMW bleiben weiter auf externe Hilfe aus Amerika und Asien angewiesen.

Das gilt genauso für einen weiteren technologischen Rohstoff der Zukunft, der im Auto eine immer größere Rolle spielt – Computerchips. Noch in den Neunzigerjahren beheimatete Europa rund 40 Prozent der globalen Halbleiterindustrie. Ein Großteil davon ist seitdem nach Asien abgewandert, wo Arbeits- und Energiekosten deutlich niedriger liegen – und die Regierungen oft höhere Subventionen zahlen. Die Folgen für die Autoindustrie sind fatal.

Egal ob bei BMW in Dingolfing, bei Daimler in Sindelfingen oder bei VW in Wolfsburg: Immer wieder musste die Produktion in den Jahren 2020 und 2021 gedrosselt werden, weil der Nachschub an Halbleitern stockte. Bänder standen still, Tausende Mitarbeiter mussten wochenweise in Kurzarbeit. Die Wirtschaftsprüfungs- und Beratungsgesellschaft PricewaterhouseCoopers (PwC) hat berechnet, dass bis zum Jahresende 2021 weltweit bis zu elf Millionen Autos weniger produziert und verkauft werden, als vor der Covid-19-Pandemie geplant, weil VW, Daimler und andere Hersteller nicht an genügend Chips kommen, um die Nachfrage zu bedienen. 2022 setzt sich der Halbleiter-Engpass fort. Auch Rohstoffe wie Stahl sind knapp, was die Produktion zusätzlich behindert.

Mikrochips – Die Pandemie als Weckruf

Die Hoffnung der deutschen Automobilindustrie steckt in einem etwa 35 Meter hohen und mehr als 100 Meter langen Kasten aus Aluminium. An einem Freitag Anfang August 2021 strahlt das neue Gebäude 18 des Halbleitercampus von Infineon in Villach in der Sommersonne. Und noch ein bisschen mehr strahlt Thomas Reisinger.

Zwei Tage zuvor hat der Produktionsvorstand der österreichischen Infineon-Tochter das Signal gegeben: »We are ready for production.« In einer Endlosschleife läuft in den Tagen danach ein Motivationsvideo mit diesem Titel im Empfangsbereich der Villacher Dependance des Dax-Konzerns. Drinnen in der Fabrik zieht Reisinger den Ganzkörperanzug an und die Haube über den Kopf, lässt sich in der Vereinzelungsanlage letzte Staubkörner wegblasen und betritt schließlich den Reinraum, das innerste der Aluminiumkiste, Herzstück des neuen Werkes.

Unter der Decke laufen Behälter in der Größe von Bierkästen über schwarze Schienen, darin befinden sich die 300 Millimeter großen und weniger als einen Millimeter dünnen Siliziumscheiben – sogenannte »Wafer«, die von einer der vollautomatischen Werkbänke zur nächsten transportiert werden. Dort applizieren Präzisionsmaschinen in 800 bis 1200 Schritten jene bis zu 100 000 Bauteile, die den Halbleitern ihre erstaunlichen Fähigkeiten verleihen. Bei Vollauslastung soll die Fabrik in Villach jährlich Chips im Wert von rund zwei Milliarden Euro produzieren – vor allem für die Autobranche.

»Die Stimmung ist fantastisch«, sagt Reisinger. »Es ist phänomenal, das neue Werk in dieser Situation und drei Monate früher als geplant hochfahren und damit schneller liefern zu können.«

Die Situation, von der Reisinger spricht, ist geprägt von der Angst der Autoindustrie, kaufwillige Kunden nicht oder nur sehr verzögert beliefern zu können, weil essenzielle Bauteile knapp sind. Neue Modelle von BMW, Mercedes oder Volkswagen sind voll mit Chips und Sensoren; sie stecken nahezu in jedem Bauteil, das irgendwie gesteuert oder vernetzt werden muss, vom Gurtstraffer bis zur elektronischen Stabilitätskontrolle. Ohne die Halbleiter kommen auch Elektroantrieb und der Radar für das autonome Fahren nicht aus, jene Technologien, die die Zukunft der Autokonzerne darstellen sollen. Eine Zukunft, in die sie Milliarden investiert haben, für die üppige staatliche Kaufprämien fließen und die nach dem Willen von VW, Daimler, BMW und Co. jetzt beginnen soll.

Aber diese Zukunft gibt es nur mit Halbleitern. Und diese essenziellen Teile selbst zu produzieren oder zumindest sicherzustellen, dass sie auch bei widrigen Umständen immer verfügbar sind, das haben die meisten Autohersteller genauso versäumt wie den Aufbau einer eigenen Batterieversorgung.

Seit sich im Herbst 2020 die Covid-Starre gelöst und die aufgestaute Nachfrage entladen hat, seit in den Autohochburgen Wolfsburg, Sindelfingen oder Ingolstadt eigentlich wieder an sieben Tagen in der Woche 24 Stunden lang die Bänder laufen sollen, kommen Infineon, Bosch und andere Chiphersteller nicht mehr hinterher mit der Produktion. Daher sind sie für die Entwicklung ihrer Spezialchips auf Wafer, also Rohlinge, angewiesen, die vorwiegend aus Taiwan, Südkorea und China kommen. Weil aber viele Autohersteller und -zulieferer im ersten Covid-Lockdown Bestellungen stornierten, nahmen die asiatischen Chipriesen umso mehr Aufträge aus der boomenden Unterhaltungselektronik an. Die PS-Branche musste sich daher hinten anstellen, als die Nachfrage wieder anzog, und zwar vor allem nach Elektroautos, die weit mehr Halbleiter benötigen als Verbrenner. »Das haben die Hersteller ein bisschen verschlafen«, sagt Klaus Wohlrabe, stellvertretender Leiter des Ifo Zentrums für Makroökonomik und Befragungen.

Zugleich häufen sich Probleme bei den Anbietern und auf den Transportwegen. In Taiwan wird nach einem trockenen Sommer das in großen Mengen benötigte Wasser für die Chipproduktion knapp, chinesische Häfen werden immer wieder durch Quarantänemaßnahmen lahmgelegt und ein havarierter Tanker blockiert wochenlang den Suezkanal.

In den Autowerken stehen daher immer wieder Bänder still, Kunden warten teils bis zu zwölf Monate auf ihr neues Fahrzeug und die Hersteller büßen Milliarden an Umsätzen ein. Die unverhoffte Mangelwirtschaft führt den Managern vor Augen, wie abhängig sie von wenigen Zulieferern sind. Und wie gefährlich das ist, weil die mikroelektronischen Teilchen, die sie lange für Massenware hielten, für die Autobranche mittlerweile enorme strategische Bedeutung haben und in immer größeren Mengen gebraucht werden.

Infineon jedoch hat das früh erkannt. »Ein Werk baut man nie aufgrund kurzfristiger Nachfrageschwankungen«, sagt Reisinger. Als der Vorstand um Reinhard Ploss vor drei Jahren beschloss, das neue Werk zu bauen, herrschte am Chipmarkt eine kleine Flaute. Trotzdem investierte der Konzern 1,6 Milliarden Euro in neue Kapazitäten. Ähnlich weitsichtig handelte Bosch, der zweite deutsche Hersteller von Chips für die Autobranche. Ein paar Monate vor Infineon weihte der Stiftungskonzern ein neues Halbleiterwerk in Dresden ein.

In der aktuellen Krise hilft das den Herstellern wenig. Die neuen Fabriken mildern erst allmählich die Probleme von VW und Co. Infineon, Bosch und andere auf Chips für die Autobranche spezialisierte Hersteller wie NXP hängen ihrerseits von Vorprodukten, Auftragsfertigern und Verpackungsspezialisten ab. Und bis die neuen Werke ihre Tore überhaupt geöffnet haben, ist der Zoff zwischen Herstellern und Zulieferern schon eskaliert. Bei VW ist man der Ansicht, Zulieferer wie Continental hätten Warnungen des Konzerns ignoriert, dass die Nachfrage nach dem Lockdown schnell wieder anspringen werde. Man lässt Manager der Zulieferer zum Rapport antanzen und prüft mögliche Konventionalstrafen. Continental hält dagegen, man habe »zu jedem Zeitpunkt gegenüber unseren Kunden offen und transparent kommuniziert«; viel schneller, als von Marktexperten erwartet, hätten »die Automobilhersteller in allen Regionen ihre Produktionsmengen wieder erhöht«.

Als sich der Gefechtsrauch gelegt hat, merken die Hersteller schnell, wie sie den Schaden begrenzen können. BMW, Daimler, VW und andere können ihre Gewinne hoch halten, indem sie geringere Verkaufsanreize – sprich: Rabatte – gewähren, Preise erhöhen und bevorzugt die Modelle produzieren, an denen sie besonders gut verdienen: dicke SUVs und hochpreisige Limousinen. So spiegelt sich im Krisenmanagement noch einmal die Strategie, der gerade die deutschen Premiumhersteller ohnehin folgen: alles auf Luxus.

Weil Autos knapp sind, steigen zudem die Restwerte von Gebrauchtwagen, was sich in der Bilanz der Konzerne positiv bemerkbar macht, etwa bei Fahrzeugen, die sie aus dem Leasing zurücknehmen. Laut einer Studie der Bank LBBW liegen die Gebrauchtwagenpreise im Herbst 2021 durchschnittlich um 3500 Euro über dem Vorjahr – ein Plus von 17 Prozent.

Je länger die Lieferengpässe andauern, desto größer wird für Hersteller jedoch die Gefahr, dass die Kunden die längeren Wartezeiten und höheren Preise nicht mehr hinnehmen und zu anderen Anbietern wechseln, zumal der Wechsel zur E-Mobilität das Käuferverhalten ändert. Und offenbar leiden nicht alle Hersteller gleichermaßen unter dem Mangel an Halbleitern, ablesen lässt sich das an den Wartezeiten. Während man laut der Neuwagen-Plattform CarWow auf den elektrischen ID.3 von VW zu Jahresbeginn 2022 neun bis

12 Monate warten muss, liefert Tesla das Model 3 binnen drei bis vier Monaten, der schwedische Polestar 2 ist ebenfalls innerhalb dieses Zeitraums zu haben. Tesla kann, anders als die deutsche Konkurrenz, den Absatz im dritten Quartal 2021 sogar steigern, auf Jahressicht legten die Auslieferungen um 87 Prozent zu. Die Amerikaner sollen ihre Chipbestellungen in der Pandemie – anders als die deutschen Hersteller – nicht wesentlich reduziert haben. Felix Kuhnert, Leiter des Autobereichs bei PwC, beobachtet, dass auch »bestimmte asiatische Anbieter in Europa vorproduzierte Autos ohne Wartezeiten anbieten«. Der Zugang zu Halbleitern sei offenbar teilweise für koreanische, japanische oder chinesischer Hersteller besser als für die Europäer. »Die Marktanteile könnten sich dadurch verschieben«, sagt Kuhnert. Halbleiter werden zu einem entscheidenden Differenzierungsmerkmal im Wettbewerb.

Auch wenn sie die Covid-Chip-Krise mit einem blauen Auge überstehen, werden die deutschen Hersteller daher ihre Geschäftspraktiken und Strategien hinterfragen müssen. Lange haben beispielsweise die VW-Einkäufer die Verhandlungen mit den Chipkonzernen ihren Zulieferern überlassen. Nun suchen die Wolfsburger teils den Direktkontakt zu Unternehmen wie NXP, Infineon und deren Vorproduktelieferanten. BMW kauft schon heute teilweise direkt bei den Chipspezialisten ein – was erklären dürfte, warum die Münchner bislang vergleichsweise geringe Probleme bei der Halbleiterbeschaffung haben und deutlich weniger Absatz einbüßten als etwa Daimler.

Allerdings sind die Möglichkeiten der Autobauer, Halbleiter direkt bei den Chipkonzernen zu bestellen, bis auf Weiteres begrenzt. »Die Chips von Bosch können Autohersteller nicht einfach woanders beziehen, weil sie spezifisch für unsere Komponenten entwickelt werden«, sagt Jens Fabrowsky, Bereichsvorstand für Automotive Electronics bei dem weltweit größten Autozulieferer. Bosch versteht sich als Systemanbieter: Die selbst produzierten Chips werden im eigenen Betrieb etwa in Airbags, Bremssystemen, Kameras, aber auch in elektrischen Antrieben und Radarsystemen für das automatisierte Fahren verbaut, bevor Bosch diese dann an die Autohersteller liefert.

Lange Zeit hatten die Autokonzerne kein Problem mit dieser Arbeitsteilung. Aber mit dem Wechsel vom Verbrennungsmotor zum Elektroantrieb werden die Karten neu gemischt. Weil im Antriebsstrang insgesamt weniger Wertschöpfung steckt und damit weniger Gewinn, wollen die Autohersteller einen größeren Anteil davon. Deshalb denken sie darüber nach, mehr Halbleiter direkt an der Quelle zu beziehen und nicht den Umweg über Zulieferer zu gehen. Bei den klassischen Fahrzeugkomponenten müssten die Autohersteller vieles von dem Know-how aufbauen, das Bosch, Conti oder ZF schon haben – das kostet Zeit und Geld. Bei neueren Technologien, wie dem elektrischen Antrieb oder dem autonomen Fahren, bei denen der Markt noch nicht verteilt ist und alle eine ähnliche Ausgangsbasis haben, könnte sich der Strategiewechsel für VW und Co. lohnen. Allerdings ist genau dieser Markt hart umkämpft. Die deutschen Autohersteller haben im Vergleich zu anderen eher spät erkannt, welche strategische Bedeutung der Chip für die Mobilität der Zukunft hat. Nun kämpfen sie nicht nur mit ihren traditionellen Zulieferern, sondern auch mit amerikanischen und asiatischen Techkonzernen um diesen lukrativen Markt.

Noch vor ein paar Jahren hätte Cristiano Amon bei der Automesse IAA kaum Beachtung gefunden. Der US-Chiphersteller Qualcomm, den Amon führt, ist bekannt für die Ausrüstung und Vernetzung von Smartphones. Im Spätsommer 2021 tritt Amon, ein robuster Mann mit Kinnbart, brasilianischem Pass und amerikanischem Enthusiasmus, beim Branchentreffen in München auf wie ein Prediger. Und findet unter den Chefs der Auto- und Zulieferbranche viele Zuhörer.

Seine Botschaft: Wie einst die Mobiltelefone würden Autos künftig Teil eines digitalen Ökosystems. »Wir wollen jedes einzelne Fahrzeug in die Cloud bringen«, sagt Amon dem SPIEGEL. Vernetzung sowie automatisiertes und autonomes Fahren eröffneten den Herstellern unglaubliche Möglichkeiten, mit den Kunden zu interagieren und Geschäfte zu machen. Wenn sich der neue Mobilfunkstandard 5G etabliert hat, will Amon das Auto zum nächsten großen Internet-Device machen.

Mit 23 von 26 Autoherstellern in aller Welt ist Qualcomm laut Amon schon im Geschäft. Richtig durchstarten wollen die Amerikaner aber mit einer eigenen Plattform für das autonome Fahren, die Hardware- und Softwarekernkomponenten anbietet. Für fast fünf Milliarden Dollar übernimmt der Chipfabrikant deshalb den schwedischen Fahrassistenzspezialisten Veoneer. Es ist diese Kombination aus leistungsstarken Chips und Software-Know-how, die Qualcomm als neuen Spieler im Automonopoly so stark macht.

»Die Leistungsfähigkeit der Halbleiter definiert die Leistungsfähigkeit des Autos«, schreibt Ex-Audi-Vorstand Mertens in seinem Buch »Aufstieg aus der Blechliga« (2021). Deshalb beobachte die gesamte Branche, wer in der elektrischen Architektur des Fahrzeugs welche Innovationen ins Spiel bringe. Neben Qualcomm liefern sich Anbieter wie NXP, Daimler-Partner Nvidia, die Intel-Tochter Mobileye, Infineon und Bosch ein Rennen um die leistungsfähigsten Chips – die aber zugleich möglichst wenig Energie verschlingen dürfen, um die Reichweite der Batterien für den E-Antrieb nicht zu sehr zu schmälern.

Für die deutsche Autoindustrie und die 1,7 Millionen Jobs, die daran hängen, sind neue Rivalen wie Qualcomm damit eine gewaltige Herausforderung. Niemand kann heute sagen, ob Qualcomm als Freund kommt, wie Vorstandschef Amon gern betont, oder als Feind, der es auf das Kerngeschäft der Hersteller und Zulieferer abgesehen hat. Die gute Nachricht: Die Deutschen reagieren. So haben sich BMW, Bosch und Continental allesamt an dem Start-up Recogni beteiligt, das sich darauf spezialisiert hat, hoch leistungsfähige Prozessoren mit einem besonders geringen Energieverbrauch zu entwickeln. Noch ist offen, ob es ein solcher Newcomer schaffen kann, in die Phalanx der großen Techkonzerne einzubrechen, aber wenn die deutschen Autohersteller und ihre größten Zulieferer gegen die zunehmende Abhängigkeit von amerikanischen und asiatischen Chipherstellern ankämpfen wollen, dann müssen sie solche Wagnisse einfach eingehen. Schließlich entwickelt auch Tesla Chips für das autonome Fahren selbst.

Allein auf Unterstützung aus der Politik sollte sich die deutsche Autobranche jedenfalls nicht verlassen. Die ersten Reaktionen der Bundesregierung auf den Chipmangel in der Covid-19-Krise waren reichlich hilflos. Auf Drängen des VDA schrieb der damalige Bundeswirtschaftsminister Peter Altmaier einen Bettelbrief an Vertreter der taiwanischen Regierung, die deutschen Autobauer bei der Belieferung mit Chips nicht zu vernachlässigen, schließlich sei die Industrie von überragender Bedeutung für die Weltkonjunktur. Darüber spottet mancher in der Branche noch heute, andere schämen sich. Die neue Bundesregierung agiert weniger devot. Im Koalitionsvertrag steht, man treibe den »EU Chips Act« voran, eine europäische Initiative, die 20 Prozent der Halbleiter-Weltproduktion bis 2030 in die Europäische Union holen soll. Der neue Wirtschaftsminister Robert Habeck (Grüne) hat angekündigt, mit Milliardensubventionen wieder verstärkt Halbleiter-Herstellung nach Deutschland holen zu wollen, um die Abhängigkeit von Asien zu reduzieren. Vergleichbare Offensiven gab es allerdings schon früher. Bereits seit Jahrzehnten versuchten frühere Bundesregierungen mit Subventionen und Steuererleichterungen, die heimische Chipindustrie anzukurbeln. Von einem »Airbus of Chips« träumte auch die EU-Kommission 2012 und gab als Ziel aus, Europa müsse bis 2020 etwa 20 Prozent zur weltweiten Chipproduktion beisteuern. Brüssel erklärte die Halbleiterfertigung zum »wichtigen Projekt im gemeinsamen europäischen Interesse« (Ipcei).

Passiert ist seither wenig. Zwar kann Europa heute mit NXP, Infineon und ST Microelectronics auf drei Halbleiter-Schwergewichte verweisen, deren Marktanteil ist jedoch relativ klein. Noch immer werden nur rund zehn Prozent der Halbleiter in Europa produziert. Führend ist der Kontinent nur in Teilbereichen wie den Leistungshalbleitern, etwa für das Batteriemanagement von E-Autos. Bei anderen Chips und den für alle Halbleiter benötigten Wafern ist man vom Rest der Welt jedoch weiterhin abhängig, die großen Foundries, die Auftragsfertiger, haben ihre Fabriken vor allem in Asien.

Und so bläst die EU-Kommission erneut zur Aufholjagd. Angela Merkel bezeichnete es in ihrer letzten Sommer-Pressekonferenz im Juli 2021 sogar als »eine der zentralen Aufgaben«, in Sachen Chips »weltführend« zu werden. Ihre Nachfolger sehen das genauso: »Deutschland und Europa haben keine Zeit zu verlieren«, sagt Wirtschaftsminister und Vizekanzler Habeck. Die Bundesrepublik und 16 weitere EU-Mitgliedstaaten haben sich verpflichtet, ihre Investitionen in die Halbleiterherstellung massiv zu erhöhen. Berater sehen einen gewaltigen Förderbedarf, Europa müsse locker 50 Milliarden Euro in den Ausbau der Chipproduktion stecken.

Am massiven Einsatz von Steuergeld führt offenbar kein Weg vorbei, denn für private Konzerne dürften sich derartige Investitionen kaum rechnen. Die Chipproduktion in Europa ist kostspieliger als in Asien, und hiesige Autohersteller dürften kaum bereit sein, aus reinem Patriotismus höhere Preise für europäische Chips zu zahlen. »Es ist ein Dilemma«, sagt Marcus Berret, Geschäftsführer und Autoexperte bei der Unternehmensberatung Roland Berger. »Was gesamtwirtschaftlich rational wäre, ist aus der Perspektive einzelner Konzerne nicht unbedingt sinnvoll.«

Und die Zeit drängt. Längst hat ein Milliardenwettstreit der Supermächte begonnen. US-Präsident Joe Biden will die heimische Chipproduktion mit 52 Milliarden Dollar ankurbeln. Im Juni 2021 ging sein »Chips for America Act« durch den Senat. Chinas KP hat ebenfalls ein Megainvestitionsprogramm aufgelegt. Insgesamt 1,4 Billionen Dollar hat die Regierung für Technologieförderung ausgelobt, um mit Taiwan und den USA gleichzuziehen.

Dieser Koste-es-was-es-wolle-Mentalität hat Europa bisher wenig entgegenzusetzen. Noch ist nicht einmal klar, wie viel die EU locker machen will, da strecken schon die ersten Chipkonzerne die Hand nach Fördermitteln aus – es sind Intel aus den USA und TSMC aus Taiwan, die mit hiesigem Steuergeld in Europa Fabriken bauen wollen. Mag sein, dass auch dies die Versorgungssicherheit für deutsche Auto- und Industriekonzerne erhöhen würde, die Abhängigkeit von ausländischem Know-how aber bliebe.

Fraglich ist auch, ob es überhaupt sinnvoll ist, in allen Segmenten der Chipindustrie vorne mitspielen zu wollen. Von der Idee, eine Branchengröße wie Intel mit Milliardenhilfen nach Deutschland zu locken, hält etwa Infineon-Chef Reinhard Ploss »nur dann etwas, wenn dort Chips entstünden, die europäische Industrien wirklich weiterbrächten«. Die Pläne von EU-Binnenmarktkommissar Thierry Breton, mit Milliardensubventionen auch bei Hochleistungschips zu asiatischen Anbietern aufzuschließen, halten Kritiker wie Jan-Peter Kleinhans, Leiter Technologie und Geopolitik bei der Berliner Stiftung Neue Verantwortung, für aussichtslos, man liege mehr als ein Jahrzehnt zurück. Die Hochleistungschips gingen außerdem am Bedarf der europäischen Industrie vorbei. Und überhaupt: Anstatt Milliarden für die Massen*fertigung* zu verpulvern, sei es sinnvoller, Geld in das *Design* neuer und für die Zukunftstechnologien benötigter Halbleiter zu stecken. Also beispielsweise Chips, welche die Basis für klimaneutrale Antriebe, das autonome Fahren und die Vernetzung der Fahrzeuge bildeten.

Könnten die Autohersteller stärker auf europäisches Halbleiter-Design und -Know-how zurückgreifen und gelänge es ihnen, ihre Lieferketten für die Grundversorgung mit Chips besser zu managen, wäre im Wettbewerb um die Mobilität der Zukunft schon eine Menge gewonnen. Wollen VW und Co. aber wirklich weiter vorne mitspielen, müssen sie in einem weiteren Bereich einen enormen Rückstand aufholen: der Software.

Software – Vom Auto zum rollenden Computer

Notruf Wolfsburg: Volkswagens Startprobleme mit Bits und Bytes

Am 11. Juni 2020 hofft VW auf den großen Befreiungsschlag. In Wolfsburg empfängt der Konzern ein gutes Dutzend Journalisten, um ihnen sein neues, digitales Wunderauto zu präsentieren: Der kompakte Mittelklassewagen ID.3, von Konzernchef Diess als legitimer Nachfolger von Käfer und Golf vorgesehen, soll die Elektromobilität »demokratisieren« und für breite Massen erschwinglich machen. Mehr noch: Er soll Europas größten Autohersteller endlich auf Augenhöhe mit Tesla bringen und neue chinesische Herausforderer auf Abstand halten. Drei Monate später, im September, ist der Auslieferungsstart vorgesehen. Doch nicht alles läuft an jenem Frühsommertag so glatt wie geplant.

Am Eingang zum Werkstor »Sandkamp« halten VW-Vertreter medizinische Schutzmasken bereit, schließlich ist Pandemie. Amüsiert stellen einige Journalisten fest, dass die Masken mit dem Logo des chinesischen E-Auto-Herstellers BYD bedruckt sind, einem der größten VW-Rivalen im Reich der Mitte. In der Covid-19-Krise hatte der Konzern auch Gesichtsmasken und Desinfektionsmittel produziert. Weil in der Bundesrepublik im Frühjahr Mangel an solchen medizinischen Produkten herrschte, mussten die Chinesen aushelfen.

Sind die Deutschen wenigstens in ihrer Paradedisziplin, den Autos, noch führend?

Die Journalisten werden in ID.3-Vorserienmodelle verfrachtet und zur nahe gelegenen VW-Teststrecke kutschiert. Am Steuer sitzen Topmanager, in unserem Fall Thomas Ulbrich, seinerzeit Vorstand für E-Mobilität bei VW, der intern als »Retter des ID.3« gilt. Ihm ist es gelungen, den Stromer nach monatelangen Verwerfungen halbwegs zeitig an den Start zu bringen. Zuvor drohten massive Softwareprobleme den Verkaufsstart des ID.3 immer weiter zu verzögern. Fertig produzierte E-Fahrzeuge wurden massenhaft zwischengeparkt, ehe die dringend benötigten Softwareupdates aufgespielt werden konnten.

E-Mobilitäts-Vorstand Ulbrich, ein groß gewachsener, muskulöser Mann mit kräftiger Stimme, will an diesem Junitag nun alle Zweifler zum Schweigen und sein E-Auto zum Reden bringen. Per Sprachsteuerung erteilt er dem Fahrzeug Befehle. Doch bei der Ausführung hapert es noch.

»ID.3, erzähl mal einen Witz«, sagt Ulbrich langsam, laut und deutlich. Das Auto reagiert, der Computer rechnet. Doch offenbar gibt es Verständnisprobleme zwischen Mensch und Maschine. Der ID.3 erzählt keinen Witz, sondern sucht den nächsten »ärztlichen Dienst«. Diesen soll das Fahrzeug dann via Navigationssystem ansteuern. Erst beim zweiten Versuch führt die künstliche Intelligenz den Befehl korrekt aus – und gewährt dabei Einblicke in den Humor der Wolfsburger Ingenieure: »Was essen Autos? Parkplätzchen!«

Nicht alle Pannen sind so harmlos. Seit Monaten steckt der ganze Konzern in einer Softwarekrise. Zeitweise muss Volkswagen sogar die Auslieferung des Golf 8, zu jener Zeit das wichtigste Neufahrzeug, stoppen. Der digitale Notrufassistent eCall funktioniert nicht zuverlässig und benötigt dringend ein Update.

Für Diess sind diese Fehlschläge hochnotpeinlich. Früher als andere Bosse hat er begriffen, dass Fahrzeuge sich zunehmend zu rollenden Computern entwickeln. Spätestens seit 2017, damals noch Chef der Marke VW, nervt er seine Ingenieure damit, dass sie die Fahrzeuge technologisch völlig neu denken und bauen müssten. Sein großes Vorbild: Tesla.

Diess imponiert, wozu ein Tesla dank seiner ständigen Vernetzung fähig ist. Die Kalifornier sammeln mit einigen Hunderttausend Fahrzeugen mehr Kundendaten ein als VW mit seinen rund hundert Millionen Autos auf der Straße, so Diess. Auf diese Weise könne Tesla seine Systeme ständig verbessern und gezielt auf Kundenwünsche eingehen.

Das funktioniert, weil die Modelle aus Kalifornien wie Computer konstruiert sind. Alle Komponenten, vom Motor über die Batterie bis hin zum Bremssystem, werden über einen Zentralrechner gesteuert. Kunden haben dadurch die Möglichkeit, ihr Auto übers Internet upzudaten (»over the air«). Sie können per Fingerdruck mal schnell ein Fahrerassistenzsystem dazu buchen, die Bremsleistung verbessern oder die Batteriereichweite erhöhen. Das ist möglich, weil in den Fahrzeugen oft leistungsstärkere Hardware verbaut ist, als der Fahrer unmittelbar nach dem Kauf tatsächlich nutzen kann. Berühmt wurde die Funktion, als in Florida der Hurrikan

»Irma« tobte. Damit Tesla-Besitzer möglichst schnell möglichst weit wegfahren konnten, bot der Hersteller ihnen ein kostenloses Update an: In den preisgünstigeren Modellvarianten waren damals 75 Kilowattstunden (kWh) Speicherkapazität eingebaut, die Fahrer konnten aber nur 60 kWh nutzen – bis die restlichen 15 kWh via Internet freigeschaltet wurden. Die Reichweite stieg dadurch um etwa 65 Kilometer.

Bei VW-Autos geht das zu jenem Zeitpunkt nicht, die meisten besitzen noch keinen Zentralcomputer, sondern Dutzende Steuergeräte, für jede Komponente eines, von der Tür bis zum Scheibenwischer.

Mit dem ID.3 soll sich das erstmals ändern. Doch der Rückstand auf Tesla ist groß. Volkswagens neues E-Auto, daraus macht Diess intern keinen Hehl, wird hinter dem Funktionsumfang eines Model 3 zurückbleiben. Bis ins Jahr 2020 hat der ID.3 Probleme mit der angekündigten »Always on«-Funktion, dem ständigen Datenaustausch übers Internet. Den VW-Fahrzeugen gelingt es beispielsweise nicht, eine Routenplanung samt vordefinierter Ladestopps vom Smartphone aufs Fahrzeug zu übertragen – und während der Fahrt dynamisch anzupassen. Auch das feierlich angekündigte Head-up-Display mit »Augmented Reality«, das zum Beispiel Richtungspfeile aus Sicht des Fahrers dreidimensional auf die Straße projizieren soll, überfordert die Prozessoren im Auto immer wieder. Erst nach dem Marktstart im Spätsommer 2020 gelingt es VW, die Probleme per Update schrittweise zu beheben. Dazu müssen die Fahrzeuge allerdings, anders als bei Tesla, zunächst noch in die Werkstatt.

Der Wunsch von einem zweiten SAP

Denise Nepraunig ist eine der Mitarbeiterinnen und Mitarbeiter, die bislang mäßig schlaue VW-Fahrzeuge in hochintelligente Computer verwandeln sollen. Die 36-jährige ist

Softwareentwicklerin, sie arbeitet unter anderem an der »We Connect ID.«-App für Volkswagens neue E-Auto-Familie ID. Das Programm ermöglicht es den Fahrerinnen und Fahrern unter anderem, per Smartphone die aktuelle Akkureichweite abzurufen, die Wunschtemperatur im Fahrzeug einzustellen oder die nächste Ladesäule ausfindig zu machen.

Mit ihrem Kurzhaarschnitt und dem sportlichen Sneakers-Look würde sie in Wolfsburg wohl auffallen. In der VW-Zentrale sind Modefrisuren oder legere Kleidung bis heute eher die Ausnahme, man will lieber nicht unangenehm auffallen. Hier in Berlin-Mitte ist das anders.

Nepraunig sitzt auf einem grauen Sessel in der »Skylounge« eines neuen, neunstöckigen VW-Stützpunkts. Durch die bodentiefen Fenster blickt sie auf Altbauten und Parks rund um die Mollstraße. Früher arbeitete die Österreicherin für SAP, den größten Softwarekonzern Europas, programmierte Apps für Firmenkunden. Ein sicherer, ordentlich bezahlter Job, den sie vermutlich noch Jahrzehnte bis zu ihrer Rente hätte ausüben können – wie so viele ihrer Kolleginnen und Kollegen am SAP-Sitz Walldorf. Doch im Vorjahr wurden Volkswagens Personalscouts auf sie aufmerksam. Und Nepraunig auf VW.

Der Job reizte sie auf Anhieb. Sie wolle nicht nur abstrakte Codes schreiben, sagt Nepraunig, sondern auch handfeste Produkte damit verändern. Ihr erstes Auto, das sie als junge Frau fuhr, war ein Polo. Der Kleinwagen fuhr damals noch ziemlich analog. Mobiles Internet, Over-the-air-Updates oder automatisiertes Fahren wirkten damals noch wie Science-Fiction. »Aber jetzt tut sich im Auto endlich was«, sagt Nepraunig, »sogar Apple und Google wollen da jetzt rein.« Sie sieht in diesem Wettbewerb keine Bedrohung – eher den Startschuss für eine neue, kundenfreundlichere Mobilität. »Es gibt wenig Spannenderes, als einen der größten, traditionsreichsten Player der Branche in eine neue Ära zu begleiten«, sagt sie. Im Dezember 2020 wechselt Nepraunig zu Volkswagens neuer IT-Tochter Cariad. Dort wolle sie dafür sorgen, »dass jeder die digitale Mobilität der Zukunft nutzen kann«.

Seit 2018 bastelt der VW-Konzern an der eigenen, schlagkräftigen Softwareeinheit für Volkswagen. Sie soll es in Sachen Car-IT, Vernetzung und autonome Fahrsysteme mit Silicon-Valley-Rivalen wie Tesla und Google aufnehmen können. Die Tochterfirma tüftelt an einer völlig neuen Digitalarchitektur, die den Konzern bis Mitte des Jahrzehnts endlich auf Augenhöhe mit seinem kalifornischen Rivalen und asiatischen Hightech-Konzernen bringen soll. Die Folge: Statt bislang 10 Prozent will der Konzern künftig 60 Prozent seiner Software allein entwickeln. Doch bis zum Softwarekonzern auf SAP-Niveau ist es noch ein weiter Weg.

Um Kosten zu sparen, hatten Volkswagen und Co. im Lauf der Jahre immer größere Teile der Wertschöpfung an Zulieferer und Partner abgegeben. Sie planten und bauten ihre Blechkarossen wie schon in den Jahrzehnten zuvor. Und bestellten die passende Software und andere Bauteile größtenteils von außen. Am Ende versuchten sie dann, die zunehmend digitalisierten Teilsysteme – vom Scheibenwischer über das Navigationssystem bis hin zum autonomen Fahrassistenten – irgendwie miteinander zu vernetzen. Das aber war hochgradig komplex und fehleranfällig. Wer so arbeite, schreibt Audis ehemaliger Entwicklungsvorstand Mertens, erzeuge »ein bis oben hin mit Kabeln und Steuergeräten vollgestopftes Auto«. Mit erheblichen Nachteilen: Jede Innovation ziehe »einen derartigen Rattenschwanz an Integrationsproblemen nach sich, dass sie schon am Tag ihrer Fertigstellung hoffnungslos veraltet ist – oder von anderen Anbietern kostenlos im Google Play Store verfügbar ist«.

Genau diese Fehlentwicklung soll das Softwareunternehmen Cariad nun korrigieren. Darin hat der VW-Konzern

IT-Entwicklerinnen und -Entwickler aus seinen Marken gebündelt, rund 4500 arbeiten bereits an den Standorten in Wolfsburg, Ingolstadt, Berlin, München und im Raum Stuttgart, mit enger Anbindung an Volkswagens Softwareteams in China und den USA. Audi-Chef Duesmann, der die IT-Einheit bis Ende 2021 im VW-Konzernvorstand verantwortete, rechnet damit, dass Cariad sich eines Tages zur wichtigsten Marke im Reich der Wolfsburger entwickelt – bedeutender noch als Volkswagen, Audi oder Porsche. Dafür braucht er allerdings noch deutlich mehr Know-how von außen.

Um Leute wie Denise Nepraunig zu gewinnen, IT-Profis aus branchenfremden Unternehmen, musste der VW-Konzern zunächst seine Personalarbeit komplett reformieren. In klassischen Bereichen wie Motorenbau kamen die hochqualifizierten Bewerber oft von selbst. Im Zweifel half die Personalabteilung mit einer Zeitungsannonce nach. Mittlerweile durchforsten VW-Scouts gezielt soziale Medien nach IT-Talenten, veranstalten Diskussionsforen und digitale Kennenlerndates. Ein Novum für die Wolfsburger.

Doch warum sollten Programmiererinnen und Programmierer, um die auch Hightech-Riesen aus dem Silicon Valley buhlen, ausgerechnet zu einer Volkswagen-Tochter wechseln? VW versucht, den Talenten möglichst das Beste aus beiden Welten zu bieten. Start-up-Atmosphäre mit bunten Loungemöbeln in weitläufigen, offenen Räumen. Großzügige Homeoffice-Regelungen. Und Bezahlung nach Fachkompetenz und Leistung statt nach Titel. Wer die besten Programme schreibt, soll auch am meisten verdienen – unabhängig davon, ob ein C wie Chief in der Jobbezeichnung steht.

Es ist eine radikale Abkehr von den starren Wolfsburger Hierarchien, nach der sich die Hackordnung an Statussymbolen wie Bürogröße, Dienstwagen oder dem Sitzplatz im Firmenflieger ablesen lässt. Gleichzeitig genießen Cariad-

Mitarbeiter, anders als bei vielen Start-ups, die Vorzüge und Sicherheiten eines Tarifvertrags mit 35-Stunden-Woche und Vertrauensarbeitszeit.

Hip gestaltete Anzeigenkampagnen sollen eine junge, diverse, internationale Zielgruppe ansprechen. Plakate und Webannoncen zeigen unter anderem »visionäre IT-Frauen«, darunter der Slogan: »Software is female«. Der Konzern suche IT-Entwickler, aber auch Wissenschaftler oder Gaming-Experten, sagt Gunnar Kilian, seit Frühjahr 2018 Personalvorstand. Menschen also, die in der Lage sind, die behäbige VW-Kultur aufzumischen. Doch das Angebot an High Potentials ist knapp, der »Wettbewerb um die besten Köpfe«, sagt Kilian, sei »branchenübergreifend entbrannt«. Das bedeutet: Längst hat die Rivalität mit Apple, Google oder Tesla auch den Personalmarkt erreicht. Kilian betont aber auch: In diesen Wettbewerb gehe der Volkswagen-Konzern jetzt »offensiv und gut gerüstet«.

Wer hat Angst vor den Softwareriesen?

Herbert Diess wirkt an diesem Montag Anfang September 2021 angespannt. Gerade hat er ein längeres Gespräch mit den Chefs des koreanischen Autoherstellers Hyundai hinter sich. Nun greift er zum Smartphone und eilt in einen Nebenraum. Auf der Automesse IAA in München tauschen sich auch Konzernführer untereinander aus, die sonst im harten Konkurrenzkampf stehen. Immer wieder loten sie aus, ob es – bei aller Rivalität – auch Felder gibt, auf denen sie womöglich zusammenarbeiten können. Vor allem, wenn es gegen die scheinbar übermächtigen Rivalen aus der IT-Branche geht.

Um Kooperationen geht es auch in dem Hintergrundgespräch mit den beiden Journalisten des SPIEGEL und der Automobilwoche, die Diess nun empfängt. »Wir haben es versäumt, in Deutschland eine Softwareindustrie aufzubauen«, beklagt der VW-Boss, »wir haben kein Google und kein Facebook.« Ein großer Teil der Werbeausgaben fließe deshalb aus Europa in die USA. Das sei »Wohlstand, der uns verloren geht«, beklagt Diess. Schlimmer noch: Europa überlasse die Hoheit über die Kundendaten IT-Riesen aus den Vereinigten Staaten.

»Unsere Daten«, warnt Diess, »haben wir einfach aus der Hand gegeben.« Er sieht daher nur eine letzte Chance für die europäische Industrie, die Datenhoheit zurückzuerobern: das Auto.

Entscheidend sei jetzt, dass die hiesige Autoindustrie das Geschäft mit Software und Daten nicht allein Apple, Google oder Tesla überlasse: Ansonsten, so Diess, »machen wir uns komplett abhängig von Hightech-Konzernen aus den USA oder China.« Um als Industrie mehr Schlagkraft zu entwickeln, schließt Diess auch Kooperationen nicht aus – sogar mit Wettbewerbern wie BMW oder Daimler. »Wir sind offen für Diskussionen und bereit, unsere Plattform zu teilen«, sagt der VW-Chef.

Bislang konzentriert sich VW jedoch noch vor allem auf Autosoftware für sich und die Tochtermarken Porsche und Audi. 2,5 Milliarden will der Konzern dafür jährlich in Cariad investieren. »Wir können uns aber vorstellen«, so Diess, »uns für Dritte zu öffnen.« Als denkbar gilt, dass VW auch seinen Talentpool öffnet. Programmierer und IT-Ingenieure verschiedener Hersteller könnten dann gemeinsam Software entwickeln, um Produkten wie Amazons Sprachsteuerung Alexa Paroli zu bieten. Außerdem wurde Ende 2021 bekannt, dass Volkswagen eine Softwarekooperation mit dem weltgrößten Autozulieferer Bosch plant. Mitte Januar verkündeten die beiden Partner dann, ihre Kräfte bei der Entwicklung des autonomen Fahrens bündeln zu wollen.

In vielen neuen Technologien, das wird immer deutlicher, haben die deutschen Autokonzerne nur noch mit Partnern eine Chance, sich zukunftsfähig aufzustellen. Entweder vernetzen sie sich untereinander, oder sie kooperieren mit Hightech-Spezialisten aus dem Ausland, denen sie vertrauen. Alleingänge hingegen sind kostspielig und vor allem zeitaufwendig. Bis VW sich aus eigener Kraft zum Softwarekonzern hochgerüstet hat, könnte Tesla bereits selbstfahrende Pkw verkaufen. Oder Apple das iCar.

Auch andere mächtige Vertreter der deutschen Autoindustrie würden deshalb einen Schulterschluss der deutschen Hersteller begrüßen. Wolfgang Reitzle fordert schon lange eine gemeinsame Plattform der hiesigen Player. Aus dem Reifen-, Fahrwerks- und Bremsenproduzenten Continental, dessen Aufsichtsrat er leitet, will Reitzle einen IT- und Softwarekonzern formen. Aber die Alleingänge der deutschen Firmen hält er für fatal. Auch mit Diess hat er sich darüber schon ausgetauscht, lange jedoch ohne nennenswertes Ergebnis.

»Es ist ein historischer Fehler, wenn jeder Hersteller versucht, seine eigene Softwareplattform zu entwickeln«, erzählt Reitzle uns, als wie ihn Ende 2020 in seinem Büro im Münchner Stadtteil Bogenhausen treffen. Er tigert durch den Raum, doziert im Stehen, präsentiert Folien und ist sich sicher: In einigen Jahren werde es weltweit nur noch drei oder vier Betriebssysteme fürs Auto geben. Dann gelte, was beim Onlineshopping schon heute Realität ist – der Amazon-Effekt: Große Plattformen ziehen immer mehr Nutzer an sich und können so ihr Angebot ständig und zulasten kleinerer Wettbewerber optimieren. Reitzle plädiert daher für eine »standardisierte, europäische Plattform«, die einzelne Hersteller durch individuelle Module ergänzen könnten.

Nur mit einem gemeinsamen Kraftakt, glaubt Reitzle, habe die Autoindustrie noch eine Chance gegen Tesla. Dann seien die Deutschen in drei bis fünf Jahren in der Lage, die Kalifornier einzuholen. Und wieder die besten Autos zu bauen.

Daten und Plattformen – Mobilität im Wandel

»Der kompetenteste Fahrer der Welt« ist ein US-Roboter

Manchmal reicht bereits ein kleines Team aus, um eine globale Branche aufzurütteln. Im Zukunftslabor von Alphabet, dem Google-Mutterkonzern, tüfteln mehrere Hundert Leute am fahrerlosen Auto. In der Lobby eines dreigeschossigen hellen Backsteinbaus im kalifornischen Mountain View deutet nichts auf die Firma hin, die im Alleingang die Autokonzerne auf der ganzen Welt herausfordert. An der schwarzen Wand hinter dem schmalen Empfangstisch hängt nur ein großes silbernes X, die Chiffre für alle Geheimprojekte, mit denen Alphabet die Welt verändern will.

Aus einem dieser Projekte ist ein eigenes Unternehmen entstanden, das als weltweit führend beim autonomen Fahren gilt: Waymo, eine Wortschöpfung aus den englischen Vokabeln für Weg und Mobilität. Die Firma entwickelt nach eigenen Angaben »den kompetentesten Fahrer der Welt«. Der aber wird aus Sicht der Waymo-Manager kein Mensch mehr sein, sondern ein Computer, der die Umgebung mit Kameras, Laserscannern und Radar abtastet und anhand von Algorithmen entscheidet, wie er zu reagieren hat.

Draußen auf den Straßen rund um das Google-Gebäude kurven bereits jetzt weiße Vans, die keinen Chauffeur mehr benötigen. Die Menschen, die derzeit noch hinter dem Steuer sitzen, müssen nicht lenken, bremsen oder schalten, sie passen nur auf, dass der Computer keinen Fehler macht. Und das passiert äußerst selten. Bei mehr als einer Million Testkilometern im Freilandversuch in Kalifornien musste der Fahrer nur etwa zwanzigmal ins Waymo-System eingreifen, im Schnitt alle 48 000 Kilometer – eine mehr als doppelt so lange Distanz wie noch im Vorjahr. Das besagt die Statistik der kalifornischen Verkehrsbehörde DMV für 2020[19]. Die Zahlen für deutsche Hersteller, die deutlich später mit den Tests begonnen haben, fallen erheblich schlechter aus: Die BMW-Testwagen waren insgesamt lediglich rund 195 Kilometer unterwegs und schafften ohne Eingriff der Fahrer nur 65 Kilometer – wenigstens eine deutliche Verbesserung gegenüber den gut vier Kilometern aus dem Vorjahr. Mercedes machte deutlich umfangreichere Tests, die autonomen Fahrzeuge der Stuttgarter rollten gut 48 000 Kilometer über Kaliforniens Straßen. Ihnen wurde alle 41 Kilometer in die Steuerung gegriffen (Vorjahr: 11 Kilometer).

Zwar verweisen Wissenschaftler auf die begrenzte Aussagefähigkeit der Statistik. Sie beruhe auf Tests der Hersteller selbst, die Umgebung sei nicht einheitlich. Und doch lässt sich daraus zumindest im Ansatz ablesen, mit welchem Aufwand die Konzerne die Zukunftstechnologie am Innovationsstandort Kalifornien testen – und welche Fortschritte sie dabei erzielen.

Waymos Vorsprung durch Technik einerseits, der Rückstand von BMW und Mercedes andererseits, scheinen bereits sehr groß. Volkswagen immerhin kann auf die Erfolge seines US-Partners Argo AI verweisen: In dessen Testautos versagte das autonome Fahrsystem nur alle 16 800 Kilometer.

Teils beruhigen sich die Autohersteller damit, dass die Google-Schwester keine Pläne hat, eigene Fahrzeuge zu bauen. Die weißen Vans in Mountain View stammen vom US-Hersteller Fiat Chrysler. Waymo hat sie mit Sensoren aufgemotzt und ihnen künstliche Intelligenz eingehaucht. Für Volkswagen, Daimler und Co. ist das jedoch nicht minder herausfordernd. Denn Waymos Manager entwickeln nicht nur Fahrsysteme für Roboterautos, sie stellen auch das bisherige Erfolgsmodell der Autokonzerne offen infrage. Das zeigt sich bei unserem Besuch in Mountain View im Frühjahr 2019 und in späteren Telefonaten mit Waymo-Managern.

Das heute noch gültige Geschäftsprinzip, vorwiegend Autos zu verkaufen, sei ineffizient, sagt der damalige Waymo-Chef John Krafcik, auf lange Sicht so schädlich für die Umwelt wie für die Hersteller. Die meisten Autos stünden die meiste Zeit ungenutzt herum. Ein durchschnittlicher US-Autobesitzer fahre vielleicht 25 000 Kilometer pro Jahr. In einer autonomen Taxi- oder Fahrdienstflotte hingegen lasse sich die Nutzung der Fahrzeuge um das Vier- bis Fünffache steigern. Man brauchte in diesem Szenario wohl weniger Autos, müsste sie aber öfter austauschen.

Vor allem aber könnten die Autokonzerne nach Auffassung der Waymo-Führung nicht nur Geld mit dem Verkauf von Fahrzeugen verdienen, sondern mit jedem einzelnen Kilometer, den die Kunden in den Autos zurücklegten. Als Anbieter von Mobilitätsdiensten hätten die Autohersteller »viel bessere Möglichkeiten, Gewinne zu machen«. Wie das einmal funktionieren könnte, demonstriert Waymo in einem Vorort von Phoenix, Arizona. Dort bietet der Techspezialist den autonomen Fahrdienst »Waymo One« an. Per App können Kundinnen und Kunden ein Robotaxi an einen vorab vereinbarten Haltepunkt bestellen. Das Fahrzeug ist menschenleer, darin sitzt kein anderer Kunde und auch kein Sicherheitsfahrer mehr. Nutzer sollten laut Waymo in den Fahrzeugen zeitweise ihren »eigenen Raum« besitzen, um dort Konferenz-Calls machen oder sich einfach entspannen zu können. Waymo verspricht, dass sie unterwegs bis zu fünf Stopps einlegen können – etwa um schnell beim Supermarkt etwas einzukaufen, die gewaschenen Hemden abzuholen oder sich einen Coffee to go zu besorgen. Als nächster Schritt ist eine Expansion nach San Francisco geplant.

Noch gelten Fahrdienste wie »Waymo One« als wenig einträgliches Geschäft. Die Einnahmen aus solchen Pilotprojekten stehen in keinem Verhältnis zu den teuren Investitionen. Doch Anbieter wie Waymo hoffen auf ein Milliardengeschäft, sobald der menschliche Fahrer als größter Kostenfaktor wegfällt. Taxis ohne Taxifahrer, Wartungsfahrten ohne Personal, Lieferungen ohne Lieferant: In dieser neuen Welt fallen keine Löhne oder Sozialkosten mehr an, und die Maschinen streiken nur, wenn es technische Probleme gibt.

Die Prognosen, wie schnell fahrerlose Transportfahrzeuge im realen Verkehr tatsächlich den Durchbruch schaffen, schwanken derweil noch stark. Vielleicht ist es 2025 so weit, wenn etwa VW mit ersten autonomen Shuttles in Städten wie Hamburg startet, vielleicht aber auch erst ein bis zwei Jahrzehnte später. Schon jetzt werden Roboterfahrzeuge in immer mehr deutschen Städten getestet. Noch sind die Shuttles im Verkehrschaos hiesiger Innenstädte oft überfordert, anders als in amerikanischen Waymo-Testgebieten wie Phoenix, wo die Straßen breiter und im übersichtlichen Schachbrettmuster angeordnet sind und kaum Radfahrer den Weg der Robotaxis kreuzen. Und doch gehen Verkehrsforscher davon aus, dass fahrerlose Shuttles sich in vielen Regionen durchsetzen werden.

Wissenschaftlern der Universität St. Gallen zufolge könnten Roboshuttles insbesondere dicht gedrängte Megacitys wie New York, Shanghai oder Berlin vor einem Verkehrskollaps retten. Denn sobald weniger private Pkw durch die Innenstädte rollen würden, gewännen die Metropolen an Platz, Sicherheit und sauberer Luft. Menschen in München beispielsweise, ergab eine gemeinsame Studie der Uni mit der Unternehmensberatung BCG[20], könnten durch einen reduzierten Autoverkehr eine Fläche gewinnen, die immerhin halb so groß wie der Englische Garten wäre. In New York könnten Parkplätze frei geräumt werden, deren Fläche der sechsfachen Größe des Central Park entspräche. In London bestehe die Chance, so die Studienautoren, dass die Zahl der Unfalltoten von jährlich 112 auf 64 sinke.

Die Vorteile für Städte, Kundinnen und Kunden könnten gewaltig sein. Doch die deutsche Autoindustrie zaudert. Daimler-Chef Källenius ist aus der gemeinsamen Entwicklung eines autonomen Robotertaxis mit dem Zulieferer Bosch ausgestiegen, Produktion und Betrieb der futuristischen Shuttles waren Källenius zu kapitalintensiv. Auch die Idee, den Mobilitätsdienst Share Now irgendwann zu einer selbstfahrenden Großstadtflotte hochzurüsten, hat der Konzern weitgehend begraben. BMW-Chef Zipse hat die Strategie seines Vorgängers Krüger, den Premiumhersteller zum Mobilitätsanbieter umzurüsten, ebenfalls beendet. Man sei keine Airline, sondern ein Flugzeugbauer, sagt er.

Tatsächlich spielen Shuttledienste wie Moia (Volkswagen) oder Carsharing-Angebote wie Share Now (BMW und Daimler) die hohen Investitionen noch längst nicht ein. Erschwerend kommt hinzu, dass viele Kunden in der Pandemie solche Angebote scheuen. Sie wollen ungern in ein Auto einsteigen, dass vor Kurzem noch ein Fremder benutzt hat, oder sich gar ein Shuttle teilen.

Auch Waymo hat aktuell kein nachhaltiges Geschäftsmodell. Lange suchte die Techfirma Partner aus der Autoindustrie, um ihnen Lizenzen für sein autonomes Fahrsystem zu verkaufen – oder sie sogar als potenzielle Investoren zu gewinnen. Die deutschen Konzerne winkten jedoch überwiegend ab, vornehmlich aus der Angst vor dem unberechenbaren Datenkraken Google. Bislang kooperiert Waymo auf dem internationalen Markt bereits mit Stellantis (Fiat Chrysler, Peugeot, Citroën), Jaguar Landrover, Renault Nissan Mitsubishi, Volvo und Daimler Truck. Vorstandschef Krafcik wurde im April 2021 ausgetauscht. Seine beiden Nachfolger halten ihre Technologie aber für reif genug, um sie bald in anderen Städten auszurollen.

»Wir sind mehr als 20 Millionen Meilen autonom auf öffentlichen Straßen gefahren, durch 25 Städte«, sagt Co-Chefin Tekedra Mawakana. Hinzu kommen laut der Managerin 20 Milliarden Meilen in Fahrsimulationen. Auf diese Weise habe der künstliche »Waymo-Fahrer« ein Wissen erworben, das sich jetzt auf die ganze Flotte übertragen lasse. Das nötige Kapital von 2,5 Milliarden Dollar hat sich Waymo im Juni 2021 in einer neuen Finanzierungsrunde gesichert. Künftig konzentriert sich der Techspezialist auf drei Geschäftsmodelle: den Ridehailing-Service Waymo One, Systeme für autonom fahrende Sattelschlepper und Robotertechnik für private Pkw. »Die Zukunft passiert bereits«, sagt Mawakana.

Waymos langfristiges Ziel ist es, jede Kundin und jeden Kunden jederzeit und überall abholen und zu jedem x-beliebigen Nahziel befördern zu können – und nicht, wie bisher, nur zu bestimmten Haltepunkten. Waymo wolle seine Nutzer künftig beispielsweise nicht nur an einer Shopping Mall abholen, sagt Mawakana, sondern idealerweise an jedem der bis zu zwölf Ein- und Ausgänge – obwohl sie alle dieselbe Adresse haben. Bislang galten Malls, die zu den wichtigsten Freizeitzielen der Amerikaner gehören, als eine der größten Herausforderungen für das autonome Fahren überhaupt, weil Shuttle und Kunde Probleme hatten, sich in dem Wirrwarr an Zufahrten und Eingängen gegenseitig zu finden. Gleichzeitig waren die oft schwer bepackten Einkaufsbummler schnell genervt, wenn sie weite Wege gehen und nach ihrem Robotaxi suchen mussten – und nahmen beim nächsten Mal lieber wieder das eigene Auto. Schafft Waymo künftig jedoch den Durchbruch vom gewöhnlichen Fahrdienst zur Tür-zu-Tür-Mobilität, wäre das autonome Fahren endlich eine ernste Alternative zum menschlichen Fahrer.

Die Zurückhaltung von BMW und Co. würde sich dann bitter rächen. Ohnehin dürfte das Geschäft mit den Mobilitätsdiensten künftig deutlich schneller wachsen als der klassische Verkauf von Autos. Davon zumindest gehen die Experten der Unternehmensberatung Horváth & Partners aus. Langfristig, so die Prognose, werden die Services sogar höhere Umsätze einspielen als die Hardware, das Kerngeschäft der Autobauer.

Doch wer wird dieses Multimilliardengeschäft mit den Fahrdiensten künftig beherrschen? Die zaudernden Autohersteller? Oder doch eher aggressive Plattformbetreiber wie Apple, Google, Amazon oder Uber?

Guangzhou vs. Hamburg-Bergedorf

Wie sehr einzelne Hightech-Player in Zukunft das Alltagsleben der Großstädter dominieren könnten, zeigt sich schon heute in der chinesischen Hafenstadt Guangzhou. Der Modellversuch soll beispielhaft dafür stehen, wie Internet, Mobilität und Konsum künftig miteinander verknüpft werden sollen – im Reich der Mitte, und irgendwann vielleicht auch auf der ganzen Welt.

Via App können sich die Menschen dort Zugang zu Robotaxis, autonomen Shuttles oder Bussen verschaffen. Wer zwischendurch einen Drink oder Snack benötigt, bedient sich an einem der selbstfahrenden Verkaufsautomaten. Autonome Putzfahrzeuge reinigen die Straßen. Für Sicherheit sorgen – kein Witz – autonome Polizeiroboter, die Alarm schlagen, sobald ihnen etwas verdächtig vorkommt. Hinter all dieser futuristischen Technik steht ein einziger Konzern: Baidu, das chinesische Pendant zu Google, steuert immer größere Teile des öffentlichen Verkehrs, bis hin zu smarten Verkehrszeichen, die mit den autonomen Fahrzeugen verknüpft sind.

Baidu verfügt über all jene Technologien, von denen die Autobosse nur träumen können: Hochleistungschips für autonomes Fahren, ein eigenes Betriebssystem, das nach Firmenangaben bereits in über einer Million Fahrzeugen eingebaut wurde. Und massenhaft Kundendaten: Über seine Software und Apps kann der IT-Riese herausfinden, wo sich die Konsumenten gerade aufhalten, wohin sie fahren wollen, welche Musik sie herunterladen, welche Getränke sie mögen. Jetzt will der Hightech-Konzern die letzte Bastion erobern, die über Jahre hinweg noch weitgehend internetfrei war: das Auto.

Gemeinsam mit dem staatlichen Autohersteller BAIC plant Baidu die Produktion von über 1000 fahrerlosen Autos, die als Roboshuttle-Flotte durch chinesische Metropolen rollen sollen. Die Kosten lägen bei umgerechnet rund 65 000 Euro pro Fahrzeug, sagt das Unternehmen – damit wären sie etwa um die Hälfte billiger als der Branchenschnitt. Dank technischen Fortschritts sollen die Kosten jedoch noch weiter sinken. Auf lange Sicht ist geplant, einen Industriestandard zu setzen – und das gesamte Reich der Mitte und seine 1,4 Milliarden Einwohner großflächig mit Robotaxis und Shuttlediensten zu versorgen. Schon jetzt testet der Konzern Roboshuttles in Großstädten wie Shanghai und Peking. Der Projektname Apollo soll an die Mondlandung der Amerikaner erinnern, mit denen sich die Chinesen zunehmend selbstbewusst messen.

Und die Deutschen? Im Wettlauf um die Mobilitätsplattform der Zukunft scheinen sie bislang keine große Rolle zu spielen.

Im Hamburger Stadtteil Bergedorf rollen im September und Oktober 2021 autonome Shuttles durch die Straßen. In einer Testphase können Kundinnen und Kunden gratis vom Bahnhof in das etwa zwei Kilometer entfernte Villenviertel fahren. Der Hersteller, das französische Start-up EasyMile, will dort Erfahrungen für einen internationalen Roll-out sammeln. Die Idee: Für die kurze Strecke vom Bahnhof zur heimischen Wohnung soll das eigene Auto künftig nicht mehr gebraucht werden.

In dem kastenförmigen Kleinbus, der an die Gondel einer Bergbahn erinnert, steckt die Technologie prominenter Anteilseigner wie des Bahnriesen Alstom und des deutschen Zulieferers Continental. Und doch verläuft eine Testfahrt so rumpelig wie in einer Kutsche.

Das futuristische Gefährt darf nur 18 km/h fahren, das entspricht in etwa der Fluggeschwindigkeit einer Honigbiene. Es folgt einer festen Route, einer sogenannten digitalen Schiene, die seine Programmierer in der Navigation des Fahrzeugs festgelegt haben.

Schon kurz nach dem Start hält der Minibus abrupt an einem Baustellenzaun, der etwas zu nah an der Straße steht. Die anwesende Sicherheitsfahrerin muss eingreifen und den Shuttle mithilfe eines Joysticks am Zaun vorbeilenken – mit maximal 5 km/h.

Solche unerwünschten Zwischenstopps ereignen sich alle paar Hundert Meter, wenn Laserradar und Kamerasensoren ein unbekanntes Objekt erspähen, etwa den Ast eines Baumes oder ein parkendes Auto, das in die Straße ragt. Besonders unangenehm sind die Vollbremsungen, die der Shuttle immer dann vollführt, wenn er von einem anderen Auto eng überholt wird. Alarmglocken ertönen, dahinter bildet sich ein Stau.

Dass sich der Shuttle übervorsichtig vorantastet und lieber einmal zu viel bremst, ist gewollt. So sollen Unfälle ausgeschlossen werden. Zugleich zeigt die zwanzigminütige Testfahrt: Ohne menschliche Hilfe wäre das System völlig überfordert.

Gut 40 solcher Projekte liefen im Jahr 2021 in verschiedenen deutschen Städten, von München bis Bad Soden-Salmünster im Main-Kinzig-Kreis. Im Vergleich zu den großflächigen Pilotprojekten in Kalifornien, Arizona oder Texas seien das »kleine Spielwiesen«, kritisiert Andreas Knie, Leiter der Forschungsgruppe »Digitale Mobilität und gesellschaftliche Differenzierung« am Wissenschaftszentrum Berlin. Aus seiner Sicht verpassten Autoindustrie, Verkehrsanbieter und Kommunen die Chance, das autonome Fahren für eine echte Verkehrswende zu nutzen. »Ein kollektives Systemversagen« sei das. Die Innenstädte aber müssten über all die bestehenden Vorhaben hinaus konsequent von Personenkraftwagen befreit werden, etwa durch eine radikale Erhöhung von Parkgebühren, um mehr Platz für alternative Verkehrskonzepte wie Roboshuttles zu schaffen. Diese könnten sich dann auf eigenen Fahrspuren bewegen – und Hindernisse somit weiträumig umfahren.

Solche Ideen scheiterten häufig am vorauseilenden Gehorsam der Städte, sie wollten die Autolobby nicht gegen sich aufbringen, kritisiert Knie: »Jeder abgeschaffte Parkplatz wird gleich als Angriff auf den Wohlstand in Deutschland gewertet.« Den Autobauern wirft der Verkehrsforscher vor, lieber massenhaft Fahrzeuge in den Markt zu drücken, statt Robotaxis und neue Mobilitätsformen zu entwickeln.

Mit dieser Meinung steht Knie nicht allein da. Auch große Zulieferer wie ZF Friedrichshafen fordern, die neue Technologie zur Lösung gesellschaftlicher Probleme einzusetzen. Die Stadtbewohner würden Staus auf Dauer nicht mehr akzeptieren, sagt Annette von Rolbeck, Topmanagerin bei der ZF-Tochter Mobility Solutions. Busse, Taxis und Trucks müssten deshalb die ersten Anwendungsfelder für das autonome Fahren sein. Ganz uneigennützig ist das nicht: Dem Zulieferer gehört der niederländische Roboshuttle-Betreiber 2getthere, den er mit Sensoren und Software beliefert. Außerdem arbeitet ZF mit Amazons Fahrzeugtochter Zoox zusammen.

Als einziger deutscher Autohersteller experimentiert VW mit Roboshuttles und Fahrdiensten. Aus eigener Kraft, das hat Vorstandschef Diess früh erkannt, ist das jedoch nicht zu schaffen. Er traf sich mit großen US-Playern, darunter Waymo, um Kooperationen auszuloten. Am Ende entschied

Diess sich für Argo AI, ein Start-up aus dem US-Bundesstaat Pennsylvania, das zu Ford gehört. Argo will seine Robofahrzeuge nicht in aufgeräumten Kleinstädten erproben, sondern von Beginn an in möglichst komplizierte Tests schicken – Metropolen mit Massen an Autofahrern, Radfahrern und Fußgängern. »Wir müssen dorthin gehen, wo die Nachfrage ist«, sagt Bryan Salesky, Chef von Argo AI.

Mithilfe des US-Partners wagen sich die Wolfsburger auf ein Terrain, das bisher den Techriesen aus dem Silicon Valley vorbehalten war. Auf der Automesse IAA im September 2021 präsentierte der Konzern das Ergebnis der Zusammenarbeit: Elektrische VW-Busse, hochgerüstet mit einem Laserradar auf dem Dach, sollen von Mitte des Jahrzehnts an testweise durch Großstädte wie Hamburg rollen und eine Ergänzung zu herkömmlichen Bussen und zur S-Bahn bieten.

Diess setzt gewaltige Hoffnungen in das Projekt. Schon 2030, glaubt er, könnten Mobilitätsdienste mit selbstfahrenden Shuttles 15 Prozent zum Konzernumsatz beisteuern. Gemessen am Jahreserlös 2020 wären das mehr als 33 Milliarden Euro. Das Geschäft mit den Robotaxis, prognostiziert der VW-Boss, werde »schneller wachsen als alles andere«.

Ob die Partnerschaft tatsächlich Erfolg haben wird, lässt sich jetzt noch nicht sagen. Die Risiken jedoch scheinen geringer als bei einer möglichen Kooperation mit Waymo oder gar einem chinesischen Anbieter. Hinter Argo AI steht immerhin kein Datenkrake à la Google oder Baidu, sondern der US-Autobauer Ford, mit dem VW auch schon auf anderen Gebieten kooperiert. Die Datensicherheit, auf die sich die Hersteller verpflichten, könnte im Vergleich zu den Techriesen aus China oder dem Silicon Valley ein wichtiges Verkaufsargument sein.

Ford und VW haben sich eine Zusammenarbeit auf Augenhöhe ausbedungen. Beide halten je 40 Prozent an der jungen Hightech-Firma. Das soll sicherstellen, dass die Autobauer echte Technologiepartner sind, nicht bloß Lieferanten von Blechkarossen.

Das gemeinsame Geschäftsmodell von VW und Argo AI besteht aus drei Teilen: der Softwareplattform, der Produktion der Autos und dem Zugang zum Kunden. Die Software, so viel ist klar, liefert Argo. Für Autoproduktion und Kundenzugang braucht der US-Spezialist jedoch die Hilfe seiner Partner Ford und Volkswagen. Die Kernkompetenzen der Traditionskonzerne sind also auch in der Ära der Roboshuttles noch gefragt.

Für den VW-Konzern ist das Engagement zugleich die Chance, sein Qualitätsversprechen in eine neue Zeit zu überführen. Statt nur noch hochwertige Karossen zu bauen, könnte sich der Hersteller etwa auch mit Fahrsicherheit beim autonomen Fahren abheben. Oder mit sorgfältigem Schutz der Kundendaten. Der ganze Technologiestandort Europa könnte sich so gegenüber Hightech-Playern aus Amerika und Asien profilieren, die beim Datenschutz nicht den besten Ruf genießen.

Schon heute zeichnet sich ab: Wenn die Autokonzerne nicht selbst über Alternativen zur individuellen Mobilität nachdenken, dann werden es andere an ihrer Stelle tun. Einem jungen Unternehmen aus Deutschland ist es bereits gelungen, sich zur internationalen Mobilitätsplattform aufzuschwingen – und sogar eine amerikanische Markenikone zu übernehmen.

Flixbus – Die Alternative zum Auto

Von seinem Büro an der Friedenheimer Brücke in München muss André Schwämmlein nur ein paar Schritte gehen, um beste Sicht auf seinen größten Gegner zu haben. Die Zentrale seiner Firma Flixmobility liegt an der Haupttrasse der Deutschen Bahn in die Münchner Innenstadt.

Die DB-Züge fahren auch in Corona-Zeiten im gleichen Takt unter der Brücke durch in Richtung Hauptbahnhof, während Schwämmlein seine Zugsparte Flixtrain wegen der Pandemie gerade in den Winterschlaf geschickt hat.

Es ist der Herbst 2020, schon etliche Male hat Schwämmlein, der im Busfernverkehr mit Flixbus eine ähnlich dominante Rolle spielt wie die Bahn auf der Schiene, seinem Unmut Luft gemacht: Die Bahn werde mit Staatshilfen durch die Krise gefüttert, während die Wettbewerber leiden müssten. Dagegen reichte Schwämmlein zuletzt eine förmliche Beschwerde gegen die Staatshilfen der Bundesregierung für die Deutsche Bahn AG bei der EU-Kommission ein.

Ein paar Monate später feiern Schwämmlein und seine Mitgründer Jochen Engert und Daniel Krauss einen Teilerfolg. Die EU-Kommission hat die Hilfen für die Bahn nur mit Auflagen genehmigt, sie muss der Konkurrenz bis zum Jahresende die Trassengebühren erlassen. Nur das, so erzählt es uns Schwämmlein später, habe Flixtrain ermöglicht, den Betrieb wieder aufzunehmen.

Der Streit um die Coronahilfen ist nur ein Beispiel für eine endlose Serie von Auseinandersetzungen, die Schwämmlein geführt hat – mal frontal, mal trickreich, immer ausdauernd –, um seiner Mobilitätsplattform Flixmobility einen Platz im deutschen Fernverkehr zu sichern. Und nicht nur dort. Mit den in froschgrün gehaltenen Bussen ist Flixmobility in ganz Europa auf der Straße und mittlerweile auch in den USA. Die vorläufige Krönung von Schwämmleins Expansionsdrang war im Herbst 2021 die Übernahme des ikonischen amerikanischen Fernbusbetreibers Greyhound. Der Umsatz stieg damit auf mehr als eine Milliarde Euro, die rechnerische Bewertung des Konzerns liegt um ein Vielfaches höher.

Anfang 2022 wandelte Flixmobility sich von einer GmbH in eine europäische Aktiengesellschaft um und heuerte den Condor-Manager Christoph Debus als FInanzvorstand an.

Der Schritt gilt als klarer Hinweis, dass der Konzern an die Börse strebt, um sich noch mehr Kapital für seine ambitionierten Wachstumspläne zu besorgen.

Der Aufstieg von Schwämmleins Flix-Gruppe zeigt, dass man auch in Deutschland mit neuen Konzepten die Verkehrspolitik aufmischen und dazu beitragen kann, dass mehr Leute ihr Auto stehen lassen und zur Klimawende beitragen. Denn auch wenn Schwämmlein sich vor allem an der Bahn abarbeitet, so geht es ihm doch letztlich um etwas anderes: »Wir müssen die Menschen aus den Autos holen, ein Stück weg vom individuellen hin zum kollektiven Verkehr.« Als seine eigentlichen Gegner sieht er dabei nicht die Bahn, sondern die Klimasünder Auto und Flugzeug.

Natürlich lobbyiert der Flix-Chef damit vor allem für sein Geschäftsmodell. Aber mit Blick auf die CO_2-Emissionen sind die Busse den Flugzeugen und Autos tatsächlich weit überlegen, selbst mancher Zug schneidet schlechter ab. Dabei sind die Flixbusse bislang mit Dieselmotoren ausgestattet. 2024 sollen erstmals mit einer Brennstoffzelle angetriebene Modelle durch Europa fahren, die mit den Zulieferern ZF und Freudenberg entwickelt werden. Bis 2030 will Schwämmlein die gesamte Flotte auf Batterie- oder Wasserstoffantriebe umgestellt haben. Bis dahin bessert Flixbus die CO_2-Bilanz mit dem Kauf von Emissionszertifikaten auf.

Seine Motivation, überhaupt in ein solches Geschäft einzusteigen, wurde Schwämmlein gewissermaßen in die Wiege gelegt. Schon seine Eltern engagierten sich bei den Grünen, bald trat auch er in die Partei ein und wurde in Fürth ihr jüngster Kreistagsabgeordneter Bayerns. Zwei Jahre später rückte er zum Fraktionschef auf, das Mandat behielt er bis in die ersten Berufsjahre. Nach dem Abitur studierte Schwämmlein Wirtschaftsingenieurswesen an der Uni Erlangen-Nürnberg, später legte er bei der IHK die Prüfung zum Omnibusunternehmer ab.

Und das ist Schwämmlein jetzt. Omnibusunternehmer. Das klingt erst mal nicht nach der Zukunft der Mobilität, man verbindet damit eher ruckelnde Regionalbusse. Aber der grüne Franke hat gezeigt, wie man ein altes Verkehrskonzept modernisieren kann, vom Omnibusunternehmer zum Plattformbetreiber.

Die Idee kam den Flixbus-Gründern, nachdem die EU 2009 per Verordnung eine Liberalisierung des Fernbusmarktes angestoßen hatte. Schwämmlein und Engert arbeiteten zu der Zeit bei der Strategieberatung BCG, sie holten Schwämmleins Schulfreund und Softwareentwickler Krauss dazu und entwickelten am Reißbrett eine Strategie. 2012 setzte die Bundesregierung die EU-Verordnung um. Die Bahn zeigte kein Interesse, ihr Busangebot auszubauen, Flixbus stieß in die Lücke.

Zwar starteten die drei mit regionalen Angeboten, ihr Ziel aber war es, den Personenfernverkehr in ganz Europa mit einem günstigen Verkehrsmittel aufzumischen. Dafür jedoch kauften sie nur einen einzigen Bus, der für die Lizenz nötig war, die restliche Flotte ließen sie von anderen stellen. Flixbus baute einen einheitlichen Netzbetrieb und eine Buchungsplattform auf, verantwortete das Marketing und engagierte die meist mittelständischen Busunternehmen, die mit ihren Fuhrparks die Fahrten übernahmen. Diese wiederum bekamen dafür den flix-grünen Anstrich und 70 bis 75 Prozent vom Umsatz.

Nach der Liberalisierung musste Flixbus sich den Markt zunächst mit einer Reihe teils ebenfalls ambitionierter Wettbewerber teilen, aber keiner dachte so groß wie Schwämmlein, Engert und Krauss – und keiner hatte so viel Kapital im Rücken. Ein Venture-Capital-Fonds des Holtzbrinck-Verlags, der Risikokapital-Arm der TU München und auch Daimler unterstützten Flixbus zu Beginn, bald stiegen angelsächsische Großinvestoren wie General Atlantic, Silverlake und später

Permira ein. Flixbus schluckte in der Folge die Wettbewerber weg oder drängte sie aus dem Markt; mittlerweile kommen die Münchner im deutschen Fernbusmarkt auf mehr als 90 Prozent Marktanteil. Auch in Österreich, Schweden, Großbritannien und der Türkei kaufte Flixbus Fernbusbetreiber auf – und nun also auch den US-Busbetreiber Greyhound.

Doch Schwämmlein will mehr. Seit 2017 versucht er, die nächste Stufe zu zünden, bietet nicht mehr nur Bus-, sondern auch Zugverbindungen an und legte sich dafür bereits mehrfach mit der Bahn an. Dieser Markt allerdings ist weitaus schwerer zu knacken als das Busgeschäft, weil die staatliche DB zugleich Netzbetreiber ist und über die Trassenpreise den Wettbewerb klein halten kann. Nicht nur Schwämmlein, auch andere Konkurrenten sowie die Monopolkommission und die EU-Kommission haben das immer wieder bemängelt. Aus ihrer Sicht läuft diese dominante Stellung dem erklärten Ziel schon der letzten beiden Bundesregierungen zuwider, mehr Verkehr auf die Schiene zu bekommen.

»In Ländern, die erfolgreich Wettbewerb auf die Schiene gebracht haben, sind Infrastruktur und Betrieb getrennt«, sagt Schwämmlein. Deshalb müsse auch Deutschland den Staatskonzern entflechten. Anders als die heutige Bahn hätte ein eigenständiger Netzbetreiber ein wirtschaftliches Interesse daran, mehr Wettbewerb und damit mehr Verkehr auf die Schiene zu bringen.

Die Flix-Manager setzen deshalb darauf, dass die neue Bundesregierung einen weiteren Anlauf unternimmt, die Bahn aufzuspalten und Netz und Betrieb zumindest organisatorisch, personell und finanziell voneinander zu trennen. Auch dauerhaft niedrigere Trassenpreise – auf die alle Bahnkonkurrenten seit Jahren drängen – scheinen unter einer Ampelregierung greifbar. Allerdings will die neue Bundesregierung die Bahn nur sehr zaghaft reformieren. Eine Absenkung der Trassenpreise, immerhin, sei denkbar, wenn die Haushaltslage es erlaube, stellte Verkehrsminister Volker Wissing in Aussicht.

Für Schwämmlein und seine Mitstreiter wäre das die Chance, ihr Bahnangebot auszubauen und ihrer langfristigen Vision noch einen Schritt näher zu kommen: einem vernetzten Angebot von Bahn-, Bus- und Individualverkehr.

Dazu haben die Gründer eine Mitfahrplattform mit dem Namen Flixcar geschaffen, sie soll es Nutzern von Flixbussen und -bahnen ermöglichen, vom Zielbahnhof günstig und umweltfreundlich per Pkw an ihr Reiseziel zu gelangen. Das Angebot ist seit 2019 zunächst in Frankreich verfügbar.

Der Schlüssel zu einem solchen gesamtheitlichen Mobilitätskonzept – auch das haben Schwämmlein, Engert und Krauss früh erkannt – ist die Software. Sie ermöglicht es, den Kunden die Strecken, Takte und Anschlüsse zu bieten, die sie haben wollen, und verschiedene Verkehrsmittel nach eigenen Wünschen miteinander zu vernetzen. Die Flix-Gründer entwickelten ihre Software deshalb selbst, füttern sie seitdem laufend mit Daten und optimieren ihr Angebot.

Um die Leute wirklich in großer Zahl aus ihren komfortablen Autos zu locken – zumal, wenn diese immer häufiger elektrisch angetrieben werden –, müssen Schwämmlein, Engert und Krauss allerdings noch an der Qualität ihrer Busse und Züge arbeiten. Bislang gelten die grünen Gefährte als Transportmittel für Studenten und Leute mit kleinem Geldbeutel.

Außerdem zeigt das Beispiel Flixmobility, dass derartige neue Geschäftsmodelle nur dann eine Chance haben, wenn die Politik die Rahmenbedingungen dafür schafft. Erst die Öffnung des Fernbusmarktes ermöglichte nicht nur den Aufstieg von Flixbus, sondern brachte auf vielen Strecken eine echte Alternative zu Kurzstreckenflügen und Auto hervor. Eine Reform der Bahn könnte nun helfen, mehr Verkehr auf die Schiene zu bringen. Aber die Widerstände sind groß, noch immer hemmt der Staatskonzern beispielsweise die Vernetzung verschiedener Verkehrsmittel. Zwar hat die Bahn selbst das Start-up Ioki auf den Weg gebracht, das die Software für eine solche Verknüpfung entwickelt. Aber die DB gibt ihre Fahrdaten selbst nicht an Konkurrenten wie Flix weiter, was den Wettbewerb und das Angebot hemmt.

Dass eine alternative Verkehrspolitik nur schleppend vorankommt, hat einen einfachen Grund. Jahrzehntelang haben Politiker in Bonn, Berlin, Brüssel und den Bundesländern ihre Zeit und ihr Geld vor allem einem Verkehrsmittel gewidmet: dem individuell genutzten Auto. Damit folgten sie dem alten Narrativ von Volkswagen und Co., wonach in erster Linie das Fahrzeug als physisches Produkt Wohlstand und Arbeitsplätze schaffe. Jeglicher technologische Wandel galt als potenzieller Jobkiller. Zu Recht?

Arbeitsplätze – Bosse, Betriebsräte und das Business der Zukunft

Vom Zeppelin zum Roboshuttle

Im Regal von Wolf-Henning Scheider steht ein Buch, das mit einem Wort beschreibt, worum es gerade geht, für ihn, sein Unternehmen, ja für die ganze deutsche Autoindustrie: »Titelverteidiger« heißt das Werk. »Wie die deutsche Industrie ihre Spitzenposition auch im digitalen Zeitalter sichert«. Alte Größe soll zu neuer werden, das ist Scheiders Anspruch. Schließlich hat ZF Friedrichshafen, Deutschlands zweitgrößter Autozulieferer nach Bosch, in seiner Geschichte schon einmal gezeigt, wie man das macht: Innovation, Disruption, Neuanfang.

ZF steht für Zahnradfabrik. Das Unternehmen am Bodensee, gegründet 1915 und bis heute im Besitz einer städtischen

Stiftung, lieferte anfangs vor allem Getriebe für Zeppeline, die ja auch mal als Zukunftstechnologie galten. Doch der Boom der Luftschiffe währte nur kurz. ZF musste sich quasi über Nacht einen neuen Schwerpunkt suchen, sich auf einem anderen Markt beweisen. Die Wahl fiel auf die Autoindustrie. Mehr als 80 Jahre ist das her.

Scheider, seit Anfang 2018 Chef von ZF Friedrichshafen und Herr über 37 Milliarden Euro Umsatz, ist ein unaufgeregter Mann. Eher kühler Analytiker als Heißsporn. Mehr Technikfreak als Verkäufer. Aber bei unserem ersten Treffen im September 2020 wählt auch er drastische Worte. Die aktuelle Krise sei »dramatischer als alles, was unsere Generation bisher erlebt hat«, sagt er.

Wenn ZF-Chef Scheider aus seinem Bürofenster blickt, sieht er Segelboote, die über den Bodensee schippern, umrahmt von den Schweizer Alpen. Eine Idylle, die ihn früher dazu animiert hat, seine nächste Wanderung zu planen. Doch die Covid-19-Krise hat sein Unternehmen 2020 voll erwischt, Scheider agiert permanent im Krisenmodus. Etwa 40 000 der 50 000 Mitarbeiter in Deutschland sind monatelang in Kurzarbeit. Zwischenzeitlich schreibt der Zulieferer rote Zahlen, der Umsatz bricht um mehr als ein Viertel ein. Scheider befürchtet, dass der Abschwung noch jahrelang andauern könnte. Vor 2024 habe die Branche keine Chance, das Vorkrisenniveau zu erreichen. Hinzu kommen die Auswirkungen des technologischen Wandels. Bis zu 15 000 Stellen sollen weichen, ungefähr die Hälfte im Heimatmarkt.

Wie aber kann der Wandel gelingen, wie lässt sich der Absturz verhindern? Scheider hat seine Antwort gefunden: Die Autobranche muss die Krise zum konsequenten Umbau nutzen, auch wenn das schmerzhaft ist. ZF, so hofft er, hat dabei nicht einmal die schlechtesten Karten – dank des wachsenden Zukunftsgeschäfts mit E-Antrieben oder Supercomputern fürs autonome Fahren, auf die das Unternehmen sich zunehmend ausrichtet. Der Zulieferer ist damit beispielhaft für die gesamte deutsche Autoindustrie – mit seiner Historie, seinen Produkten von Weltruf und Zigtausenden Mitarbeitern, die jetzt um ihre Jobs bangen.

Bislang hat die Pandemie vor allem Zulieferer in die Knie gezwungen, die wenig beizutragen haben zum elektrifizierten, voll vernetzten Fahrzeug der Zukunft. Verschärft wird die Lage der Lieferanten dadurch, dass die Autohersteller und großen Zulieferer einen größeren Anteil am Fahrzeugbau selbst übernehmen wollen, um die Beschäftigung im eigenen Haus hochzuhalten. Es ist die gnadenlose Logik des Kapitalismus: Wer am Ende der Nahrungskette steht, hat das Nachsehen.

Betriebe wie der Anlagenbauer Eisenmann oder der Spritzgusstechniker WK mussten bereits Insolvenz anmelden. Der schwäbische Abgastechnikspezialist Eberspächer hingegen hat überlebt, schließt jedoch sein Werk in Esslingen bei Stuttgart. Zu lange hingen viele Zulieferer und Mittelständler am Tropf der großen Autokonzerne, zu spät reagierten sie auf neue Trends. Wer dagegen schon vor Corona auf elektrische Antriebe und Digitalisierung gesetzt hat, bekommt jetzt die Chance, vom Boom der Zukunftstechnik zu profitieren – und von der Schwäche der Wettbewerber.

Die entscheidende Frage ist, wie viele Arbeitsplätze die Unternehmen in die neue Zeit hinüberretten können. Ob der Wandel vielleicht sogar eine Chance ist, den Standort Deutschland zu einem Innovationsführer für grüne Technologien zu machen und so zu ermöglichen, dass mehr neue Jobs geschaffen werden als wegfallen. Oder ob die Horrorszenarien der Skeptiker eintreten, wonach Autoregionen in Baden-Württemberg, Bayern oder Niedersachsen sich zu Industriewüsten entwickeln – wie einst das Ruhrgebiet.

Seit Jahren kursieren Szenarien, die der deutschen Wirtschaft einen Kahlschlag prognostizieren. Die Nationale Plattform Zukunft der Mobilität etwa sah bis 2030 fast 410 000 Arbeitsplätze bedroht, das IPE Institut für Politikevaluation 600 000 Jobs bis 2040. Die Zahlen beherrschten die politische Debatte und erweckten den Eindruck, E-Mobilität und Klimaschutz schadeten der Industrie und ihren Beschäftigten.

Eine interne Studie bei VW zeigt jedoch, dass der technologische Wandel reibungsloser verlaufen könnte als befürchtet. Die Analyse mit dem Titel »Beschäftigung 2030« kommt zu überraschenden Ergebnissen – und könnte nicht nur als Blaupause für VW dienen, sondern womöglich für die gesamte Autoindustrie. Rund ein Jahr lang hat das Fraunhofer-Institut für Arbeitswirtschaft und Organisation mit Unterstützung der Wolfsburger untersucht, wie sich der technologische Wandel auf die Arbeitsplätze bei der Kernmarke Volkswagen und den Komponentenwerken auswirkt. Die zentrale Erkenntnis: Der technologische Wandel ist zwar herausfordernd, aber längst nicht so schmerzhaft wie befürchtet. Im Fahrzeugbau werden die Jobverluste durch Elektrifizierung »weitaus geringer sein, als in bisherigen globalen Studien prognostiziert«.

Die gängige Annahme vieler Studien war, dass E-Autos leichter herzustellen seien. Sie bestünden aus weniger Teilen und benötigten daher weniger Zeit in der Montage – und weniger Arbeitskräfte. Tatsächlich werden viele Komponenten in der Elektroära schlicht überflüssig: Motorölpumpen, Kolben, Getriebe, Dieseleinspritzsysteme – alles Technologien, bei denen deutsche Autobauer und ihre Zulieferer führend waren, mit denen sie Milliarden verdienten und so den bundesrepublikanischen Wohlstand mehrten. Sobald diese Teile in der Produktion wegfallen, so die gängige Schlussfolgerung, werden viele Jobs überflüssig.

Die Fraunhofer-Forscher kommen nun jedoch zu anderen Ergebnissen. Sie haben den künftigen Personalbedarf nicht nur anhand der Anzahl der benötigten Teile geschätzt, sondern im Detail verglichen, wie viel Zeit und Personal die Herstellung des E-Fahrzeugs ID.3 gegenüber dem Verbrennermodell Golf 8 benötigt. Die Unterschiede sind minimal.

Dass trotzdem Stellen in der Fertigung verloren gehen, liegt laut Studie weniger an der Elektrowende als an der ohnehin steigenden Produktivität in den Werken. Auch für den Bau eines herkömmlichen Verbrennerfahrzeugs werden künftig immer weniger Arbeitskräfte gebraucht. Bis 2029, so die Prognose, wird Volkswagens Personalbedarf in den untersuchten VW-Produktionsstätten in Wolfsburg, Hannover, Emden, Zwickau, Dresden und Osnabrück bei den konventionellen Fahrzeugen um ungefähr 11 400 Stellen sinken, bei den E-Autos dafür um rund 8500 steigen. Die Differenz betrüge demnach laut Modellrechnung 2900 Stellen, der Mitarbeiterbedarf sänke in den genannten Werken um 12 Prozent. Das Gros der Jobs im Karosseriebau und in der Montage bliebe hingegen erhalten. »Die Chancen stehen gut, dass Europas Autoindustrie stark und beschäftigungsintensiv bleibt«, sagt Michael Sommer, Ex-Chef des Deutschen Gewerkschaftsbunds und Mitglied des VW-Nachhaltigkeitsbeirats, der die Studie beauftragt hat. »Die von vielen prognostizierten Horrorszenarien erfüllen sich nicht«, so Sommer.

Größere Einschnitte drohen hingegen in der Komponentenfertigung. In den hauseigenen Zulieferbetrieben von Volkswagen, die hierzulande gut 30 000 Mitarbeiter beschäftigen, entstehen Bauteile wie Benzinmotoren und Getriebe, die im E-Auto nicht mehr benötigt werden. Hier ist der »Transformationsdruck« der Untersuchung zufolge besonders groß. Wie viele Jobs hier konkret bedroht sind, sagt die Studie nicht, zu vielfältig seien die Tätigkeiten in der Komponentensparte. Doch es gibt Indizien, die auf größere Verluste hindeuten. Die Forscher haben den Arbeitsaufwand für den Bau eines elektrischen Antriebsstrangs – gemessen an eingeplanten Stückzahlen, verbrauchten Zeiten und der durchschnittlichen Arbeitszeit pro Mitarbeiter – mit dem eines Verbrenners verglichen. Der Personalbedarf beim E-Antrieb ist um 40 Prozent geringer.

Insofern sind die Ergebnisse auch ein Weckruf für Zulieferer wie Bosch, Continental, ZF Friedrichshafen oder Mahle, die ähnliche Komponenten produzieren. Sie müssen schnell reagieren. Denn laut Studie kann der drohende Personalabbau durch neue Geschäftsfelder wie Batteriezellen oder Ladeinfrastruktur immerhin »abgefedert werden«. Die Arbeitnehmervertreter bei ZF Friedrichshafen sind alarmiert. Sie befürchten, der Zulieferer könnte im großen Stil Stellen, die vom Verbrenner abhängig sind, nach Osteuropa verlagern oder gleich ganz abbauen. Das wäre aber nur dann ein ernstes Problem, wenn es ZF nicht gelänge, gleichzeitig neue Jobs in Zukunftsbereichen aufzubauen. Und genau darum bemüht sich Vorstandschef Scheider.

Der Zulieferer ist heute schon da, wo große Teile der deutschen Autoindustrie erst hinmüssen. Zwar erzielt ZF nach wie vor hohe Profite mit Produkten, die im Zeitalter des E-Autos immer weniger gebraucht werden. Kupplungen etwa oder klassische Getriebe. Doch seine Abhängigkeit vom Verbrennungsmotor hat der Konzern stark reduziert, auf zuletzt 25 Prozent des Gesamtumsatzes. Beim Auftragsvolumen für Elektrokomponenten hingegen übertraf ZF zeitweise sogar seinen größeren Rivalen Bosch. Zusätzlich boomen digital vernetzte Airbag- und Bremssysteme, Kameras, Radarsysteme und Hochleistungscomputer.

Auch ZF stünde heute weit schlechter da, hätte das Unternehmen nicht bereits 2014 eine weitsichtige Entscheidung getroffen. Für 9,5 Milliarden Euro kauften die Friedrichshafener damals den US-Zulieferer TRW, einen Spezialisten für Sicherheitstechnik und autonomes Fahren. Ein riskanter Megadeal, der aus der schwäbischen Getriebeschmiede über Nacht einen globalen Technologiekonzern formte.

Hinter der Akquisition stand Scheiders Vorgänger Stefan Sommer, Ingenieur und Experte für künstliche Intelligenz. Er hatte die Friedrichshafener zuvor mit einer unbequemen Wahrheit konfrontiert: Würde ZF einfach weitermachen, wie die einhundert Jahre zuvor, könnte das Kerngeschäft in wenigen Jahren überflüssig werden. In TRW sah Sommer die Firma, die hatte, was den Deutschen fehlte: Zukunftstechnologien – etwa Bremstechnik, Airbagsysteme und Sensoren für das autonome Fahren.

Verändert hat sich auch der Kundenstamm. BMW, Daimler und VW sind weiter dabei, neu dazugekommen sind jedoch chinesische Hersteller wie Nio, die ihre Autos als rollende Smartphones begreifen. Selbst der Elektronikkonzern Sony setzte auf ZF-Technik, als er auf der US-Technikmesse CES Anfang 2020 mit einem eigenen Elektroauto überraschte. Auch bei Vorreitern wie Tesla ist Hightech made in Germany gefragt. Elon Musk gilt als großer Fan hiesiger Ingenieurskunst. Seine neuen Modelle jedenfalls enthalten Airbagsysteme und digital vernetzte Sicherheitstechnik von ZF.

Das alles dürfte dazu beitragen, dass der Zulieferer besser durch die Transformation kommt, als im Covid-Krisenjahr 2020 gedacht. Im September 2021 spürt die Branche wieder Rückenwind. Das merken wir deutlich, als wir Vorstandschef Scheider auf der IAA treffen – er wirkt sehr viel optimistischer als im Jahr zuvor.

In zehn bis 15 Jahren, sagt er, werde ZF »nicht weniger Mitarbeiter haben als heute, vielleicht sogar mehr«. Und das trotz verschärfter Klimaziele der EU. Allerdings seien in Zukunft »ganz andere Profile« gefragt, es werde einen »starken Berufsbildwechsel« geben: mehr Ingenieure, weniger Werksarbeiter am Fließband. »Und da liegt die Anspannung in den kommenden Jahren«, sagt Scheider. ZF müsse es schaffen, genügend Expertinnen und Experten für künstliche Intelligenz oder Leistungselektronik am Arbeitsmarkt zu gewinnen.

Parallel schleust ZF Ingenieure und Produktionsmitarbeiter durch die hauseigene »E-Cadamy«, um sie für neue Jobprofile zu qualifizieren. Insgesamt 15 000 Beschäftigte sollen den Lehrgang durchlaufen.

Parallel sucht Scheider Kontakt zur Politik. Die Bundesrepublik, glaubt er, stehe vor einer gewaltigen Herausforderung. Eine ganze Generation von Mitarbeitern im Alter von 40 bis 45 Jahren brauche neue Jobs – und völlig neue Qualifikationen. Aktuelle Untersuchungen geben ihm recht. Für rund die Hälfte der heute rund 1,7 Millionen Stellen in der Autoindustrie und angrenzenden Industriezweige ändert sich das Berufsbild, ergab eine gemeinsame Studie der Unternehmensberatung BCG und des Thinktanks Agora Verkehrswende[21]. Für 70 000 Stellen ergebe sich ein komplett neues Berufsfeld, weitere 200 000 Stellen veränderten sich deutlich. Für 500 000 Stellen bestehe berufsbegleitender Weiterbildungsbedarf.

Wie ZF, bieten Volkswagen, BMW und Daimler bereits groß angelegte Umschulungen an. Anders als die Hersteller, verfügt jedoch lange nicht jeder Zulieferer über die dafür nötigen Millionen. Bund, Länder und Unternehmen müssten deshalb gemeinsam Programme starten, sagt Scheider, auch mit Steuergeldern.

Schon jetzt zeichnet sich ab, dass der technologische Wandel die Republik verändern wird. Frühere Wohlstandsregionen in Bayern und Baden-Württemberg, in denen die klassische Autoindustrie sitzt, dürften Jobs verlieren. Profitieren könnte hingegen der Osten. Dort locken niedrigere Arbeitskosten und teils höhere Subventionen. In Dresden eröffnete Bosch unlängst eine neue Chipfabrik, im brandenburgischen Grünheide baut Musk seine europäische Gigafactory. Sogar die Chinesen kommen mittlerweile nach Ostdeutschland: Im thüringischen Arnstadt entsteht ein Werk des Batterieriesen CATL.

Den Betriebsräten der Autohersteller und -zulieferer reicht das noch nicht. Viele sorgen sich um die Auslastung ihrer Traditionsfabriken. Volkswagens jahrzehntelanger Bestseller Golf zum Beispiel, der in Wolfsburg produziert wird, existiert nur noch als Benziner oder Diesel. Auf lange Sicht ist er damit wohl dem Untergang geweiht. Ob der elektrische Golf-Nachfolger ID.3 auch nur annähernd ähnlichen Erfolg haben wird, ist bei Weitem noch nicht ausgemacht. Und falls ja, wird davon in erster Linie die ID.3-Fabrik im sächsischen Zwickau profitieren. Die Arbeitnehmervertreter rangen Vorstandschef Diess mühsam die Zusage ab, wenigstens einen Teil der ID.3-Produktion nach Wolfsburg zu holen. Auch andere VW-Werke, fordern die Betriebsräte, müssten schneller auf Elektromobilität umgerüstet werden. Die E-Wende bringt also Verteilungskämpfe mit sich, innerhalb Deutschlands, aber auch international.

Bei aller Sorge um die Beschäftigung wollen Gewerkschafter und Betriebsräte den Wandel aber nicht bremsen. Ganz im Gegenteil haben sie sich mittlerweile zu einer Vorwärtsstrategie entschieden. Die Arbeitnehmervertreter unterstützen die Elektrowende, bisweilen drängen sie sogar auf mehr Tempo. Auch Daimler-Betriebsratschef Michael Brecht hat kein Problem damit, dass die Verbrenner des Herstellers teils nicht mehr in der Motorenhochburg Untertürkheim gefertigt werden, sondern gemeinsam mit dem Partner Geely in China. Dafür soll in den Traditionswerken künftig jedoch der elektrische Antriebsstrang entstehen.

Möglichst große Teile der Wertschöpfung, so die Forderung der Betriebsräte, sollen in Deutschland bleiben. Statt Benzin- und Dieseltechnik sollen die Autobauer künftig E-Antriebe, Batteriezellen, Software und Sensorik entwickeln und auf diese Weise möglichst viele neue Stellen schaffen. Die Betriebsräte, lange als Blockierer verschrien, entwickeln sich damit zunehmend zu Treibern des Wandels.

»House of Cars«

Die Kulisse eignet sich perfekt für einen großen Schaukampf. Halle 11 des Wolfsburger Stammwerks erinnert mit ihrer hohen Decke und den Betonsäulen an eine Kathedrale. In normalen Zeiten finden hier rund 20000 Mitarbeiterinnen und Mitarbeiter Platz, an diesem Donnerstag sind es coronabedingt nur ein paar Tausend. Insgesamt 50000 Menschen verfolgen das Spektakel im November 2021 per Livestream.

Sie könnten sich wie im Heimkino entspannt zurücklehnen und die Fortsetzung des unterhaltsamen Schlagabtauschs auf Netflix-Niveau verfolgen, den VW-Boss Herbert Diess und Betriebsratschefin Daniela Cavallo ihnen bereits seit Wochen bieten. Sie könnten sich weiter ergötzen am »House of Cars«, als das VW intern bisweilen verspottet wird – in Anlehnung an die US-Serie. Wenn nur die Lage nicht so ernst wäre.

Covid-19-Pandemie und Computerchipmangel haben die Autoproduktion auf den niedrigsten Stand seit Ende der Fünfzigerjahre abstürzen lassen. Mehr als 50 Schließtage und Dutzende abgesagte Schichten beklagt Arbeitnehmerführerin Cavallo. Statt der eine Million Fahrzeuge, die ursprünglich einmal angepeilt waren, wird Volkswagen in seiner weltgrößten Fabrik in diesem Jahr wohl höchstens 400000 Autos herstellen.

Es ist eine Veranstaltung, die in den meisten anderen Autokonzernen in dieser Form undenkbar wäre. Mitarbeiterversammlungen gibt es auch bei BMW oder Daimler. Doch bei Volkswagen werden vorab die Brandrede der Betriebsratschefin und die Gegenrede des Vorstandsbosses an die Presse verschickt. Das Kräftemessen zwischen Konzernspitze und Belegschaftsvertretern wird öffentlich zelebriert, als handle es sich dabei um einen Boxkampf.

Cavallo rechnet ungewöhnlich deutlich mit dem VW-Chef ab. Die Produktionsausfälle wegen des Chipmangels seien »ein Armutszeugnis für einen Weltkonzern«, Diess' Zahlenspiele über einen möglichen Personalabbau »völlig absurd«. Der VW-Boss wiederum warnt in seiner Erwiderung eindringlich vor der Bedrohung durch neue Rivalen: Teslas Model 3 sei zuletzt das meistverkaufte Auto in Europa gewesen, noch vor dem Golf. Volkswagen müsse schneller und effizienter werden, um sich in diesem Wettbewerb überhaupt noch behaupten zu können. »Der nächste Golf darf kein Tesla sein! Der nächste Golf darf nicht aus China kommen! Die nächste Ikone muss wieder ein Wolfsburger sein!«

Für Außenstehende ist schwer zu durchschauen, wie ernst man die Wortgefechte zwischen Diess und Cavallo tatsächlich nehmen muss. Ist es am Ende nur ein sorgsam eingeübtes Rollenspiel zweier Schaukämpfer – obwohl es doch um milliardenschwere Investitionen und Zigtausende Jobs geht? Oder doch ein offener Machtkampf, an dessen Ende nur einer beruflich überleben kann, die Arbeiterführerin oder der Konzernboss? Show und reales Drama, das zeigt die Historie, liegen bei VW nah beieinander. Tatsächlich hätte Diess im Jahr 2020 im Konflikt mit dem Betriebsrat seinen Job schon zweimal fast verloren, im Herbst 2021 wiederholte sich das Drama ein drittes Mal. Nur in letzter Minute wendeten beide Seiten die maximale Eskalation jeweils noch mal ab – meist verbunden mit gegenseitigen Zugeständnissen. Diess etwa musste 2020 die Führung der Kernmarke Volkswagen abgeben; ein Privileg, das für frühere Bosse wie Winterkorn sakrosankt war. Dafür wurde später sein Vorstandsvertrag vorzeitig bis Herbst 2025 verlängert. Großaktionäre und Analysten kritisieren die starke Stellung der Arbeitnehmer und bezweifeln stark, ob das ewige Geschacher dem Konzern nützt.

An Europas größtem Autokonzern entbrennt auch immer wieder die Diskussion, wie das Zusammenspiel von Kapital und Arbeit in Deutschland funktioniert. Ob die Macht der Mitarbeiter, verankert im Betriebsverfassungsgesetz, dem

Standort und seinen Industriekonzernen nützt. Oder ob diese sie im technologischen Wandel, im globalen Wettbewerb mit neuen Rivalen, eher bremst.

Bei VW kommt noch eine historische Besonderheit hinzu. Das Geld für den Bau des ersten VW-Werks im Dritten Reich stammte teilweise aus enteignetem Gewerkschaftsvermögen. Außerdem wurden dort systematisch Zwangsarbeiter eingesetzt. Das führte dazu, dass Volkswagen nach dem Krieg zeitweilig zum Staatskonzern wurde. Das Land Niedersachsen hält noch heute 20 Prozent am Autobauer. Ein eigenes VW-Gesetz garantiert ihm ein Vetorecht. Für wichtige Entscheidungen wie Produktionsverlagerungen ist eine Zweidrittelmehrheit im Aufsichtsrat nötig. Das wiederum gibt dem Betriebsrat Macht. Denn dessen Interessen sind oft deckungsgleich mit denen des Landes – vor allem, wenn es um die Zukunft des Stammwerks im niedersächsischen Wolfsburg geht.

Konzernchef Diess hat intern oft beklagt, Volkswagens Hauptsitz sei praktisch nicht zu reformieren. Schon kurz nach seinem Wechsel von BMW in München zu VW in Wolfsburg kündigte er immer wieder im kleinen Kreis an, die Macht des Betriebsrats brechen zu wollen. Auch rechnete er immer wieder gerne vor, dass ausländische VW-Werke effizienter seien als heimische Fabriken. Durch Teslas jüngste Erfolge fühlt er sich nun bestätigt: In Grünheide werde der US-Rivale für ein Auto zehn Stunden benötigen. VW brauche für die Produktion eines E-Autos am Standort Zwickau hingegen 30 Stunden. Bei der Mitarbeiterversammlung im November zeigt sich jedoch einmal mehr, wie schnell Diess an seine Grenzen stößt.

Für seinen strategischen Weitblick genießt er zwar den Respekt vieler Investoren, Konkurrenten, Kolleginnen und Kollegen. Seine Kritik an Effizienzmängeln in Wolfsburg stößt insbesondere bei Aktionären auf Zustimmung. Doch mit seiner Rambo-Attitüde, mit der er den Wandel durchboxen will, bringt der VW-Boss immer wieder die Belegschaft gegen sich auf – etwa, wenn er hinter den Kulissen unverhohlen über den Abbau von 30 000 Stellen spekuliert.

Seine Gegenspielerin Cavallo hingegen, seit April 2021 Betriebsratsvorsitzende, verkörpert für viele Mitarbeiterinnen und Mitarbeiter die Hoffnung auf eine neue, durch Besonnenheit geprägte Kultur – nicht nur in Wolfsburg, sondern in der gesamten männerdominierten, bisweilen machohaften Branche. Die Tochter eines ehemaligen Gastarbeiters aus Kalabrien startete nach dem Abitur 1994 eine Karriere bei VW. Sie kennt den Konzern besser als mancher Topmanager. Sie war bereits Betriebsrätin bei »Auto 5000«, dem berühmten Projekt des früheren Personalchefs Peter Hartz, das Tausende Jobs durch sparsamere Tarifkonditionen rettete. Der historische Deal ist für viele bis heute ein Beleg dafür, dass der systemimmanente Streit zwischen Vorstand und Betriebsrat konstruktive Ergebnisse hervorbringen kann. Ein »Win-win«, wie man in der Managerwelt sagt.

Tatsächlich sind die Betriebsräte in Wolfsburg versierte Machtspieler, die geschickt für ihre Interessen kämpfen. Anders als Diess, beherrscht Cavallo den rhetorischen Kniff des Pathos und spricht damit die Emotionen der Mitarbeiter an, etwa wenn sie darauf verweist, dass schon ihr Vater in den Wolfsburger Werkshallen geschuftet habe. Wenn sie die Ängste der Belegschaft benennt, »um ihre Arbeit, um ihre Familien, um ihre Existenz«. Oder wenn sie Diess vorwirft, sein Verhalten sei »beispiellos in der Geschichte unseres Konzerns«. Die Arbeitnehmervertreter deshalb als Blockierer abzutun, wäre aber zu einfach.

Cavallos Vorgänger Bernd Osterloh forderte bereits 2010 den Bau einer eigenen Batteriefabrik. 2016 schlossen Betriebsrat und Konzernführung dann einen Zukunftspakt. Er schrieb den Abbau von 30 000 Stellen fest, davon 23 000 in Deutschland. Gleichzeitig beinhaltete er aber auch Weiterbildungsangebote und den Aufbau neuer Jobs in Zukunftsbereichen wie der Software. In der Branche galt dieser Maßnahmenplan lange als vorbildhaft. Da der Wandel zur E-Mobilität nun schneller kommt als ursprünglich gedacht, bedarf der Deal wohl zeitnah einer Ergänzung. Dass es darum hitzige Debatten geben wird, liegt in der Natur der Sache. Doch ein tragfähiger Konsens, der VW die Zukunftsfähigkeit sichert, scheint keineswegs ausgeschlossen – wenn beide Seiten verbal abrüsten.

Für Diess und seine potenziellen Nachfolger erscheint es hingegen wenig aussichtsreich, das »System Wolfsburg« mit seinem mächtigen Betriebsrat und der starken Gewerkschaft grundsätzlich kippen zu wollen. Zumal es im Wettstreit mit Tesla auch Vorteile bietet – vor allem im Wettbewerb um Personal.

Denn Elon Musk hält Gewerkschaften schlicht für überflüssig. In Deutschland gebe es bereits sehr starke Arbeitnehmerrechte, sagte der Tesla-Boss einst einer US-Journalistin, »auch ohne eine Gewerkschaft«. Die IG Metall, mit 2,3 Millionen Mitgliedern mächtigste Interessensvertreterin in der Branche, ist alarmiert. Gewerkschaftschef Jörg Hofmann will laut *Zeit*-Interview genau beobachten, ob Musk die Löhne »tarifvertraglich regelt oder nach Gutsherrenart«.

Wie Musk zu Arbeitnehmern und ihren Vertretern steht, lässt sich in seinem US-Werk besichtigen. Die Stars dort sind nicht Menschen, sondern Maschinen. Einigen der gut 1000 Roboter und Montagemaschinen in der Fabrikhalle in Fremont hat Musk die Namen bekannter Comicfiguren verliehen. Sie heißen Iceman, Thunderbird oder Cyclops – Geschöpfe aus der Comicreihe X-Men, einem Epos, in dem Hightech-Mutanten mit Menschen um die Weltherrschaft kämpfen. Hier stehen die Namen dieser Superhelden auf Käfigen aus Plexiglas, in denen die ausladenden Greifarme ihre Arbeit verrichten. Musk träumt von Fabrikhallen, in denen hochintelligente, digital vernetzte Robotersysteme im Sekundentempo

Fahrzeuge ausspucken. Er spricht gern von der »machine that makes the machine«: die Maschine, die Maschinen baut – und damit die Effizienz um ein Vielfaches steigert.

Musks Großfabrik verdeutlicht die Eigenschaften, die ihn als Unternehmer auszeichnen: Wagemut und radikales Effizienzstreben. Die Kombination aus beidem hat ihm beispiellose Erfolge beschert, aber auch große Probleme.

Seine Roboterarmee kam viel langsamer in Fahrt als erhofft, Tausende Arbeiter gingen dafür an den Rand ihrer psychischen und physischen Belastbarkeit. Mitarbeiter hätten teilweise Zwölf-Stunden-Schichten schieben und im Auto schlafen müssen, um am nächsten Tag wieder rechtzeitig präsent zu sein, berichten Beteiligte. Es entstand ein Chaos, das Musk, der selbst mehrfach in der Fabrik übernachtete, als »Produktionshölle« bezeichnete.

Am Ende brachten nicht Maschinen, sondern menschliche Ingenieure die Linien ordentlich ins Laufen. Sie entfernten ein viel zu kompliziertes Fördersystem für Einzelteile, das jenen auf Flughäfen ähnelte. Und übertrugen wichtige Kernaufgaben, etwa in der Endmontage, wieder an Mechaniker und Techniker.

Die Arbeitsbedingungen im Werk stoßen immer wieder auf heftige Kritik. Laut der US-Arbeitsschutzorganisation Worksafe übertrifft die Zahl der Arbeitsunfälle und chronischen Erkrankungen den Branchendurchschnitt deutlich. Arbeitnehmervertreter berichten von einem gewerkschaftsfeindlichen Klima und mäßiger Bezahlung. Die Fluktuation im Werk sei hoch. Tesla hat solche Vorwürfe stets zurückgewiesen. Das negative Image scheint jedoch auch auf das neue Werk in Grünheide abzustrahlen. Immer wieder wird berichtet, Tesla habe Schwierigkeiten, genügend qualifiziertes Personal zu rekrutieren.[22]

Womöglich liegt der Königsweg exakt zwischen VW und Tesla: Auch bei BMW und Daimler streiten Betriebsräte und

Vorstände teils erbittert um Jobs, Zukunftsinvestitionen und die Auslastung von Werken. Meist jedoch geschieht das dort geräuschloser, ohne halböffentlich und öffentlich gestreute Intrigen à la »House of Cars« und ohne pompöse Schaukämpfe. Im Krisenjahr 2020 etwa vereinbarten BMW-Betriebsratsboss Manfred Schoch und Personalvorstand Ilka Horstmeier ohne großes Getöse den Abbau von 6000 Stellen[23]. Und während man sich in Wolfsburg im Oktober 2021 zofft, steht Schoch gemeinsam mit Horstmeier im Leipziger BMW-Werk und verkündet, die Arbeitszeiten in Ost und West erstmals aneinander anzupassen. Genüsslich nutzt Schoch dabei die Gelegenheit, seinem Ex-BMW-Kollegen Diess schwere Managementfehler vorzuwerfen: Anders als in Wolfsburg, seien bei BMW bereits alle Werke auf E-Mobilität umgestellt.

Wie bei VW, geriet auch bei Daimler Vorstandschef Källenius anfangs mit der Belegschaft heftig aneinander. »Wir diskutieren nur über Sparmaßnahmen, die Zukunftspläne gehen dabei völlig unter«, sagte uns der damalige Betriebsrats- und stellvertretende Aufsichtsratschef Michael Brecht im November 2019. Der Konzern brauche endlich eine vorwärtsgewandte Strategie, »Kostenschrubben ist zu wenig«.

Mittlerweile klingt Brecht deutlich versöhnlicher. »Wir können noch nicht zufrieden sein. Unser Ziel ist es, dass der Eigenfertigungsanteil beim elektrischen Antriebsstrang ähnlich hoch ist wie beim Verbrennungsmotor«, sagt er im Herbst 2021. »Aber wir haben in den vergangenen zwei Jahren einiges erreicht.« Zukunftsängste in seiner Belegschaft kontert er mit vorsichtigem Optimismus. Brecht verweist auf die Zusagen für Stammwerke wie Untertürkheim darüber, elektrische Antriebe bauen und Batteriezellen entwickeln zu dürfen.

Ein bisschen hat Brecht – der Ende 2021 seinen Posten an Ergun Lümali übergab und als Betriebsratschef zur abgespaltenen Truck-Sparte wechselte – diesen Erfolg auch dem langjährigen Branchenschreck Elon Musk zu verdanken. Auf ihn verweist Brecht immer wieder in Diskussionen mit dem Daimler-Boss. Källenius reagiert darauf oft etwas verständnislos und genervt. Musk zahle doch nicht einmal Tariflöhne, kontert er. Dann nennt Brecht die Zukunftstechnogien, die der Tesla-Chef im eigenen Haus entwickle – und damit viele Jobs schaffe: von der Batteriezelle über den E-Antrieb bis zur Software. Das zieht.

Auch Daimler müsse sich weiter in diese Richtung bewegen, fordert Brecht. Im Sommer 2021 gründete der Konzern ein Joint Venture für die Produktion von Batteriezellen, sechs neue Produktionsstätten wurden vereinbart. Der Betriebsrat möchte, dass zumindest ein Werk, in dem heute noch Motoren oder Komponenten für den Verbrennungsantrieb gebaut werden, zu einem Batteriezellen-Standort umgerüstet wird.

Bei allen drei deutschen Autokonzernen haben die Betriebsräte mittlerweile erreicht, dass am Standort Deutschland wieder Zukunftstechnologien entstehen: Batteriezellen bei VW in Salzgitter, Elektroantriebe bei Daimler in Untertürkheim, Hochvoltspeicher bei BMW in Dingolfing und Regensburg. Bislang zumindest haben sich die Horrorvisionen vom Jobkahlschlag nicht erfüllt. Ob und wie viele neue Jobs rund um die elektrifizierte Branche in Deutschland entstehen, hängt auch von der Politik ab und ihrer Bereitschaft, den Weg in die Elektromobilität staatlich zu fördern, etwa wenn es – wie jetzt bei Daimler – um die Frage geht, wo Batteriezellenfertigung aufgebaut wird.

Doch die deutsche Politik ist noch auf der Suche nach der richtigen Haltung gegenüber der Autobranche, hin und her gerissen zwischen dem Wunsch, die Diesel- und Klimasünder mit strengeren Emissionsvorschriften in ihre Schranken zu weisen, und der Sorge, eine Leitindustrie der vergangenen Jahrzehnte zu verlieren. Und manch einer möchte auch einfach nur die gute alte Zeit zurück, in der man sich als Minister oder Landesvater noch gerne bei den Autobossen unterhakte.

6 Die Rahmenbedingungen: Die neue Rolle der Politik

Von der Gesellschaft entfremdet

»Auto's coming home«, jubelt Markus Söder vor der versammelten PS-Branche zum Auftakt der IAA Mobility 2021. Die Chefs von VW, Daimler und BMW und jede Menge weitere Autoprominenz sitzen vor ihm. Nach Söder wird auch die scheidende Bundeskanzlerin Angela Merkel sprechen. Es ist der 7. September, und die Halle A3 des Messegeländes im Münchener Osten ist etwa zu drei Vierteln gefüllt mit Menschen, die überwiegend froh sind, dass das Branchen-Hochamt trotz der noch nicht überwundenen Covid-19-Pandemie überhaupt gefeiert wird. Die Automanager nehmen es als gutes Omen, als Zeichen, dass auch für ihre Industrie das Schlimmste überstanden ist.

Die IAA in München soll ein Aufbruch sein, eine Zäsur. Ein Neuanfang für die Messe und den Lobbyverband VDA, der das Trauma der von heftigen Protesten und den Nachwehen des Dieselskandals begleiteten IAA 2019 in Frankfurt überwinden und ihre Existenzberechtigung nachweisen will. Ein Neuanfang für die ganze Autoindustrie, die ihr Schmuddelimage abschütteln und wieder Anschluss an die Gesellschaft finden möchte.

Schon seit Jahren leidet die Messe unter Teilnehmer- und Zuschauerschwund, viele internationale Aussteller sind der Veranstaltung nach und nach ferngeblieben. Spätestens seit dem Dieselskandal wirkt die glitzernd inszenierte Leistungsschau anachronistisch. Zudem hat die Weltgemeinschaft

2015 in Paris beschlossen, den Kampf gegen den Klimawandel aufzunehmen, und sich zum Ziel gesetzt, die durch Menschen verursachte globale Erwärmung zwischen dem vorindustriellen Zeitalter und dem Jahr 2100 auf deutlich unter 2 °C zu begrenzen. Zumindest in Teilen der Gesellschaft wächst allmählich das Bewusstsein, dass tonnenschwere SUVs, 400-PS-Sportwagen und Luxuslimousinen mit 12-Zylinder-Verbrennungsmotoren – vormalige Highlights auf der IAA – nicht mehr in diese Zeit passen.

2019 eskaliert um die Messe schließlich die Anti-Auto-Stimmung im Land. Eine Woche vor der Eröffnung ist in Berlin ein Porsche Macan in eine Menschenmenge gefahren, vier Passanten kommen ums Leben. Am Unfallort platzieren wütende Bürger ihre Botschaften: »Autos sind Terror«, »#Endcars« und »FCK SUV« steht auf Papp- und Straßenschildern. Erst später stellt sich heraus, dass der Fahrer am Steuer einen epileptischen Anfall hatte, ein kleineres Auto hätte womöglich ähnlichen Schaden angerichtet. Dennoch wird der tragische Unfall zum Symbol für eine Branche, die sich von der Gesellschaft entfremdet hat, die von mehr und mehr Bürgern als menschenfeindlich empfunden wird.

Auf dem IAA-Gelände in Frankfurt patrouillieren noch Tage danach schwer bewaffnete Polizisten und schwarz gekleidete Sicherheitskräfte, die Branche verschanzt sich hinter Wasserwerfern und hohen Zäunen, draußen protestieren Tausende Klimaschützer und blockieren den Zugang zur Messe. Es sind Szenen, die an die Anti-Atomkraft-Bewegung der Achtzigerjahre erinnern. Der Deutschen liebste Branche spaltet die Gesellschaft.

Bereits zwei Jahre später soll alles anders sein. Ein anderer Name, ein anderer Ort, ein anderes Konzept, eine andere Botschaft. Die IAA ist nach München umgezogen, die selbst erklärte »Weltstadt mit Herz«, und nennt sich nun IAA Mobility, um zu signalisieren, dass es nun nicht mehr nur ums Auto, sondern um jede Art der Fortbewegung geht.

Die Veranstalter haben sich dafür allerhand einfallen lassen. An einigen der schönsten Plätze der Stadt haben Autohersteller ihre Stände aufgebaut, um direkter mit der Bevölkerung ins Gespräch zu kommen. Daimler inszeniert seine - natürlich elektrischen - Modelle auf und unter einer begrünten Bühne, die in bester Lage vor der Feldherrnhalle auf dem Odeonsplatz aufgebaut ist. Audi und Porsche besetzen den historischen Wittelsbacherplatz, BMW stellt seine Modelle auf dem Max-Joseph-Platz vor der klassizistischen Fassade der Bayerischen Staatsoper zur Schau und verwandelt seine Zentrale - den Vierzylinder - per Lichtinstallation in eine flimmernde Batterie.

Und in der Messehalle, die durch eine »Blue Lane«, eine Art Bürger-Teststrecke für Elektroautos, mit der Münchner Innenstadt verbunden ist, ruft Söder nun also »Auto's coming home«. Bayern und die Automesse, das sei schon ein perfektes »match«, das passe doch ideal zusammen. Sein Bundesland unterstütze natürlich jede Form der Mobilität, aber der Autobau sei geradezu Teil der bayerischen DNA. Immer wenn sich Politiker besonders heftig anbiedern wollen, greifen sie gerne auf Fußballmetaphern zurück, in diesem Fall den englischen Stadionklassiker »Football's coming home«. Doch damit nicht genug, Bayerns Ministerpräsident legt nach, die halbe Welt fahre begeistert deutsche Autos, und er wünsche sich manchmal, dass der Branche auch von ihren Landsleuten daheim die gleiche Wertschätzung entgegengebracht werde.

Ist nun alles wieder gut und Deutschland mit dem Auto versöhnt? Wohl kaum. Auch in München entzündet sich rund um die Automesse ein Streit, auf der Theresienwiese campieren Hunderte Protestler, die autofreie Innenstädte und einen Ausbau des öffentlichen Nahverkehrs fordern, rund um die Stadt seilen sich Aktivisten von Autobahnbrücken ab und dekorieren Schilder um: »Verkehrschaos 2000 Meter« oder »smash carlobby & industry« steht dort zu lesen.

Nicht nur diesen radikaleren Vertretern der Protestbewegung geht die Mobilitätswende nicht schnell und weit genug. Quer durch alle Bevölkerungsschichten sind die Menschen enttäuscht vom Mangel an politischem Willen, diese voranzutreiben – und Söders Werben um die Autobosse im Jahr 2021 zeigt deutlich, wie verquer das Verhältnis von Teilen der politischen Elite zur Industrie noch immer ist. Zwar hat der CSU-Häuptling gemerkt, dass sich »der Epochenwandel auch auf die Autobranche niederschlägt«. Es gehe nicht mehr nur um den »Sound der Zylinder, die Lautstärke und die Kalender mit den ... ähem ... entsprechenden Bildern«. Aber so stammtischgerecht Söders Bestandsaufnahme ist, so schlicht sind auch die Schlüsse, die er alsbald daraus zieht: Die Autobranche sei das Herzstück der deutschen Wirtschaft, höre das Herz auf zu schlagen, dann sei alles aus. Deswegen müsse man es gut pflegen.

Es ist genau das Narrativ, das die deutsche Automobilindustrie den Volksvertretern in Berlin, München, Stuttgart und anderswo seit Jahrzehnten einflüstert: Wir bauen nicht nur die tollsten Motoren, sondern sind auch der unentbehrliche Antrieb für die deutsche Wirtschaft. Ohne uns läuft nichts in diesem Land, und wer uns angreift, der greift Arbeitsplätze an, wer gegen uns ist, der ist gegen das Volk.

In der Hand der Lobby – Die Geschichte der Autokanzler

Wie gut das funktioniert hat und wie eng die Bande zwischen Politik und PS-Branche in Deutschland traditionell ist, lässt sich an vielen Namen und beeindruckenden Zahlen festmachen. Unter Journalisten wird bezeichnenderweise gestritten, ob nun Gerhard Schröder der Autokanzler schlechthin war oder ob ihm Angela Merkel auch hierin den Rang abgelaufen hat. Der SPD-Altkanzler umgab sich gerne mit Branchengrößen wie Ferdinand Piëch und Jürgen Schrempp, war mit dem VW-Konzern schon als Niedersachsens Ministerpräsident qua Amt eng verbandelt, machte den ehemaligen VW-Personalvorstand Peter Hartz zu seinem wichtigsten Berater, beglückte die Autohersteller mit umstrittenen Steuererleichterungen für Rußfilter und bemühte schließlich 2008 – da schon längst nicht mehr im Amt – seine exzellenten Beziehungen nach Russland, um Opel vor der drohenden Insolvenz zu retten. Ein Deal, der allerdings nicht zustande kam.

Merkel hingegen pflegte ihre Kontakte in die Autokonzerne dezenter, war dort aber lange Zeit nicht minder beliebt. 2009 bescherte sie der Branche die fünf Milliarden Euro schwere Abwrackprämie, nachdem die Lobby ihr erfolgreich klar gemacht hatte, dass die Wirtschaft nur gezogen von PS aus Wolfsburg, München und Stuttgart aus der Finanzkrise herausfinden werde. 2013 dann setzte sich die Kanzlerin in Brüssel für laxere CO_2-Grenzwerte ein und begünstigte so den SUV-Boom, welcher der Branche den letzten großen Reibach vor dem Auffliegen des Diesel-Abgas-Skandals bescherte.

Da, wo die jeweiligen Regierungen die stets vorhandenen Argumente für eine autofreundliche Politik nicht schon von allein erkannten, halfen ihnen freundliche Lobbyisten der

Industrie, vorzugsweise Seitenwechsler mit eigener politischer Vergangenheit. Stellvertretend genannt seien Matthias Wissmann, CDU, der vom Verkehrsministerium zum VDA rübermachte, Eckart von Klaeden, der vom Staatsminister im Kanzleramt übergangslos zum Cheflobbyisten des Daimler-Konzerns wurde, und Thomas Steg, sein Pendant bei VW, der zuvor dem Autokanzler Schröder und der Autokanzlerin Merkel als stellvertretender Regierungssprecher gedient hatte. Ob sich ein ähnlicher Posten für den jüngsten Ex-Verkehrsminister Andreas Scheuer findet, selbst erklärter Gegner eines Tempolimits und einer höheren Dieselbesteuerung?

Dass der Branche zu wenig Wertschätzung entgegengebracht würde, wie Söder behauptet, ist jedenfalls eher nicht das Problem. Das zeigt sich auch, wenn man diese Wertschätzung in den Milliarden misst, die Bundes- und Landesregierungen verschiedener Couleur den Konzernen und ihren Zulieferern in der Vergangenheit direkt und indirekt haben zukommen lassen – und es bis heute tun. Ein Beispiel: Nach Berechnungen des Umweltbundesamtes förderte noch 2019 allein der Bund die Automobilindustrie mit 16,7 Milliarden Euro. Die Steuervergünstigungen für Diesel kosteten den Fiskus 7,5 Milliarden Euro, die Entfernungspauschale 5,1 Milliarden Euro, das Steuerprivileg für Dienstwagen 3,1 Milliarden Euro und die Förderung von Biokraftstoffen eine Milliarde Euro. Daneben unterstützten auch Bundesländer die Branche, wenn auch mit deutlich kleineren Beträgen. Laut einer Analyse des europäischen Rechercheverbundes »Investigative Europe« unterstützt der deutsche Staat fossile Brennstoffe noch immer mit jährlich sogar mindestens 37 Milliarden Euro und ist damit EU-weiter Spitzenreiter.

Nun lässt sich argumentieren, dass all das Geld – über die vergangenen Jahrzehnte geht es um mittlere dreistellige Milliardenbeträge – gut angelegt war. Die Autohersteller und ihre Zulieferer beschäftigen in Deutschland knapp 900 000 Menschen direkt. Rechnet man Dienstleistungen und andere Bereiche hinzu, die mittelbar von der Autobranche leben, kommt man auf mehr als drei Millionen Arbeitnehmer. In der Branche gibt es laut einer Analyse des Instituts der deutschen Wirtschaft (IW) besonders viele Hochlohnjobs, die Konzerne investieren verglichen mit anderen Industriezweigen überdurchschnittlich viel in Deutschland, dominieren die Statistiken zur Patentanmeldung und tragen ein Fünftel zur Wertschöpfung im verarbeitenden Gewerbe bei. Der VDA rechnet zudem gerne vor, dass die von ihm vertretenen Unternehmen in Deutschland jährlich mehr als 90 Milliarden Euro Steuern zahlen.

Mag sein, dass die massive finanzielle und ideologische Unterstützung durch die Politik dazu beigetragen hat, dass deutsche Autokonzerne, anders als Unternehmen der meisten anderen Branchen, international führend sind oder es zumindest bis vor einigen Jahren waren. Wichtiger dafür aber waren andere Faktoren als die Politik: große Ingenieursleistungen, ein gut funktionierendes duales Ausbildungssystem, sozialer Friede und eine einzigartige Interaktion der Tarifparteien, starke Cluster von Herstellern und Zulieferbetrieben und durchaus auch beachtliche Managementleistungen.

All die schönen Rechnungen und Leistungsbilanzen lassen aber außer Acht, dass die Produktion und Nutzung von Autos enorme gesellschaftliche Kosten verursacht hat und noch immer verursacht. Bereits 2012 hat die Technische Universität Dresden im Auftrag der Grünen im EU-Parlament errechnet, wie hoch die »externen Autokosten in der EU-27« sind. Die Wissenschaftler haben dafür Schäden aus Unfällen, Luftverschmutzung, Klimaschäden, Lärm oder der Nutzung von Flächen aufgerechnet. Danach opfert Europa jedes Jahr 373 Milliarden Euro für den Autoverkehr, allein in Deutschland sind es 88 Milliarden Euro. Ausgaben für den Straßenbau, Staukosten oder die damals noch wenig diskutierte Stickoxidbelastung sind in diesen Zahlen noch nicht einmal enthalten. Getragen werden diese Kosten nicht von den deutschen Autoherstellern, sondern von Steuerzahlern, anderen Personen, Ländern, Generationen.

Die Politik hat diese Lasten über Jahrzehnte ignoriert oder wissentlich in Kauf genommen. Sie hat sich gerne im Erfolg ihrer Exportbranche Nummer eins gesonnt. Mit ihrer blinden Gefolgschaft hat die Politik außerdem dazu beigetragen, dass die zuletzt gar nicht mehr so beachtlichen Managementleistungen durch den Dieselbetrug verdeckt, notwendige Innovationen verschleppt und damit letztlich die führende Rolle der deutschen Vorzeigebranche gefährdet wurde.

Immerhin hat die Dieselaffäre bei dem ein oder anderen Politiker so etwas wie Schamgefühle geweckt und ein Umdenken ausgelöst. Die Autokanzlerin Merkel ging auf Distanz (»Weite Teile der Automobilindustrie haben unglaubliches Vertrauen verspielt.«), und als die Hersteller nach dem ersten Covid-Lockdown den fast schon rituellen Ruf nach einer Kaufprämie für Fahrzeuge aller Art anstimmten, zeigte die Bundesregierung – mit Ausnahme des Verkehrsministers – genug Restanstand, um reine Diesel- und Benzinfahrzeuge von der tatsächlich beschlossenen Förderung auszunehmen. Aber selbst diese scheinbar ökologischere Variante der Abwrackprämie kam vor allem dem Absatz schwerer SUVs mit Hybridantrieb zugute, deren Elektrokomponente teils so lächerlich geringe Reichweiten ermöglichten, dass damit letztlich eben doch echte Dreckschleudern gefördert wurden.

Nun ist Merkel abgetreten. Und bei allen Verdiensten, die sich die Ex-Kanzlerin als europäische Krisenmanagerin und in anderen Bereichen erworben haben mag, endet eine Phase des verkehrspolitischen Stillstands. Das wird noch einmal deutlich, als Merkel wenige Wochen vor der Bundestagswahl ein letztes Mal die IAA besucht. Den traditionellen Messerundgang schließt sie am BMW-Stand ab. BMW-Chef Oliver

Zipse preist die Bundeskanzlerin fast so enthusiastisch wie das Recyclingauto iVision Circular, vor dem sich der Manager und die Politikerin aufgestellt haben. Es sei für sie das »Ende einer langen Reise mit der Automobilindustrie«, sagt Zipse. Er wolle Danke sagen, Merkel habe die Branche vorangebracht. Sie bekomme nun ein Glas Wasser und dürfe dann »bei uns am Stand Ihr Abschlussstatement halten«.

»Generous«, kontert Merkel ironisch und in sicherem Englisch. Sie trinkt ihr Wasser, aber anstatt sich gegen die Vereinnahmung zu wehren und die Branche zum Abschied noch einmal in die Pflicht zu nehmen, belässt sie es dann bei Höflichkeitsfloskeln. Sie spricht gar von einem Quantensprung, den sie bei den Herstellern in Sachen Elektromobilität auf der Messe gesehen habe. Der Autoboss und die Kanzlerin loben sich gegenseitig dafür, dass man das bescheidene, 2010 gesteckte Ziel von einer Million Elektroautos auf den Straßen mit nur einem Jahr Verspätung erreicht habe.

Der Frust in der Bevölkerung über den fehlenden Gestaltungswillen der Regierung Merkel dürfte dazu beigetragen haben, dass ihre Partei, die CDU, in die Opposition muss. Das gesellschaftliche Bewusstsein hat sich gewandelt, der Wunsch nach Veränderung hat eine neue, SPD-geführte Regierung an die Macht gespült, FDP und Grüne haben einen beachtlichen Teil der bürgerlichen Mitte für sich gewonnen. Damit besteht die Chance, dass auch in der Klima- und Verkehrspolitik eine neue Epoche anbricht.

Abschied von der Autoindustriepolitik

Die Zukunft der Mobilität in Deutschland braucht eine andere Art der Politik. Sie braucht ausdrücklich keine Autoindustriepolitik, sondern eine Verkehrspolitik, die diesen Namen verdient. So wie es die Autohersteller bis heute versäumt haben, in Mobilitätskonzepten zu denken, so hat es auch die Politik versäumt. Anstatt weiterhin auf die Bedürfnisse einzelner Konzerne einzugehen und punktuell und reflexartig auf krisenhafte Entwicklungen zu reagieren – wie nach der Finanzkrise und der Covid-19-Krise –, sollten Bund, Länder und Kommunen Verkehrslösungen entwickeln, die sich an der Bekämpfung des Klimawandels und den Bedürfnissen der Bürger orientieren. Und an den Grundrechten künftiger Generationen, wie es das Bundesverfassungsgericht der Regierung im vergangenen Mai ins Pflichtenheft geschrieben hat, als es das alte Klimaschutzgesetz als verfassungswidrig einstufte.

Dieses Urteil muss Ausgangspunkt für eine neue Mobilitätspolitik sein, wie auch der im Sommer 2021 verabschiedete »European Green Deal«, im Zuge dessen die CO_2-Emissionen bis 2030 um 55 Prozent reduziert werden sollen. Der Verkehr verursacht etwa ein Viertel der Treibhausgas-Emissionen in Deutschland, der Löwenanteil davon entfällt auf Pkw und Lkw. Eine breit angelegte Studie des Forschungsinstituts Agora Energiewende zeigt, wie sich in diesem Sektor die CO_2-Emissionen so reduzieren lassen, dass die Ziele des Deals erreicht werden: Der größte Hebel dafür ist die Umstellung auf elektrische Antriebe. Die Nationale Plattform Zukunft der Mobilität hat errechnet, dass bis 2030 rund 14 Millionen elektrisch betriebene Fahrzeuge auf den Straßen sein müssten, um die nationalen Klimaziele zu erreichen. Dazu würden rund 800000 öffentliche Ladesäulen benötigt. Anfang 2022 aber liegt deren Anzahl noch bei rund 50000. Die Autobosse fordern deshalb regelmäßig mehr staatliche Unterstützung beim Aufbau der Ladeinfrastruktur.

Aber ist es denn überhaupt eine öffentliche Aufgabe, den Ausbau der Ladenetze zu organisieren und zu bezahlen? Angela Merkel fragte bei der IAA immerhin einmal süffisant, ob der Staat seinerzeit eigentlich auch die Benzintankstellen finanziert habe. Wenn die Elektromobilität tatsächlich ein tragfähiges Geschäftsmodell ist, dann sollten Auto- und Energiekonzerne auch einen Anreiz dazu haben, miteinander zu kooperieren und diese Netze selbst aufzubauen. Wichtigste Aufgabe des Staates mit Blick auf die Ladeinfrastruktur wäre es dann eher, einheitliche Standards zu setzen und Ausschreibungsprozesse zu beschleunigen, um so einen schnelleren Ausbau zu ermöglichen. Gleiches gilt für den Bau von Batteriefabriken: Die Investitionen sollten die Autokonzerne gemeinsam mit Partnern schon selber stemmen, der Staat kann sie dabei mit schnellen Genehmigungsverfahren und steuerlichen Abschreibungsmöglichkeiten unterstützen.

Damit der Umstieg zur Elektromobilität gelingt und tatsächlich den CO_2-Ausstoß verringert, muss die Antriebswende von einer Energiewende hin zu erneuerbaren Stromquellen begleitet werden, darauf weisen Automanager wie BMW-Chef Zipse zu Recht hin. Die Energiepolitik ist vielleicht das wichtigste Instrument, das der Staat hat, um den Weg ins Zeitalter der Elektromobilität zu beschleunigen.

Aber die Agora-Forscher sehen über die Elektrifizierung der Antriebe hinaus auch andere Möglichkeiten, den CO_2-Ausstoß zu senken und die Klimabilanz des Verkehrssektors zu senken. Wenn die Bürger ihr Mobilitätsverhalten veränderten, also auf Fahrrad, öffentliche Verkehrsmittel oder die Bahn umstiegen sowie Pooling- und Sharingangebote nutzten, könne die Pkw-Fahrleistung bis 2050 um 37 Prozent abnehmen – was die Emissionen erheblich reduzieren würde.

Das deutet zum einen darauf hin, dass die Autohersteller auf dem Irrweg sind, wenn sie weiterhin allein darauf setzen, so viele Autos wie möglich zu verkaufen. Die Prognosen zeigen aber auch den Weg auf, den die Politik stattdessen beschreiten muss. Es gilt, die Infrastruktur für die alternativen Verkehrsmittel zu verbessern und die Nutzung von Pkw – zumal mit Verbrennungsmotor – systematisch zu verteuern.

Die von der EU geplante Einführung eines Emissionshandelssystems für den Verkehr kann dazu einen großen Beitrag leisten, aber es bedarf auch neuer Ansätze in der Städteplanung. Elektrisch betriebene, autonome Shuttleflotten mögen erst in zehn Jahren einsatzbereit sein, Modellversuche wie im chinesischen Guangzhou oder im amerikanischen Phoenix zeigen jedoch schon heute, welche Voraussetzungen dafür in den Städten geschaffen werden müssen: übersichtlichere Straßennetze, die unterschiedliche Verkehrsteilnehmer klarer voneinander trennen. Aber auch kleinere und nahezu kostenlose Eingriffe können einen Beitrag dazu leisten. Allein ein Tempolimit, das große Tabu der deutschen Verkehrspolitik, könnte etwa zwei Millionen Tonnen CO_2 einsparen. Würde man das Parken in deutschen Innenstädten auf ein Niveau verteuern, auf dem es in London oder Amsterdam längst üblich ist, dürfte auch das dazu beitragen, die Stadtzentren zu entlasten und den Autoverkehr insgesamt zu reduzieren.

Dazu aber müssten Politiker gedanklich einen Schalter umlegen, sie müssten aufhören, Autos per se Vorrang vor allen anderen Verkehrsmitteln einzuräumen. Dass es mit diesem Umdenken noch nicht weit her ist, hat die Deutsche Umwelthilfe vor einiger Zeit offengelegt. Sie hatte nach den Dienstwagen von 240 Spitzenpolitikerinnen und -politikern auf Bundes- und Landesebene gefragt. 220 davon überschritten den aktuellen EU-Flottengrenzwert, das Auto des damaligen Verkehrsministers Andreas Scheuer übertraf den Wert um mehr als das 2,7-Fache.

Wenn Regierende diese Haltung nicht ablegen, werden die Autohersteller es leicht haben, die Verkehrspolitik weiterhin nach ihrem Gusto zu formen. Längst haben sie ihre eigenen Vorstellungen davon entwickelt, wie die Politik ihnen die Transformation erleichtern soll. Zwar führen sie alle das Bekenntnis zur Klimaneutralität im Munde, in Brüssel aber drängen sie hinter den Kulissen weiter auf Regeln, die noch lange den Verkauf von Autos mit Verbrennungsmotor erlauben sollen.

Nicht alles, was die Autohersteller fordern, ist allerdings falsch, nur weil es in die eigene Strategie passt. So fordert VW-Chef Diess neben einem Ausbau der Windenergie einen Förderstopp für fossile Treibstoffe. Die Befreiung des Luftverkehrs von der Kerosinsteuer müsse genauso beendet werden wie das Dieselprivileg der Autoindustrie. »Man kann nicht mit einem Bein in der Zukunft stehen und gleichzeitig die Vergangenheit subventionieren«, sagte Diess einmal im kleinen Kreis. Weil seine Strategie voll auf einen möglichst schnellen Schwenk zum Elektroantrieb ausgelegt ist, käme ihm eine Umstellung der Förderung zupass, anders als den Premiumherstellern, bei denen der Dieselanteil in der Modellpalette deutlich größer ist.

Diess' politische Forderungen stehen teils im Gegensatz zu den offiziellen Positionen des VDA und spalten die Branche. Für die Politik ist diese Zerstrittenheit eine Chance, sich von den Einflüsterern der Konzerne zu emanzipieren und eigene Pläne zu entwickeln und durchzusetzen.

Neben der Frage, wie der Staat den Weg zur Klimaneutralität beschleunigen kann, kommt jedoch eine zweite große Aufgabe auf ihn zu: Er muss die Kosten dieses Wandels fair verteilen, die auf viele Bürger als Verbraucher und als Arbeitnehmer zukommen. Aus falsch verstandener Fürsorge setzt die Politik jedoch auch aus sozialpolitischer Perspektive häufig auf die falschen Instrumente.

Um die Bürger von der Nutzung fossiler Brennstoffe zu entwöhnen, wäre nach Ansicht von Umweltökonomen wie Ottmar Edenhofer, Leiter des Potsdam Instituts für Klimafolgenforschung, ein Preis auf emittiertes CO_2 das effektivste Mittel. Bei der Industrie wird ein solcher Preis bereits indirekt über den europäischen Emissionsrechtehandel erhoben, für den Verkehrs- und Immobiliensektor wird er immerhin erwogen. Auch die neue Bundesregierung schreckt jedoch davor zurück, Kraftstoffe über die CO_2-Steuer stärker als bisher zu verteuern – vorgeblich aus sozialen Gründen. Der Benzinpreis sei zuletzt ohnehin stark gestiegen, weitere Belastungen seien gerade einkommensschwachen Gruppen nicht zuzumuten, heißt es oft. Doch diese Argumentation ist falsch. Gerade eine CO_2-Abgabe, die über die bisherigen Centbeträge pro Liter Sprit hinausgeht, könnte soziale Härten der Klimawende abfedern, weil der Staat damit Einnahmen erzielt, die er zweckgebunden verwenden und mit denen er so für sozial Schwache einen Ausgleich schaffen könnte. Auf ein klares Bekenntnis zu einem solchen Energiegeld aber wollte sich die Ampelkoalition in ihren ersten Monaten nicht einlassen.

Wie den Verbrauchern, so sollte der Staat auch den Unternehmen nicht jede Last abnehmen, und sei es aus Sorge um Arbeitsplätze. Eine Studie des Instituts der Deutschen Wirtschaft und des Fraunhofer-Instituts für Arbeitswirtschaft und Organisation hat ermittelt, dass von den mehr als 200 Regionen, in denen die Automobilindustrie ein wichtiger Arbeitgeber ist, etwa 40 die Transformation zur E-Mobilität nicht ohne größere Verwerfungen meistern werden können. Wie geht die Politik damit um?

Lobbyisten der Autokonzerne fordern eine neue Form der Strukturpolitik in Europa. Nicht nur vermeintlich benachteiligte Regionen wie Osteuropa (wo mittlerweile teilweise Vollbeschäftigung herrscht), sollten Fördermittel erhalten, sondern verstärkt auch altindustrielle Standorte wie das Saarland oder Baden-Württemberg – wenn dort neue Industriezweige wie die Zellfertigung entstehen. Das geeignete Instrument dafür gibt es schon, es trägt den sperrigen Titel »Important Projects of Common European Interest (IPCEI)«. Dabei genehmigt Brüssel Subventionen, die von den Mitgliedsstaaten finanziert werden. Doch die faire Verteilung der Fördersummen hat auch sozialpolitisches Gewicht – denn wo alte Industrien ersatzlos verschwinden, befürchten beispielsweise Topmanager bei VW, werden Populisten neuen Auftrieb erhalten.

Der Ansatz, lieber neue Technologien zu fördern, als das Leben sterbender Betriebe zu verlängern, ist indes richtig. Der Staat muss den Mut haben, Insolvenzen und damit den Strukturwandel zuzulassen. Zugleich ist es aber seine Aufgabe, soziale Härten abzufedern und Bildungs- und Schulungsangebote zu unterstützen, die Arbeitnehmern neue Perspektiven eröffnen.

Die ehemalige Bundesregierung jedoch hat nicht besonders viel Mut gezeigt, die Transformation aktiv zu unterstützen. Ihr »Zukunftsfonds« enthielt gerade einmal eine Milliarde Euro, das Geld sollte Mittelständler beim Umbau ihrer Geschäftsmodelle unterstützen und insbesondere den Einstieg der Autobranche in die Kreislaufwirtschaft fördern. Dieser Betrag aber wirkt angesichts der Größe der Aufgabe und der nach wie vor in die Verbrennerproduktion fließenden Subventionen kümmerlich. Nun besteht zumindest die Hoffnung, dass die Ampelkoalition hier nachbessert. Im Koalitionsvertrag verspricht sie »ein Jahrzehnt der Zukunftsinvestitionen und mehr Tempo«. Unter anderem soll Deutschland »zu einem Zentrum für Forschung, Fertigung und Recycling von Batteriezellen« werden. Allerdings verfällt auch die neue Regierung in das alte Muster, die Mobilitätswirtschaft vor allem über den Autoabsatz ankurbeln zu wollen: Bis 2030 sollen mindestens 15 Millionen Batteriefahrzeuge auf Deutschlands Straßen fahren. Um das zu ermöglichen, will die Bundesregierung vor allem für eine schnellere Ladeinfrastruktur sorgen, weitere Fördermaßnahmen inklusive. Selbst der liberale Verkehrsminister Volker Wissing hält den Ausbau für eine notwendige Daseinsvorsorge. Das alles klingt verdächtig nach neuen Konjunkturprogrammen für Volkswagen, BMW und Daimler – nur dass sie künftig eben E-Autos verkaufen sollen. Radikalere Schritte, wie ein Verbrennerverbot ab 2030, das etwa Großbritannien längst beschlossen hat, scheut die Koalition.

Noch immer, so scheint es, wird die Verkehrspolitik in Deutschland an den Interessen der Autokonzerne ausgerichtet. Start-ups wie Sono Motors beklagen, dass die Mittel, die vermeintlich Innovationen fördern sollen, gerade für innovative Newcomer nicht zugänglich sind. Sono selbst hat 120 Millionen Euro investiert, sage und schreibe 0,01 Prozent davon kamen aus Fördergeldern und nur ein Bruchteil davon wiederum aus Deutschland, der Rest aus einem EU-Topf. Denn die Mittelvergabe aus dem Zukunftsfonds der Bundesregierung ist daran geknüpft, dass man zehn Jahresabschlüsse und eine Erklärung der Hausbank vorlegen kann. Banken aber finanzieren in Deutschland keine Start-ups. Damit sind diese beim Zukunftsfonds faktisch außen vor. »Diese Sparkassenmentalität bei der Finanzierung von Innovationen wird uns noch auf die Füße fallen«, sagt Sono-Gründer Jona Christians. Die neue Bundesregierung will nun immerhin ermöglichen, »dass privates Kapital institutioneller Anleger, wie Versicherungen und Pensionskassen, für die Startup-Finanzierung mobilisiert werden kann«.

Man muss nicht das Beispiel Tesla bemühen, um zu verstehen, dass mit allzu restriktiven Förderregeln große Innovationskraft gebremst wird und ausgerechnet jene Autohersteller und -zulieferer belohnt werden, die den technologischen Wandel jahrelang verschlafen haben.

Zweifellos hat sich das Verhältnis zwischen Politik und Automobilwirtschaft im Laufe der vergangenen Jahre verändert. Vor allem die EU-Kommission in Brüssel treibt die Branche mit immer strengeren CO_2-Zielwerten vor sich her. Wo früher willfähriges Handeln dominierte, zeigt ein Projekt wie der Green Deal, dass die Lethargie mittlerweile von einem neuen Gestaltungswillen abgelöst wurde. Das liegt auch an der Erkenntnis, dass Europa im Wettlauf zwischen den USA und China dramatisch zurückfallen könnte. China hat die Autobranche als eine der Schlüsselindustrien identifiziert, über die der Westen überholt werden soll. Und auch wenn Trump mit seiner protektionistischen Politik zum Schutz der alten Autoindustrie schon wieder Geschichte ist, könnten die USA über ihre Techkonzerne plötzlich ein Comeback in der Autobranche feiern. Die Schlüsseltechnologien für die Mobilität der Zukunft dominieren sie jedenfalls schon heute gemeinsam mit Asien. Welche Antworten geben Brüssel und Berlin auf diese Bedrohung?

In den Nachkriegsjahrzehnten hat die Autoindustrie erheblich zum wirtschaftlichen Aufstieg Europas beigetragen. Nicht nur, weil VW, Daimler, BMW und andere Jahr für Jahr Autos im Wert von zig Milliarden Euro exportierten. Sondern auch, weil die Autobranche eine Leitindustrie war, die Innovationen hervorbrachte und andere Industriezweige mitzog.

Über die Stärke einer Volkswirtschaft entscheiden heute jedoch zunehmend andere Branchen: Software, Halbleiter, digitale Plattformen und Batteriezellen. In der Autoindustrie fließen all diese Technologien zusammen, ihre Grenzen verschwimmen. Sollen Deutschland und die EU im Wettlauf der Wirtschaftsmächte weiterhin eine führende Rolle spielen, dann müssen die Regierenden Wege finden, Europa für diese neuen Technologien fit zu machen.

7 Das Resümee: Haben die deutschen Autobauer den Mut zum Wandel?

Treiben, statt getrieben zu werden

Die Autokonzerne stoßen mittlerweile vieles an, was sie – genauso wie die Politik – in den Jahrzehnten zuvor sträflich vernachlässigt haben. Sie investieren Milliarden in Schlüsseltechnologien wie Batterien, Software oder Halbleiter, um Know-how nach Europa zurückzuholen, das bereits an Hightech-Riesen in Amerika und Asien verloren schien. Ist die deutsche Autoindustrie also aufgewacht? Kann sie sich im Wettkampf mit den neuen Rivalen, den Teslas, Googles und Baidus, behaupten? Wird sie auch in der Ära der CO_2-freien, voll vernetzten Mobilität noch zur Weltspitze gehören?

Im Laufe unserer Recherchen haben wir vieles gesehen und gehört, was den hiesigen Autobauern und ihren Lieferanten Mut machen kann: Bei der VW-Tochter Audi hat Markus Duesmann die Stimmung gedreht und einen ehrgeizigen Umbau eingeleitet, vom Dieselsünder und Blechbieger zum Entwickler emissionsfreier und voll vernetzter Fahrzeuge. Daimler rüstet seine Limousinen mit Software und Infotainment zu rollenden, updatefähigen Devices hoch. BMW gibt neben der E-Mobilität auch die Brennstoffzelle nicht auf – und trimmt zugleich seine globale Lieferkette auf Nachhaltigkeit. Jeder von ihnen hat mittlerweile eine wachsende und zunehmend konkurrenzfähige Auswahl an Autos mit reinem Elektroantrieb im Programm.

All das schien noch vor wenigen Jahren undenkbar und bringt den Autokonzernen nach der schmachvollen Dieselaffäre weltweit wieder Anerkennung ein, bei Investoren wie bei Kundinnen und Kunden. Gleichzeitig aber hinterließen viele Gespräche bei uns den Eindruck, dass die angestoßenen Änderungen noch längst nicht weit genug reichen.

Denn letztlich klammern sich VW, Daimler und BMW noch immer an ihr altes Erfolgsrezept: möglichst viele, möglichst hochpreisige Autos zu verkaufen. Sie setzen auf ewiges Wachstum der individuellen Mobilität. Diese Strategie hat ihnen jahrzehntelang Rekordgewinne eingebracht. Und diese Strategie führen sie nahtlos fort. Der einzige wesentliche Unterschied: Statt Diesel- und Benzinmotoren bauen die Konzerne jetzt Elektroantriebe ein. Und rüsten die Fahrzeuge mit moderner Digitaltechnik hoch, um noch höhere Gewinnmargen zu erzielen.

Der technologische Umstieg ist zweifellos richtig und wichtig. Nur so werden Volkswagen und Co. auf dem Weltmarkt der Zukunft überhaupt noch eine Rolle spielen können. Auf Dauer wird es jedoch nicht ausreichen, einfach nur die bestehende Modellpalette auf E-Antriebe umzubauen. Dieses Vorgehen könnte vielmehr zum Stillstand führen, langfristig womöglich sogar zum Abstieg. Schon der Autopionier Henry Ford warnte: »Wer immer tut, was er schon kann, bleibt immer das, was er schon ist.«[24] Die Konzerne bräuchten also den Mut, neue Konzepte und Geschäftsmodelle zu entwerfen. Stattdessen staunen sie über die Tollkühnheit eines Elon Musk, der beispielsweise nicht lange über das schlechte Ladenetz lamentiert, sondern kurzerhand selbstständig weltweit rund 30 000 sogenannte Supercharger aus dem Boden stampft. Sie eifern anderen nach, rennen ihnen hinterher, statt selbst wieder innovativ und kreativ zu sein.

Dank Musk haben die Deutschen verstanden, dass hohe Absatzziele und Gewinnmaximierung als Unternehmenszwecke nicht mehr ausreichen. Sie alle überschlagen sich nun in Versprechen, ihre Antriebe sauber und den Planeten dadurch etwas grüner machen zu wollen. Ihre neue Rolle als vermeintliche Umweltschützer fällt den Autobossen dabei nicht immer leicht – das zeigt sich insbesondere in VWs politischem Schlingerkurs. Erst riet Vorstandsboss Diess seinen Managern, sich Greta Thunberg zum Vorbild zu nehmen. Doch einem verbindlichen Enddatum für den Verbrennungsmotor wollte er später dann nicht zustimmen. Anders als Daimler, General Motors, Ford oder Volvo weigerten sich die Wolfsburger, im November 2021 das Abkommen des Glasgower Klimagipfels zu unterzeichnen. Auch BMW zählt nicht zu den Unterstützern.

Das zeigt deutlich: Aus Autobossen werden über Nacht keine Umweltaktivisten, auch wenn sie diesen Eindruck gerne vermitteln würden. Ohne die strengeren CO_2-Vorgaben der EU-Kommission, die Verfehlungen mit hohen Geldstrafen ahndet, würden die Deutschen wohl noch heute lieber Verbrenner als E-Autos verkaufen. Mittlerweile lassen ihnen Investoren, Kunden und Politiker jedoch gar keine Alternative mehr zur Elektrowende. Wer sich nicht wandelt, wird wirtschaftlich abgestraft, von den Regierungen in Berlin und Brüssel, am Aktienmarkt und zunehmend auch von den Kundinnen und Kunden im Autohaus.

Doch die Elektrowende kann nur ein erster Schritt sein, um als Nächstes die bisherigen Geschäftsmodelle grundlegend infrage zu stellen. Wie definiert Audi »Vorsprung durch Technik« im Zeitalter der E-Mobilität, die von Tesla dominiert wird? Was bedeutet für BMW »Freude am Fahren« in der Ära selbstfahrender Shuttles? Welchen Mehrwert kann die Markenikone Mercedes bieten, wenn selbst Branchenneulinge wie Nio oder Lucid es schaffen, qualitativ hochwertige Premiumautos zu bauen? Diese und viele andere Fragen haben wir den Autobossen über Monate hinweg gestellt. Wir erhielten Einblicke in vielversprechende technologische Neuerungen, und allenthalben wurde uns versichert: Die Deutschen würden auch in Zukunft die besten Autos produzieren. Selbst wenn das stimmen sollte – es wird künftig nicht mehr ausreichen.

»Ein dickes Problem« lösen

Um den globalen Herausforderungen tatsächlich gerecht zu werden, braucht die deutsche Autoindustrie ein völlig neues Verständnis von Fortschritt. Jahrzehntelang nutzte sie Technologiesprünge lediglich dazu, die Autos mit immer noch höherer Leistung auszustatten. Beispiel VW Käfer: Die Neuauflage New Beetle, die 1997 erstmals auf den Markt kam, hatte mindestens dreimal so viele PS wie der Klassiker der Fünfzigerjahre. Er verbrauchte jedoch, nach fast einem halben Jahrhundert Entwicklungsarbeit, noch immer fast genauso viel Sprit, wie die Politökonomin Maja Göpel beschreibt. Sie spricht vom »Rebound-Effekt«: Neue Produkte kompensierten den Fortschritt durch Größe und Leistung. Sprich: Autos wurden zwar immer effizienter, aber keineswegs sparsamer oder umweltfreundlicher.

Das muss sich jetzt im Zeitraffer ändern. In einer immer dichter besiedelten Welt, in der das fossile Wirtschaften die Lebensgrundlagen der Menschheit bedrohe, schreibt Göpel, habe der technologische Fortschritt eine Zusatzaufgabe bekommen: die Intensivierung. Neuheit und Modernität bedeuteten in Zukunft, »mehr aus weniger« zu gewinnen. Nur so sei es möglich, »ökonomisches Wachstum zu sichern und weiter zu steigern, ohne dafür die Umwelt zu zerstören«.

Ob die Botschaft in dieser Radikalität in den Konzernzentralen angekommen ist, scheint fraglich. Die Strategie des Größer-Weiter-Schneller setzt sich bis in die jüngste Gegenwart fort, wie eine Greenpeace-Studie (»Ein dickes Problem«) aus dem Jahr 2019 eindrucksvoll belegt[25]: Die in Deutschland zugelassenen Autos werden demnach immer schwerer und leistungsstärker, der durchschnittliche Neuwagen erreichte zuletzt mehr als 150 PS, Premium-SUVs sind mit 300 und mehr Pferdestärken ausgerüstet. Zeitgemäß ist das sicher nicht mehr. Der Umstieg auf E-Mobilität allein wird weder das Umwelt- und Ressourcenproblem des Planeten lösen noch die Staus und die Parkplatznot in den Innenstädten verschwinden lassen. Ein Elektrofahrzeug wie der Audi e-tron, der stolze zweieinhalb Tonnen wiegt, taugt nicht zum ökologischen Vorzeigemobil. Je größer das Auto, desto größer der Akku, desto gewaltiger der Energieverbrauch. Es ist ein Teufelskreis.

Die Autokonzerne argumentieren, sie bräuchten die großen, gewinnträchtigen Autos, um den technologischen Umstieg zu finanzieren. Daimler-Chef Källenius hat die Strategie seines Vorgängers, auch in den Markt der Mittelklasse- und Kleinwagen vorzustoßen, weitgehend aufgegeben. Die Zukunft von Mercedes, sagt er, liege am oberen Ende der Fahrzeugsegmente, man wolle nicht mit den Volumenherstellern konkurrieren. Den Kleinwagen Smart, ursprünglich als platzsparendes Stadtauto vorgesehen, hat Daimler nun zum Mini-SUV hochgerüstet und in ein Gemeinschaftsunternehmen mit dem chinesischen Partner Geely ausgelagert. Denn die Milliardengewinne stammen vor allem aus dem Verkauf protziger Limousinen und wuchtiger Geländewagen, Klimaschutz hin oder her.

Als wir auch BMW-Chef Zipse mit diesem Widerspruch konfrontieren, wiegelt er ab: »Natürlich sind die renditestarken Modelle wichtig für unser Geschäftsmodell – aber das größte Volumen machen wir immer noch im unteren und mittleren Marktsegment.« Im Zentrum seiner E-Offensive stehen, acht Jahre nach Verkaufsstart des i3, jedoch zunächst ein stattliches SUV und eine 4,78 Meter lange Limousine –

der iX und der i4. Aufs Erste sieht das nach einem vernünftigen Kompromiss zwischen Ökonomie und Ökologie aus.

Die Fixierung auf Luxus und digitale Aufrüstung in den Autos zielt darauf ab, das Konzept individueller Mobilität in die Zukunft zu retten. Wer ein fahrendes Hightech-Büro oder Wohnzimmer sein Eigen nennt, steigt nicht so gerne auf Shuttle, Sharing, Bus oder Zug um. Kurzfristig könnte das Kalkül der Autokonzerne also aufgehen. Doch langfristig laufen die Hersteller damit Gefahr, schon bald wieder von mutigeren Rivalen überholt zu werden, ihr Modell könnte sich als anachronistisch erweisen.

Elon Musk hat der Welt gezeigt, dass Elektroautos auch sportlich, schnell und PS-stark sein können und »keine Müsli-Verzichtmobile«, wie der frühere Daimler-Chef Dieter Zetsche anerkennend feststellte. Doch von Beginn an ging Musks »Secret Tesla Motors Master Plan« in eine andere Richtung. Premium und Luxus waren für ihn nur Mittel zum Zweck, um die Massen zu mobilisieren. »Verwende das Geld, um ein preiswertes Auto zu bauen«, schrieb er bereits 2006. Und gehe dieser Plan auf, dann »verwende dieses Geld, um ein noch preiswertere Autos zu bauen«.[26] Die Fahrzeuge sollten nicht immer größer, immer schwerer, immer teurer werden wie bei den Deutschen, sondern genau umgekehrt.

Schon in den kommenden Jahren will Musk ein elektrisches Massenmodell auf den Markt bringen, das nur noch 25 000 Dollar kostet, rund 21 000 Euro. Wird der Billigstromer, wie bereits die vorherigen Modelle, ein Erfolg, drohen die Deutschen einmal mehr in Rückstand zu geraten. Musk hat längst bewiesen, dass er globale Trends setzen kann, fast wie einst Steve Jobs bei Apple. Kommt endlich ein attraktiver E-Kleinwagen auf den Markt, könnte selbst hartgesottenen SUV-Fans dämmern, dass ihr Geländewagen zwar in ländlichen Regionen Spaß und Nutzen bringen kann, nicht jedoch in den überfüllten Innenstädten. Noch reagieren die meisten deutschen Autobosse auf solche Ankündigungen mit Schulterzucken. Doch Markus Duesmann deutet vorsichtig ein Umdenken an: Er persönlich, sagt der Audi-Chef, brauche kein SUV. Und VW hat angekündigt, ebenfalls ein 20.000-Euro-Elektroauto produzieren zu wollen.

Das bedeutet natürlich nicht, dass die Konzerne ab morgen nur noch Kleinwagen bauen müssen. Doch die Bosse täten aus unserer Sicht gut daran, die Bedürfnisse von Gesellschaft und Umwelt stärker in ihre Geschäftsmodelle zu integrieren, Start-ups wie Sono Motors machen es vor. Das kann einerseits über einen Schwenk hin zu sparsameren, kompakteren Fahrzeugen funktionieren, aber auch über neue, digitale Mobilitätskonzepte, die sogar ein zusätzliches, milliardenschweres Geschäft verheißen könnten. So ließe sich tatsächlich »mehr aus weniger« erzeugen, wie Politökonomin Göpel es fordert.

Neue Pfade testen, von Apple lernen

Doch die Konzernchefs tun sich schwer damit, bewährte Erfolgswege zu verlassen. Auch dafür gibt es einen wissenschaftlichen Begriff, die Pfadabhängigkeit. Man führt fort, was in der Vergangenheit schon funktioniert hat. Kurzfristig mag das erfolgreich sein. Doch auf lange Sicht ist es hoch riskant, wenn man sich weigert, auch neue Pfade zu beschreiten. Das ist jedenfalls die schmerzhafte Erfahrung einstiger Weltmarken wie Nokia, Blackberry, Kodak oder Grundig. Sie alle taten sich schwer, über ihr eingespieltes Geschäftsmodell, den Verkauf von Hardware, hinauszudenken.

Ihre Chefs bemerkten zwar, dass die Welt sich änderte, die Menschen mobiler wurden und die Welt digitaler. Sie versäumten es aber, darauf mit neuen Ideen zu antworten, sondern versuchten lediglich, ihre bestehende Produktpalette an die neue Zeit anzupassen. Nokia entwickelte Smartphones, Kodak Digitalkameras, Grundig LCD-Flachbildschirm-Fernseher und tragbare Digitalradios. Und doch sind all diese Firmen heute nur noch Schatten ihrer großartigen Historie. Nokia baut keine Handys mehr, sondern rüstet Telefonnetze aus. Kodak rutschte zeitweise in die Insolvenz. Grundig, Symbolmarke des deutschen Wirtschaftswunders, wurde an die türkische Holding Koç verscherbelt.

Wie es besser funktioniert, zeigte der Computerbauer Apple, der die Digitalisierung nicht nur überlebte, sondern aktiv vorantrieb: Steve Jobs entwickelte, neben der besten Hardware, auch das passende Angebot an Apps, Musik und Filmen. Das alles ließ sich aus der hauseigenen Apple-Cloud streamen oder herunterladen. Vom reinen Geräteverkäufer wurde der IT-Riese immer mehr zum Dienstleister. Jobs war zwar kein Umweltschützer, doch auch er erschuf in gewisser Weise aus weniger mehr. Dank Apple und anderen brauchte die globale Kundschaft keine CDs mehr, keine DVDs, keine PCs, keine Gameboys, keine Walkmen und streng genommen kein Navi. Der Konzern erschuf ein Ökosystem, das die unterschiedlichsten Bedürfnisse der Kunden bündelte und derart zielsicher befriedigte, dass die es gar nicht wieder verlassen mochten. Für die deutsche Autoindustrie ist der Apple-Erfolg Ansporn und Bedrohung zugleich.

Sollte es Apple auch noch gelingen, sein digitales Schlaraffenland auf die Autoindustrie zu übertragen, sei es in eigenen iCars oder auch nur mittels eigener, auf die Branche zugeschnittener Betriebssysteme, dann könnte es eng werden für die deutschen Hersteller. Dann droht ihnen womöglich ein ähnliches Schicksal wie den einstigen Weltmarktführern der Handy-, Foto- und Konsumentenelektronikbranche. Um das abzuwenden, müssten sie den Mut aufbringen, ihren Reformeifer noch konsequenter weiterzutreiben. Und nicht beim E-Antrieb oder beim Assistenzsystem aufzuhören.

Zunächst müssten sich die Traditionshersteller – jahrzehntelang auf technologische Optimierung ausgerichtet – deutlich stärker zu digitalen Marken entwickeln. Das bedeutet, nicht nur qualitativ überlegene Hardware anzubieten, sondern damit auch die Zugehörigkeit zu einem Lebensgefühl oder gar einer Weltanschauung zu verknüpfen, wie Apple und Tesla das längst vormachen. Apple positionierte sich – aus heutiger Sicht kurioserweise – als Rebell gegen die Dominanz von IBM in der Computerbranche. Tesla wiederum verspricht seinen Kundinnen und Kunden, Teil der Energiewende und damit des nachhaltigen technologischen Fortschritts zu sein.

Steve Jobs und Elon Musk ist es so gelungen, ihre Marken derart emotional aufzuladen, dass sie für ihre Anhänger quasireligiösen Charakter haben. Diese Konsum- und Produktfixierung, zusätzlich angefacht durch spektakuläre, digital verbreitete Verkaufsshows, kann aus gesamtgesellschaftlicher Sicht durchaus kritisch betrachtet werden. Für die Hightech-Konzerne und ihre Chefs war sie jedoch ein wesentlicher Erfolgsfaktor: Sie punkteten nicht nur mit technologischer Überlegenheit, sondern auch mit dem Versprechen, die Lebenswelt ihrer Kunden – für teures Geld – nachhaltig zu verbessern. Damit veränderten Apple und Tesla das Konsumverhalten ganzer Generationen.

Vor allem für starke Premiummarken wie Audi, BMW oder Mercedes wäre eine solche Strategie eine reelle Chance, ihre Unternehmen erfolgreich in die Zukunft zu führen. Gegenüber Tesla können sie mit Sicherheit und technologischer Zuverlässigkeit punkten, aufbauend auf jahrzehntelanger Erfahrung im Automobilbau. Die Transformation der Marken in die Ära der Digitalisierung und der Nachhaltigkeit kann jedoch nur dann gelingen, wenn Kontinuität nicht das einzige Versprechen bleibt, im Gegenteil: Veränderungsbereitschaft muss als Wert stärker erkannt und nach außen demonstriert werden.

BMW ist diese Verknüpfung von Tradition und Fortschritt Anfang des 21. Jahrhunderts bereits ansatzweise gelungen mit der Neuauflage der Marke MINI: Der britische Kleinwagen wurde von einer nationalen Ikone zu einem Symbol des Aufbruchs in eine moderne, urbane Mobilität. Rund um die Marke bildeten sich Communitys, die sich zu physischen oder digitalen Treffen verabredeten. Eine wichtige Person bei dieser Neuausrichtung war die Marketingexpertin Hildegart Wortmann, die später von BMW in den Audi-Vorstand wechselte – und ab 2022 als Mitglied des VW-Konzernvorstands den globalen Vertrieb aller Volkswagen-Marken neu ausrichten soll.

Um sich mit Techgiganten wie Tesla, Amazon oder Google dauerhaft messen zu können, bräuchten die Autokonzerne jedoch eine andere gedankliche Flughöhe. Noch fehlt ihnen der Pioniergeist, der einst Bertha Benz auszeichnete. Mit ihrer tollkühnen Testfahrt Ende des 19. Jahrhunderts verhalf sie der individuellen Mobilität zum Durchbruch. Ihr Erfolgsrezept: Sie erkannte ein gesellschaftliches Grundproblem, das zu ihrer Zeit immer akuter wurde. Die Industrialisierung war bereits in vollem Gange, Güter wurden zunehmend international gehandelt, die wachsenden Fabriken in den Städten brauchten Massen an Arbeitern. Doch es gab kaum Möglichkeiten für die Menschen, sich in akzeptabler Geschwindigkeit fortzubewegen.

Ironie der Geschichte: Anderthalb Jahrhunderte später hat die Menschheit noch immer ein Mobilitätsproblem. Die Menschen strömen, wie damals, massenhaft in die Städte, die mittlerweile zu Megacitys angewachsen sind. Sie schuften tendenziell nicht mehr in Großfabriken, sondern in Bürokomplexen oder – wenn der Arbeitgeber es zulässt – im Homeoffice. Die Weltbevölkerung bewegt sich jetzt schneller fort, doch mittlerweile steht sie im Stau, quetscht sich in überfüllte Züge, leidet unter Smog. Der Trend wird sich noch verstärken, wenn die Industrie jetzt nicht umdenkt und umlenkt.

Gesellschaftlichen Wandel begleiten

Zwei Drittel der Weltbevölkerung, prognostizieren die Vereinten Nationen, werden 2050 in Städten leben[27]. In ihnen aber werden immer größere, immer schnellere, von ihren Besitzern allein gefahrene Autos nicht die richtigen Fortbewegungsmittel sein können. Sie werden nicht Teil der Lösung sein, sondern bleiben vielmehr Teil des Problems. Doch die Autobosse scheinen kaum noch über die Grundbedürfnisse der Gesellschaft nachzudenken.

Niemand muss, wie Elon Musk, gleich die Welt retten oder den Mars bereisen wollen. Aber es wäre angemessen, sie würden über den nächsten Quartalsabsatz hinausdenken, idealerweise auch über den nächsten Fünfjahresplan. Eine wirklich nachhaltige Strategie rennt nicht nur den aktuellen CO_2-Zielen der EU, den Launen des Kapitalmarkts oder der neuesten Idee von Elon Musk hinterher. Sie orientiert sich an Megatrends wie der massiven Verstädterung und der damit verbundenen Verstopfung der Verkehrsadern und treibt den Wandel, anstatt sich treiben zu lassen.

Die Autobauer folgten noch immer dem falschen Leitbild, kritisiert Andreas Knie, Leiter der Forschungsgruppe Digitale Mobilität und gesellschaftliche Differenzierung am Wissenschaftszentrum Berlin, »sie gehen weiterhin vom privat genutzten Automobil aus, bei dem der Fahrer im Mittelpunkt steht.« Problemlösung? Fehlanzeige. Denn jedes verkaufte Privatauto steht laut Knie im Schnitt 95 Prozent der Zeit ungenutzt herum. Und wenn es dann mal fährt, befördert es oft nur eine Person.

Aus Knies Sicht müssten die Konzerne deutlich mehr in moderne Mobilitätssysteme investieren: In autonome Shuttles etwa, die den Individualverkehr in den Innenstädten entlasten, langfristig vielleicht sogar ersetzen könnten. Doch stattdessen verteidigen die Konzerne die individuelle Mobilität wie ein Heiligtum. In der neuen Welt der digitalen Rufbusse, befürchten einige Topmanager, könnten ihre Pkw gnadenlos an Bedeutung verlieren. Ihr bisheriges Erfolgsrezept, möglichst viele Autos zu verkaufen, sehen sie durch Trends wie das Carsharing und Ridehailing gefährdet, oder sie glauben, wie BMW, gegebenenfalls noch rechtzeitig auch auf diesen Trend aufspringen zu können, wenn damit weniger Risiko verbunden scheint.

Die Autobauer bleiben im klassischen »Innovator's Dilemma« gefangen. Sie scheuen neue Geschäftsmodelle, die das alte gefährden könnten. Und könnten damit ein neu entstehendes, milliardenschweres Wachstumsfeld verpassen. Deshalb sollten sie eigentlich alles daransetzen, die neue Mobilitätswelt aktiv mitzugestalten, statt sie neuen Wettbewerbern wie Waymo aus Kalifornien oder Baidu aus China zu überlassen.

Zumal es ein Denkfehler wäre, digitale Fahrdienste und individuelle Mobilität als Gegensätze anzusehen. Die Chance liegt vielmehr darin, dass sich autonome Shuttles, Sharingmodelle und private Pkw ergänzen. Niemand geht ernsthaft davon aus, dass das klassische Auto auf absehbare Zeit komplett vom Markt verschwinden wird. Sich allein auf das Geschäft mit dem Individualverkehr zu verlassen, erscheint langfristig jedoch riskant. »Die vermeintliche Stärke der individuellen Mobilität, die wir in der Pandemie erlebt haben, wird nicht von Dauer sein«, prophezeit Knie, »weil sich die Probleme der Staus und der verstopften Innenstädte weiter verschlimmern werden.« Parallel werde sich ein anderer Trend verstärken, sagt der Verkehrsexperte: Weg vom Besitz der Fahrzeuge, hin zur temporären Nutzung. Sind die Deutschen für diesen Wandel gerüstet?

Die Stadt der Zukunft bauen

Erste gute Ansätze sind erkennbar, zum Beispiel das Roboshuttle von VW, das ab 2025 testweise auf die Straße kommen soll. Oder das Aboangebot von Audi, das es Kunden ermöglicht, ein Fahrzeug nur für ein paar Monate zu mieten, statt es gleich zu kaufen. Das ist insbesondere für Großstädter interessant, die den Großteil des Jahres gar kein Auto benötigen, aber etwa im Sommer öfter mal ans Meer oder in die Berge fahren wollen. Doch mit mindestens rund 1000 Euro pro Monat[28] ist das derzeitige Angebot noch sehr teuer. Es zeigt einmal mehr, dass die Vorstöße der Autokonzerne oft zu vorsichtig, zu konservativ, zu halbherzig sind.

Start-ups wie Lynk agieren da deutlich mutiger. Die Volvo-Tochter bietet ihre Fahrzeuge erheblich billiger und auch für kürzere Zeiträume an. Und mit Sono Motors zeigt immerhin auch ein deutsches Start-up, wie es besser geht. Die Münchner haben sich ein kluges Sharingmodell ausgedacht, bei dem nicht nur das Auto von einer Community geteilt werden, sondern auch der überwiegend von einer Solarkarosserie erzeugte Strom in andere Autos, das eigene Haus oder das Energienetz eingespeist werden kann.

Die gute Nachricht für Volkswagen und Co.: Noch ist es nicht zu spät umzudenken.

Kunden wechseln ihr Fahrzeug im Schnitt nur alle sechs bis acht Jahre, deutlich seltener etwa als ihr Smartphone. Das verschafft ihnen – anders als damals Nokia – Zeit, ihre Softwareabteilungen auszubauen, die Modellpalette zu digitalisieren und neue Dienstleistungen zu entwickeln. Hinzu kommt: Noch fehlt, anders als einst beim iPhone, das ultimative Device, das diesem Wandel eine definitive Form gibt, also das Digitalauto schlechthin, das nicht nur mit überlegener Hardware, sondern auch mit überragender Vernetzung und digitalen Diensten überzeugt. Ein Gerät samt Ökosystem, das jeder haben will und von dem man so schnell nicht wieder loskommt. Das könnte schon bald sehr wohl ein iCar oder ein Tesla sein. Wenn sich die Deutschen jetzt anstrengen, vielleicht aber auch ein Volkswagen, BMW oder Mercedes. Und noch ist offen, ob sich tatsächlich wie in der Smartphone-Welt nur zwei oder drei fahrende Betriebssysteme durchsetzen oder ob eine größere Zahl von Wettbewerbern mit originärer Software und eigener Marke überleben kann.

Vieles hängt davon ab, ob die Autobosse ihre historische Chance erkennen: Sie könnten sich als Vorreiter bei umweltfreundlichen Antrieben profilieren, aber auch als Problemlöser in der globalisierten Gesellschaft. Toyota demonstriert bereits, wie sich das Selbstverständnis eines klassischen Autobauers verändern kann: Auf der Technologiemesse CES präsentierte der Konzern Anfang 2020 die Vision »Woven City«[29], eine Stadt der Zukunft, malerisch gelegen am schneebedeckten Fuji, dem höchsten Berg Japans, die der Konzern derzeit errichten lässt. Die Häuser dort werden aus Holz und digital vernetzt sein, die rund 2000 Bewohner werden sich in autonomen, emissionsfreien Fahrzeugen fortbewegen. Roboter sollen helfen, den Kühlschrank aufzufüllen und den Müll sachgerecht zu entsorgen. Die Versorgung soll über ein unterirdisches Logistiksystem erfolgen, das Güter über Fahrstühle in die Wohnungen transportiert. Die gesamte Energie wird aus Solarkraft, Geothermie, Wasserstoff und Brennstoffzellen kommen.

Der dänische Stararchitekt Bjarke Ingels, der die Toyota-Stadt entworfen hat, plant darüber hinaus ein völlig neuartiges Mobilitätskonzept. Statt überfüllter Verkehrsadern, die sich Autos, Fußgänger und Radfahrer teilen müssen, sieht sein Entwurf eigene Straßen für jeden Verkehrsteilnehmer vor: eine Spur für autonome Shuttles, die durch Bäume von den angrenzenden Fußwegen abgetrennt wird, eine »urbane

Promenade«, die sich Fußgänger und Rad- oder E-Scooter-Fahrer teilen, sowie parkähnliche Spazierwege, die alleine den Fußgängern vorbehalten bleiben. Die verschiedenen Verkehrswege sollen sich kreuzen, miteinander verwoben in Form eines Gitternetzes. Neben einem holistischen Konzept für die Stadt der Zukunft ist die »Woven City« auch eine Hommage an Toyotas Historie: Dessen Gründerväter konstruierten in der zweiten Hälfte des 19. Jahrhunderts zunächst Webstühle, ehe das Unternehmen später auf Autos und kluge Stadtkonzepte umstieg. Mehr Transformation geht nicht.

Warum existiert in Deutschland nichts Vergleichbares? Das Know-how wäre vorhanden. Bosch gilt bei der Technologie für Smart Citys als führend. Es wäre kein Ding der Unmöglichkeit, eine Modellstadt zu bauen, die mit »Woven City« mithalten kann, vielleicht mithilfe von Siemens Energy, dem Energiekonzern RWE, dem schwedisch-schweizerischen Robotikspezialisten ABB und dem Wärmetechnik-Anbieter Stiebel-Eltron. Sie alle begreifen sich als Vorreiter einer neuen, zunehmend CO_2-freien Ökonomie. Volkswagen könnte die autonomen Shuttles beisteuern – und den Verkehr koordinieren.

Doch in Wolfsburg konzentriert man sich lieber auf vergleichsweise kleine, weniger spektakuläre Prestigeprojekte. Der VW-Konzern hilft Astypalea, einer griechischen Insel mit 1300 Einwohnern, zum angeblich ersten CO_2-freien Eiland Europas zu werden. Volkswagens Beitrag beschränkt sich jedoch zunächst auf die Lieferung von Fahrzeugen: Im ersten Schritt hat der Konzern den lokalen Behörden im Sommer 2021 eine Handvoll Elektroautos und E-Scooter übergeben.

Volkswagen und seinen Wettbewerbern scheint das zu fehlen, was Tesla und Toyota auszeichnet: verrückte Ideen. Und der Mut, sie in die Tat umzusetzen.

Schluss: Showdown im Alpenparadies

Das österreichische Alpbach taugt nicht unbedingt als Kulisse für einen großen Showdown. Der 2500-Einwohner-Ort liegt malerisch in den Kitzbüheler Alpen am Fuß des knapp 1900 Meter hohen Gratlspitz. Er schmückt sich mit dem Titel »Schönstes Blumendorf Europas«. Ein Paradies für Wanderer und Botaniker. An einem Wochenende Mitte Oktober 2021 treffen hier jedoch die zwei wohl mächtigsten Autobosse der Welt aufeinander.

Einer der beiden ist österreichischer Staatsbürger, er trägt einen Trachtenjanker, blaue Jeans und Haferlschuhe. Der andere, ein gebürtiger Südafrikaner, ist per Videocall aus Texas zugeschaltet. Weißes Hemd, breites Grinsen, etwas wirres Haupthaar. Als Hintergrund hat er ein Titelbild des amerikanischen Science-Fiction-Magazins »Amazing Stories« eingestellt.

Das Erstaunliche an dem Aufeinandertreffen: Im normalen Arbeitsalltag sind die beiden Manager Erzrivalen. Einer vertritt die alte Autowelt, der andere die neue. Der Österreicher, Herbert Diess, leitet Volkswagen, Europas größten Fahrzeugbauer. Der Südafrikaner, Elon Musk, ist Chef von Tesla, dem Weltmarktführer für E-Autos. Musks erklärtes Ziel ist es, Benzin- und Dieselautos, noch immer das Kerngeschäft Volkswagens, den Garaus zu machen. Und Diess hat versprochen, Tesla bis 2025 als führende Elektromarke vom Thron zu stoßen.

An diesem Wochenende feixen die beiden Alphatiere jedoch, als seien sie alte Sandkastenfreunde. Artig lobt Musk die Fortschritte der Wolfsburger bei der Transformation – und outet sich nebenbei als Porsche-Fan, der früher einen 911er gefahren habe. »Volkswagen ist eine Ikone«[30], sagt er laut Teilnehmern. Diess, sichtlich geschmeichelt, verspricht wiederum, bei nächster Gelegenheit die neue Tesla-Fabrik in Grünheide zu besuchen. Rund 200 VW-Topmanager beobachten das ungewöhnliche Schauspiel im Congress Centrum Alpbach, das mit seiner geschwungenen Glasfassade wie ein Ufo wirkt, das mit dem Berg kollidiert ist.

Anschließend rätseln manche Zuhörer, was genau Diess ihnen mit diesem Auftritt sagen wollte. Die Botschaften des VW-Chefs sind ambivalent. Mal warnt er vor Teslas Aggressivität und Übermacht, mal hofiert er Musk wie einen Publikumsliebling. Kurz nach dem gemeinsamen Auftritt vermarktet Diess den digitalen Überraschungsbesuch seines Erzrivalen sogar bereits über die sozialen Medien. Wieder einmal enthält die Botschaft die für Diess so typische Mischung aus Optimismus und Alarmismus: »Wir haben alles, um die Herausforderung zu meistern«, schreibt er, »wir haben in der Vergangenheit viele Dinge richtig gemacht, in der alten Welt ist Volkswagen stark, aber in der neuen Welt gibt es keine Garantie.« Volkswagen stehe jetzt vor einem »entscheidenden Moment«.

Wie geht er nun also aus, der Wettkampf zwischen alter und neuer Welt, zwischen deutscher Ingenieurskunst und kalifornischer Softwarekompetenz? Ist es ein brutaler Verdrängungswettbewerb, wie Diess gerne suggeriert, oder doch nur eine »friendly competition«, ein kumpelhaftes Ringen zweier Brüder im Geiste, die in Wahrheit beide das Gleiche wollen?

Diess wolle sich und die Marke aufwerten, lästern seine Kritiker, indem er sich als Tesla-Jäger Nummer eins inszeniere. Er lenke damit von eigenen Problemen ab. Tatsächlich wirkt die Lage im Herbst 2021 wieder heikler. Wegen des Chipmangels kann der Konzern zwischenzeitlich deutlich weniger Autos ausliefern als ursprünglich geplant. Auch Elektroautos sind Mangelware, weil der E-Boom größer ist als erwartet und die Werke mit der Produktion nicht nachkommen. Die absurde Folge: Rund 18000 Managerinnen und Manager bei VW werden schriftlich aufgefordert, als Dienstwagen lieber wieder ein Benzin- oder Dieselauto zu bestellen. Immerhin lässt die Angebotsknappheit branchenweit die Preise steigen – und damit auch die Renditen vieler Autobauer.

Ausgerechnet im wichtigsten Absatzmarkt China zeigt der Konzern Schwäche. Während Tesla gleich mit zwei Elektromodellen in den Top-15-Verkaufscharts auftaucht, ist Volkswagen dort – wie auch die anderen deutschen Hersteller – überhaupt nicht mehr vertreten.[31] Die junge, urbane E-Auto-Kundschaft entscheidet sich dort inzwischen lieber für heimische Fabrikate. Oder eben für Tesla. In Sachen E-Mobilität ist VW im Reich der Mitte momentan nur Mittelmaß. Mit Diess' Anspruch auf die Weltspitze lässt sich das nicht vereinbaren.

Als wir den VW-Boss bei anderer Gelegenheit auf Elon Musk ansprechen, reagiert er mit einer Mahnung. »Ich glaube, dass man ihn sehr ernst nehmen muss«, sagt Diess. »Manche blenden ihn noch immer aus, und das halte ich für falsch.« Was Tesla geleistet habe, sei nichts Geringeres als »die Neuerfindung des Automobils«. Musk denke immer »zwei bis drei Schritte voraus«. Die deutschen Hersteller täten sich schwer, mit diesem Tempo mitzuhalten. »Wir Deutschen sind leider noch nicht die Schnellsten«, so Diess, »auch die Chinesen sind teilweise schneller als wir.« Dort gebe es »ganz starke neue Wettbewerber«, die teils auch auf die Weltmärkte drängten.

Längst sind die Zeiten vorbei, in denen chinesische Fabrikate als Klapperkisten galten, ohne jede Chance, die hiesigen Crashtests zu bestehen. Fahrzeuge neuer Angreifer wie Nio, dem Start-up des Milliardärs William Li, werden vom ADAC teils schon auf Augenhöhe mit Audi oder Mercedes gesehen. Dem Polestar 2 aus dem Firmenreich des Daimler-Großaktionärs Li Shufu wiederum bescheinigen die Tester ein überlegenes Preis-Leistungs-Verhältnis, denn »ein vergleichbar ausgestatteter VW ID.3 kostet nicht viel weniger, hat aber nur halb so viel Leistung«. Und sowohl William Li als auch Li Shufu attackieren den Weltmarkt mit dem Rückhalt des chinesischen Staates.

Tesla und die chinesischen Hersteller haben zudem früh erkannt, dass Batteriefertigung, Softwarekompetenz und Halbleiter-Know-how die neuen Königsdisziplinen sind, die es in fortschrittlichen Geschäftsmodellen zu kombinieren und auf die Straße zu bringen gilt. Der Autobau sei ein Zehnkampf, hat BMW-Chef Oliver Zipse einmal gesagt. Damit hat er recht. Noch bleibt die deutsche Autoindustrie allerdings in wesentlichen Disziplinen im Rückstand. Immerhin kennt sie mittlerweile die Probleme. Und ergreift die nötigen Gegenmaßnahmen.

VW-Chef Diess drängt zum Handeln. Intern will er noch deutlich tiefergehende Reformen durchsetzen. Weitere Sparmaßnahmen beim Personal. Und mehr Effizienz in den Werken. Nur so glaubt er, die Konkurrenten aus Asien und Amerika schlagen zu können. Im Unternehmen machen derweil Zahlen die Runde, die belegen sollen, dass Tesla die Deutschen bald auch in ihrer Paradedisziplin überholen könnte: der Massenproduktion. Ein Tesla Model 3 werde in Grünheide künftig in zehn Stunden zusammengebaut, etwa dreimal so schnell wie Volkswagens ID.3 in Zwickau.

Kaum jemand bei VW bestreitet den Ernst der Lage. Doch immer wieder droht Diess daran zu scheitern, dass er intern zu rabiat vorgeht. Er beauftragt Manager, Möglichkeiten eines groß angelegten Stellenabbaus zu prüfen, ohne vorher mit dem Betriebsrat gesprochen zu haben. In Wolfsburg gilt das als Sakrileg. Arbeitnehmer und Vertreter des Landes Niedersachsen halten Diess' Technologieoffensive zwar für richtig. Doch sie laufen Sturm gegen seine unabgestimmten Kürzungspläne, die Diess daraufhin wieder einkassiert. In letzter Minute findet der Aufsichtsrat noch einen Kompromiss, der Diess' Verbleib im Unternehmen sichert. Der VW-Boss soll sich künftig aus operativen Details heraushalten und sich vor allem um die wichtigste strategische Großbaustelle kümmern – die Software.

Diess' Probleme zeigen: Der Wandel lässt sich nicht mit der Brechstange erzwingen. Konzernlenker müssen manchmal provozieren und die Belegschaft wachrütteln. Sie brauchen aber auch die Fähigkeit, ihre Leute zu motivieren und mitzunehmen. Dafür benötigen sie Empathie und Fingerspitzengefühl – das große Defizit des Herbert Diess.

In den kommenden Jahren wird es sicher noch öfter Machtkämpfe und Managementwechsel in der Autoindustrie geben. Auch werden Start-ups in die Insolvenz gehen, selbst wenn sie heute an der Börse schwindelerregende Bewertungen erreichen, innovative Geschäftsmodelle werden scheitern. All das sind typische Symptome des schnellen, disruptiven Wandels. Selbst Elon Musk ist davor nicht geschützt. Zwar gibt es bei Tesla keine mächtigen internen Gegengewichte wie in Wolfsburg. Doch Musk liebt es, zu zocken und zu provozieren. Mal kündigt er fälschlicherweise einen Rückzug von der Börse an, mal lässt er via Twitter darüber abstimmen, ob er einen Teil seiner Tesla-Anteile verkaufen soll. Solch ungestüme Aktionen lassen den Aktienkurs immer wieder absacken. Oder bringen Musk Ärger mit der US-Börsenaufsicht ein. Dann zeigt sich, wie eng Teslas Schicksal mit dem seines erratisch agierenden Vordenkers verknüpft ist.

Sollte der Tesla-Chef eines Tages scheitern, dann – genau wie Diess – vermutlich an sich selbst.

Diess' enger Mitstreiter verfolgt den Musk-Auftritt in Alpbach aus der ersten Reihe. Markus Duesmann ist bester Laune. Endlich kann der Audi-Chef einen größeren Kreis an Führungskräften persönlich treffen, nach den vielen einsamen Monaten in der weitgehend verwaisten Audi-Zentrale. Trotz kritischer Zwischentöne sieht er vor allem Aufbruchsstimmung, deutlich mehr zumindest als noch vor einem Jahr. Den Wolfsburgern sei ein Coup gelungen, den reichsten Mann der Welt per Videoschalte nach Alpbach zu holen. Durch dessen »Klarheit und Entschlossenheit« bei der Technologiewende, so Duesmann, fühle er sich bestätigt. Vom etwa dreißigminütigen Vortrag des Kaliforniers ist er hingegen eher mäßig beeindruckt. »Was inhaltlich wirklich Starkes hat er nicht erzählt«, sagt Duesmann später schulterzuckend zu Kollegen. Musk sei ein Vorreiter, ja, aber sicher nicht unschlagbar. Audi müsse sich jedenfalls nicht vor ihm verstecken. Schon gar nicht, wenn die neu geplanten E-Modelle auf den Markt kämen.

Die wahre Gefahr lauert aus Duesmanns Sicht woanders. Er glaubt, die Zukunft der deutschen Autoindustrie hänge an der Software. Und der Fähigkeit, das Fahrzeug in ein digitales Device zu verwandeln. »Die Hauptgegner des kommenden Jahrzehnts heißen nicht Tesla oder Nio«, sagt Duesmann, »sondern Apple, Google oder Baidu.«

Bis dahin soll jedoch die neue Softwareeinheit stehen, die Duesmann und Diess als wesentliche Architekten gemeinsam mit 10000 Entwicklerinnen und Entwicklern aufbauen. Womöglich auch mit starken Kooperationspartnern aus München und Stuttgart. Es wäre ein neuer Leuchtturm, so der Plan, in einem digital wiedererstarkten Europa.

Denn diesmal will Duesmann derjenige sein, der zwei bis drei Schritte vorausdenkt.

Danksagung

Dieses Buch wäre ohne die Unterstützung Dritter nicht möglich gewesen. Wir möchten uns bei Kollegen bedanken, die mit uns gemeinsam im Laufe der Jahre zu Autothemen im SPIEGEL recherchiert haben. Wir danken der Leitung des Wirtschaftsressorts um Isabell Hülsen und Markus Brauck, dass sie uns Freiraum für die Arbeit an dem Buch gegeben haben. Unser Dank geht an Florian Fischer, der unseren Text geduldig und mit feiner Feder lektoriert hat, und Angelika Mette, die uns für den SPIEGEL-Verlag betreut hat. Dankbar sind wir auch all unseren Gesprächspartnerinnen und Gesprächspartnern, die uns teils tiefe Einblicke in Unternehmen und ihre Entscheidungsprozesse gewährt oder uns mit ihrem Wissen bereichert haben. Nicht zuletzt möchten wir uns bei unseren Familien bedanken, dass wir ihnen neben der Arbeit für den SPIEGEL noch ein solches Großprojekt zumuten durften.

Quellennachweise

Kapitel 2: Die Revolution

Frank Dohmen, Dietmar Hawranek: »Vorsprung durch … Betrug«, DER SPIEGEL, 18. Februar 2017.

Thomas Jahn: »Gates will zwei Milliarden Dollar in den Klimaschutz investieren – und setzt auch auf umstrittene Technologien«, *Handelsblatt*, 15. Februar 2021.

Simon Hage, Martin Hesse: »Punkrocker in Ingolstadt«, DER SPIEGEL, 03. Juli 2021.

Simon Hage, Martin Hesse: »Jagd auf Tesla«, DER SPIEGEL, 18. Juli 2020.

Clayton M. Christensen: *The Innovator's Dilemma. When New Technologies Cause Great Firms to Fail*, Boston, MA, Harvard Business Schoos Press, 1997.

Simon Hage, Martin Hesse: »Bytes statt Blech«, DER SPIEGEL, 09. Januar 2021.

Simon Hage, Martin Hesse, Marces Rosenbach: »Heißhunger auf Chips«, DER SPIEGEL, 23. Januar 2021.

Sebastian Matthes: »Audi-Chef Markus Duesmann: ›Wir wollen Tesla überholen‹«, *Handelsblatt*, 08. Februar 2021.

Kapitel 3: Die Rivalen

Philip Bethge, Alexander Jung: »›Niemand will ein Mistauto‹«, DER SPIEGEL, 24. November 2014.

Simon Hage, Helene Laube, Guido Mingels: »Der Überflieger«, DER SPIEGEL, 09. Oktober 2021.

Simon Hage, Helene Laube, Guido Mingels: »Flammenwerfer«, DER SPIEGEL, 06. Oktober 2018.
Simon Hage: »Der Illusionskünstler«, DER SPIEGEL, 23. November 2017.
Simon Hage: »Herz aus Schrott«, DER SPIEGEL, 10. April 2021.
Yuval Noah Harari: *Homo Deus. Eine Geschichte von Morgen*, München, C.H. Beck, 2017.
Adrian Lobe: »›Homo Deus‹: Ist die Menschheit bald am Ende …«, *Zeit Online*, 10. April 2017, https://www.zeit.de/kultur/literatur/2017-04/homo-deus-yuval-noah-harari-buchkritik
Christoph Seidler: »SpaceX vor neuem Meilenstein beim Raketen-Recycling«, DER SPIEGEL, 28. November 2018.
Markus Brauck, Markus Dettmer, Simon Hage, Guido Mingels, Andreas Wassermann: »Elon und die Deutschen«, DER SPIEGEL, 16. November 2019.
PricewaterhouseCoopers Aktiengesellschaft Wirtschaftsprüfungsgesellschaft: »Automobilindustrie und Mobilität in China: Plan, Wunsch und Realität«, *pwc.de*, August 2011, https://store.pwc.de/de/publications/automobilindustrie-und-mobilitaet-in-china-plan-wunsch-und-realitaet
China Greentech Initiative: »Cleaner Internal Combustion Engine Vehicles in China. Market challenges for existing ICE technologies. White Paper«, *Chinagoabroad.com*, Frühling 2011, http://files.chinagoabroad.com/Public/uploads/v2/v1_attachments/2012/04/CGTI2011-CT-WS1-Cleaner_ICE_Vehicles.pdf
Ullrich Fichtner, Simon Hage, Martin Hesse, Gerald Traufetter, Bernhard Zand: »Motorschaden«, DER SPIEGEL, 26. Oktober 2019.
Li Shufu: *Einsichten von Chairman Li*, Brief an alle Geely-Mitarbeiter, März 2021.

Simon Hage, Martin Hesse: »Wildpferd im Stall«, DER SPIEGEL, 31. Juli 2021.

Simon Hage, Martin Hesse: »Angriff der Mini-Musks«, DER SPIEGEL, 08. Mai 2021.

Simon Hage, Martin Hesse: »Ab 2022 sollen chinesische E-Autos durch Deutschland fahren«, *Spiegel.de*, 06. Mai 2021, https://www.spiegel.de/wirtschaft/nio-gruender-william-li-tesla-war-nicht-meine-inspiration-a-582526bf-dd97-44f2-b712-3b9bc133b4d7

Mark Gurman: »Apple Accelerates Work on Car Project, Aiming for Fully Autonomous Vehicle«, *Bloomberg*, 18. November 2021, https://www.bloomberg.com/news/articles/2021-11-18/apple-accelerates-work-on-car-aims-for-fully-autonomous-vehicle

Simon Hage, Emil Nefzger: »Der iPhone-Moment«, DER SPIEGEL, 27. Februar 2021.

Simon Hage, Martin Hesse: »Bytes statt Blech«, DER SPIEGEL, 09. Januar 2021.

Simon Hage: »Nokia: ›Dann kopieren wir mit Stolz‹«, *manager magazin*, 19. September 2007.

Astrid Maier: »Der Schwarm«, *manager magazin*, 29. Mai 2009.

Simon Hage: »Solo in Salo«, *manager magazin*, 19. November 2010.

Simon Hage: »In Teslas Revier«, DER SPIEGEL, 29. Februar 2020.

Kapitel 4: Die Reaktion

Martin Hesse: Ex-Audi-Chef Stadler vor Gericht: »Hätten die Entwickler nur die Hosen runtergelassen«, DER SPIEGEL, 12. Januar 2021.

Simon Hage, Martin Hesse: »Punkrocker in Ingolstadt«, DER SPIEGEL, 03. Juli 2021.

Simon Hage, Martin Hesse: »Jagd auf Tesla«, DER SPIEGEL, 18. Juli 2020.

Peter Mertens: *Aufstieg aus der Blechliga. So hat unsere Autoindustrie eine Zukunft*, Frankfurt, New York, Campus Verlag, 2021.

Georg Meck: »Mit Frauen wäre der VW-Skandal nicht passiert«, *Frankfurter Allgemeine Sonntagszeitung*, 10. Mai 2020.

Simon Hage: »Autobauer sucht Frau«, DER SPIEGEL, 13. Februar 2021.

Georg Meck: »Der Tesla-Jäger«, *Frankfurter Allgemeine Sonntagszeitung*, 11. April 2021.

Simon Hage, Martin Hesse: »Tesla für Arrivierte«, DER SPIEGEL, 17. April 2021.

Simon Hage, Martin Hesse, Steffen Klusmann: »Wir sollten uns von Teslas Erfolg inspirieren lassen«, DER SPIEGEL, 07. März 2020.

Simon Hage, Martin Hesse, Gerald Traufetter: »Ende der Sneakers-Ära«, DER SPIEGEL, 18. Mai 2019.

Martin Hesse: »Etwas mehr Musk, bitte«, DER SPIEGEL, 14. November 2019.

Simon Hage, Martin Hesse: »Bytes statt Blech«, DER SPIEGEL, 09. Januar 2021.

USB Global Research, Patrick Hummel: »Q-Series, EVs Shifting into Overdrive: VW ID.3 teardown – How will electric cars re-shape the auto industry?«, *ubs.com*, 02. März 2021, https://neo.ubs.com/static/login.html?origin=/shared/d24IiDrju8G4f

Michael Freitag, Margret Hucko: »Fehlermeldung«, *manager magazin*, 17. September 2021.

Simon Hage, Martin Hesse: »Von einem Verbrennerverbot halte ich nichts«, DER SPIEGEL, 30. Oktober 2021.

Simon Hage, Martin Hesse: »Betriebsrat fordert neue E-Strategie«, DER SPIEGEL, 27. Juni 2020.

Michael Freitag: »Der Kapitän«, *manager magazin*, 24. April 2020.

Statista, Martin Kords: »Größte Automobilhersteller weltweit nach Fahrzeugabsatz im Jahr 2020«, *Statista*, 12. November 2021, https://de.statista.com/statistik/daten/studie/173795/umfrage/automobilhersteller-nach-weltweitem-fahrzeugabsatz/

Jona Christians: »Erziehung muss man tun – die Geschichte von Sono Motors«, *Erziehungskunst.de*, Dezember 2019, https://www.erziehungskunst.de/artikel/den-wandel-muss-man-tun-die-geschichte-von-sonomotors/

United States Securities and Exchange Commission: »Form F-1 Registration Statement Sono Group N.V.«, *Sec.gov*, 22. Oktober 2021, https://www.sec.gov/Archives/edgar/data/0001840416/000110465921128923/tm212911-7_f1.htm

Martin Hesse: »Der Waldorf-Tesla«, DER SPIEGEL, 25. April 2020.

Simon Hage, Martin Hesse: »Angriff der Mini-Musks«, DER SPIEGEL, 8. Mai 2021.

Kapitel 5: Das Risiko

Peter Mertens: *Aufstieg aus der Blechliga. So hat unsere Autoindustrie eine Zukunft*, Frankfurt, New York, Campus Verlag, 2021.

Andreas Borcholte, Frank Dohmen, Simon Hage, Armin Himmelrath, Marcel Rosenbach, Thomas Schulz, Gerald Traufetter: »Das Land der verschenkten Möglichkeiten«, DER SPIEGEL, 25. September 2021.

Simon Book, Simon Hage, Claus Hecking: »Globale Rückholaktion«, DER SPIEGEL, 24. Juli 2021.

Simon Hage: »Frischzellenkur«, DER SPIEGEL, 28. November 2020.

Markus Becker: »EU-Kommission fordert europäische Batterie-Allianz«, DER SPIEGEL, 12. Oktober 2017.

Simon Hage, Martin Hesse, Marcel Rosenbach: »Elementare Teilchen«, DER SPIEGEL, 21. August 2021.

Simon Book, Markus Böhm, Kristina Gnirke, Martin Hesse, Martin U. Müller, Timm Seckel, Thomas Schulz, Gerald Traufetter: »Der große Ausverkauf«, DER SPIEGEL, 16. Oktober 2021.

Simon Hage, Martin Hesse, Marcel Rosenbach: »Heißhunger auf Chips«, DER SPIEGEL, 23. Januar 2021.

Simon Hage, Martin Hesse: »Revolution in Trippelschritten«, DER SPIEGEL, 02. Oktober 2021.

Peter Mertens: *Aufstieg aus der Blechliga. So hat unsere Autoindustrie eine Zukunft*, Frankfurt, New York, Campus Verlag, 2021.

Simon Hage, Martin Hesse: »Bytes statt Blech«, DER SPIEGEL, 09. Januar 2021.

Simon Hage: »Notruf Wolfsburg«, DER SPIEGEL, 23. Mai 2020.

Ullrich Fichtner, Simon Hage, Martin Hesse, Gerald Traufetter, Bernhard Zand: »Motorschaden«, DER SPIEGEL, 26. Oktober 2019.

Nilay Patel: »Waymo CEO Tekedra Mawakana on how to get self-driving taxis to the mall«, *The Verge*, 05. Oktober 2021, https://www.theverge.com/22708676/waymo-tekedra-mawakana-self-driving-interview

Nico Grant, Emily Chang: »Waymo's new CEOs say self-driving unit eyes outside funding«, *Bloomberg*, 30. April 2021, https://www.bloomberg.com/news/articles/2021-04-29/waymo-s-new-ceos-say-self-driving-unit-eyes-more-outside-funding

Andrew J. Hawkins: »Everybody hates California's self-driving car reports«, *The Verge*, 26. Februar 2020, https://www.theverge.com/2020/2/26/21142685/california-dmv-self-driving-car-disengagement-report-data

David Silver: »Baidu Launches Self-Driving Cars, Shuttles, Buses, Vending and Even Police Robots«, *Forbes*, 12. Februar 2021, https://www.forbes.com/sites/davidsilver/2021/02/12/baidu-launches-self-driving-carsshuttles-buses-vending-and-even-police-robots/?sh=72714b2328c7

Rebecca Bellan: »Chinese tech giant Baidu begins publicly testing Apollo Go robotaxis in Shanghai«, *Techcrunch*, 14. September 2021, https://techcrunch.com/2021/09/13/chinese-tech-giant-baidu-begins-publicly-testing-apollo-go-robotaxis-in-shanghai/

Arjun Kharpal: »Baidu pushes to put driverless taxis on China's roads, pleding to build 1,000 in 3 years«, *CNBC*, 17. Juni 2021, https://www.cnbc.com/2021/06/17/baidu-pushes-to-put-driverless-taxis-on-china-roads-with-baic-tie-up.html

Dieter Fockenbrock: »Sharing Mobility bringt BMW, Daimler und VW ins Schleudern«, *Handelsblatt*, 01. Oktober 2020.

Simon Hage, Martin Hesse: »Revolution in Trippelschritten«, DER SPIEGEL, 02. Oktober 2021.

Martin Hesse, Gerald Traufetter: »Flixtrain-Betreiber geht gegen Deutsche Bahn vor«, DER SPIEGEL, 17. Dezember 2020.

Philipp Alvares de Souza Soares: »Ein Zug wird kommen«, *manager magazin*, 22. Oktober 2021.

Martin Hesse, Gerald Traufetter: »Das Ende der Bahn, wie wir sie kennen«, DER SPIEGEL, 06. November 2021.

Simon Hage: »Airbags für Elon«, DER SPIEGEL, 12. September 2020.

Simon Hage: »Jobmotor E-Auto«, DER SPIEGEL, 12. Dezember 2020.

Simon Hage: »VW-Betriebsratschefin attackiert Konzernboss Diess: ›Ein Armutszeugnis für einen Weltkonzern‹«, DER SPIEGEL, 04. November 2021.

Simon Hage: »Königin von Wolfsburg«, DER SPIEGEL, 30. April 2021.

Simon Hage, Helene Laube, Guido Mingels: »Der Überflieger«, DER SPIEGEL, 09. Oktober 2021.

Kolja Rudzio, Claas Tatje: Jörg Hofmann: »Die Angst wächst«, *Die Zeit*, 23. September 2020.
Henning Peitsmeier: »Gegenentwurf zu Volkswagen: BMW führt die 35-Stunden-Woche in Leipzig ein«, *Frankfurter Allgemeine Zeitung*, 05. November 2021.

Kapitel 6: Die Rahmenbedingungen

Markus Feldenkirchen, Simon Hage, Martin Hesse, Veit Medick, Ralf Neukirch, Gerald Traufetter und Andreas Wassermann: »Die große Heuchelei«, DER SPIEGEL, 14. September 2019.
Bernhard Pötter: »Beatmungshilfe für die Automobilindustrie«, *taz, die tageszeitung*, 25. Mai 2020.
Nico Schmidt, Harald Schumann: »Milliarden-Subventionen gegen die Klimaziele«, *Investigative Europe*, Juli 2020, https://www.investigate-europe.eu/de/2020/milliarden-subventionen-gegen-die-klimaziele/
Institut der Deutschen Wirtschaft (Thomas Puls, Manuel Fritsch): »Eine Branche unter Druck. Die Bedeutung der Autoindustrie für Deutschland«, IW Report Nr. 43, 07. September 2020.
Udo J. Becker, Thilo Becker, Julia Gerlach: »Externe Autokosten in der EU-27«, Technische Universität Dresden, Oktober 2012, https://tud.qucosa.de/api/qucosa%3A30128/attachment/ATT-0/
Hans Dambeck, Wiebke Zimmer, Clemens Schneider et.al.: »Klimaneutrales Deutschland, Prognos AG, Öko-Institut, Wuppertal Institut für Klima, Umwelt, Energie im Auftrag von Agora Energiewende und Agora Verkehrswende«, *agora-energiewende* Juni 2021, https://static.agora-energiewende.de/fileadmin/Projekte/2020/2020_10_KNDE/A-EW_192_KNDE_Zusammenfassung_DE_WEB.pdf
Petra Pinzler: »Haste mal 'ne Milliarde«, *Die Zeit*, 20. November 2020.

Daniel Delhaes: »Schiene, Auto, Rad – wer kriegt wie viel?«, *Handelsblatt*, 14. Oktober 2021.

Kapitel 7: Das Resümee

Maja Göpel: *Unsere Welt neu denken*, Berlin: Ullstein, 2021.

Franz Hubik, Martin Murphy: »Daimler-Chef fokussiert Mercedes wieder auf Luxusautos«, *Handelsblatt*, 16. Juli 2020.

Simon Hage, Martin Hesse: »SPIEGEL-Gespräch: ›Von einem Verbrennerverbot halte ich nichts‹«, DER SPIEGEL, 30. Oktober 2021.

Simon Hage, Martin Hesse: »Revolution in Trippelschritten«, DER SPIEGEL, 02. Oktober 2021.

Simon Hage, Emil Nefzger: »Der iPhone-Moment«, DER SPIEGEL, 27. Februar 2021.

Kathrin Erdmann: »Toyotas Projekt in Japan: Eine Labor-Stadt am Fuße des Fuji«, *tagesschau*, 23. Februar 2021, https://www.tagesschau.de/wirtschaft/technologie/toyota-woven-city-101.html

Giorgos Christides, Simon Hage: »Elektro-Offensive: Warum VW-Boss Herbert Diess eine griechische Insel begrünen will«, DER SPIEGEL, 05. Juni 2021.

Simon Hage: »E-Auto-Mangel: VW-Manager sollen bis Ende 2022 Verbrenner fahren«, DER SPIEGEL, 23. Oktober 2021.

Anmerkungen

1 https://www.agora-verkehrswende.de/presse/pressemitteilungen/automobile-arbeitswelt-2030-zahl-der-arbeitsplaetze-kann-trotz-grosser-verschiebungen-insgesamt-konstant-bleiben/
2 https://www.vda.de/vda/de/presse/Pressemeldungen/200411-Deutsche-Automobilindustrie-investiert-rund-45-Milliarden-Euro-in-Forschung-und-Entwicklung
3 https://twitter.com/elonmusk/status/1050812486226599936
4 https://asia.nikkei.com/Spotlight/Most-read-in-2020/Tesla-teardown-finds-electronics-6-years-ahead-of-Toyota-and-VW
5 https://www.chinadaily.com.cn/a/202101/27/WS60109a43a31024ad0baa541e_1.html
6 https://www.derstandard.de/story/2000131801961/patent-analyse-so-koennte-das-apple-car-aussehen
7 https://www.handelszeitung.ch/unternehmen/bmw-sieht-apple-als-ernste-konkurrenz-748245
8 https://www.heise.de/news/Apples-Bargeldbestand-deutlich-ueber-Schulden-6150996.html
9 https://www.mckinsey.de/news/presse/2021-01-10-car-data
10 https://www.bcg.com/publications/2021/software-transformation-in-the-automotive-industry
11 https://nokiamob.net/2017/11/12/forbes-in-2007-can-anyone-catch-nokia/
12 https://www.youtube.com/watch?v=5_CkqE17n9c
13 https://www.spiegel.de/auto/elektroautos-wasserstoff-bei-deutschen-beliebter-als-batterien-a-955fa3e2-e5b4-4077-aa2c-ec43e938b95c
14 https://www.bem-ev.de/effizienz-verschiedener-antriebsarten/
15 https://www.youtube.com/watch?v=l6T9xIeZTds
16 https://www.vda.de/vda/de/themen/automobilindustrie

17 https://www.volkswagenag.com/de/news/stories/2019/01/once-a-combustion-engine-producer-now-electricity-pioneer.html
18 https://ec.europa.eu/commission/presscorner/detail/de/IP_18_6114
19 https://www.therobotreport.com/cruise-waymo-lead-way-calif-autonomous-vehicle-tests/
20 https://www.bcg.com/en-be/publications/2020/how-autonomous-vehicles-can-benefit-urban-mobility
21 https://www.agora-verkehrswende.de/presse/pressemitteilungen/automobile-arbeitswelt-2030-zahl-der-arbeitsplaetze-kann-trotz-grosser-verschiebungen-insgesamt-konstant-bleiben/
22 https://www.handelsblatt.com/karriere/gigafactory-in-gruenheide-350-stellen-unbesetzt-warum-tesla-sich-mit-der-mitarbeitersuche-schwertut/26955756.html?ticket=ST-1235025-CD9YnshG4vdI-ojv3ccgB-cas01.example.org
23 https://www.handelsblatt.com/unternehmen/industrie/sparprogramm-bmw-beschliesst-den-abbau-von-6000-stellen/25930114.html
24 https://www.welt.de/motor/article118513807/Henry-Ford-der-Mobilisierer-der-Massen.html
25 https://www.greenpeace.de/sites/www.greenpeace.de/files/publications/s02571_gp_report_suv_09_2019_es.pdf
26 https://www.tesla.com/de_DE/blog/secret-tesla-motors-master-plan-just-between-you-and-me?redirect=no
27 https://www.un.org/development/desa/en/news/population/2018-revision-of-world-urbanization-prospects.html
28 https://www.autohaus.de/nachrichten/autohandel/mobilitaetstrend-audi-steigt-ins-geschaeft-mit-auto-abos-ein-2890566
29 https://www.youtube.com/watch?v=NME7pGh-7rk
30 https://www.tagesspiegel.de/wirtschaft/ueberraschungs-coup-von-konzernmanager-diess-tesla-chef-musk-spricht-vor-vw-spitzenfunktionaeren/27711858.html
31 https://china-auto.news/post/chinas-autos/

Bildnachweis

Markus Duesmann: © AUDI AG
Oliver Hoffmann: © AUDI AG
Silja Pieh: © AUDI AG
Li Shufu: © Visual China Group/Getty Images
Elon Musk: © Patrick Pleul/Getty Images
Oliver Zipse: © Jan Hetfleisch/Getty Images
Ola Källenius: © Lennart Preiss/Getty Images
Jona Christians und Laurin Hahn: © Sono Motors GmbH
Herbert Diess und Elon Musk: © Volkswagen AG
Herbert Diess und Angela Merkel: © Sean Gallup/Getty Images
William Li: © Xu Rong, VCG/Getty Images
André Schwämmlein: © Frederick M. Brown/Getty Images
Sony-Auto »Vision S«: © David Becker/Getty Images
Toyota-Zukunftsstadt Woven City: © toyota-media.de
Roboshuttle: © ZF Group 2021
Sajjad Khan: © Mercedes-Benz Group
Teststrecke Daimler in Immendingen: © Mercedes-Benz Group
Sono-Auto »Sion«: © Sono Motors GmbH
Infinion-Werk in Villach: © Infineon Austria
Volocopter-Flugtaxi: © Zhe Ji/Getty Images